德国宪法案例选释

第 4 辑

通信权与个人信息保护

主　编/张翔
副主编/金健

法律出版社
LAW PRESS · CHINA
北京

图书在版编目(CIP)数据

德国宪法案例选释. 第4辑 / 张翔主编. -- 北京 : 法律出版社, 2024
ISBN 978-7-5197-9163-6

Ⅰ. ①德… Ⅱ. ①张… Ⅲ. ①宪法—权利—案例—德国 Ⅳ. ①D951.61

中国国家版本馆CIP数据核字(2024)第098339号

德国宪法案例选释(第4辑)
DEGUO XIANFA ANLI XUANSHI (DI 4 JI)

张 翔 主 编

策划编辑 沈小英
责任编辑 刘晓萌 鲁 安
装帧设计 李 瞻

出版发行 法律出版社
编辑统筹 法治与经济出版分社
责任校对 李慧艳
责任印制 吕亚莉
经　　销 新华书店

开本 A5
印张 8.5　**字数** 213千
版本 2024年6月第1版
印次 2024年6月第1次印刷
印刷 固安华明印业有限公司

地址:北京市丰台区莲花池西里7号(100073)
网址:www.lawpress.com.cn
投稿邮箱:info@lawpress.com.cn
举报盗版邮箱:jbwq@lawpress.com.cn
销售电话:010-83938349
客服电话:010-83938350
咨询电话:010-63939796

书号:ISBN 978-7-5197-9163-6　**定价**:76.00元
凡购买本社图书,如有印装错误,我社负责退换。电话:010-83938349

主　编：张　翔

副主编：金　健

撰稿人：（以撰写案例先后为序）

晏　韬　康有华　赵　宏

董　建　张冬阳　王玉成

谭莺莺　尹　磊　查云飞

阮　爽

张　翔

1976年7月生，甘肃张掖人。北京大学法学院教授、博士生导师，中国法学会宪法学研究会副会长兼秘书长，全国人大常委会法工委备案审查专家委员会委员。获第八届全国十大杰出青年法学家、北京市高等学校青年教学名师奖、高等学校科学研究优秀成果奖、霍英东奖、钱端升奖等。长期致力于宪法学基础理论、基本权利、国家机构、宪法与部门法关系、法学方法论的研究。在《中国社会科学》《法学研究》《中国法学》等期刊发表论文80余篇，著有《具体法治中的宪法与部门法》《基本权利的规范建构》《宪法释义学：原理·技术·实践》。

金　健

1988年4月生，江苏常熟人。南京大学法学学士、法学硕士，德国哥廷根大学法学硕士（LL.M.）、法学博士。现任南京大学法学院专职科研人员、中德法学研究所副研究员。德国马克斯·普朗克法律史与法学理论研究所访问学者（法兰克福，2019年）、奥地利格拉茨大学访问学者（2023年），《中德法学论坛》（CSSCI集刊）编辑。研究领域为宪法学和行政法学，主要研究方向为组织法、经济公法。在《法学家》等CSSCI来源刊物发表论文、译文多篇，出版德文专著1部、译著1部。

晏　韬

1986年8月生，河南确山人。河南科技大学法学学士，北京航空航天大学法学硕士。现为德国吉森大学博士候选人。

康有华

1998年1月生，广东东莞人。中国政法大学法学学士、法学硕士。现为德国慕尼黑大学法学硕士（LL.M.）研究生。研究领域为宪法学与行政法学。曾担任《研究生法学》助理编辑，在凤凰网“风声”栏目发表多篇评论文，发表《规划许可诉讼中的公法相邻权保护》《忠诚命题与哲学进路》等学术论文。

赵　宏

北京大学法学院研究员。专研领域为行政法基本范畴与基础理论、德国公法、基本权利教义学、个人信息权的公法保护等。著有《行政法学的主观法体系》《法治国下的目的性创设：德国行政行为理论与制度实践研究》《法治国下的行政行为存续力》，译有《德国国家学》《民族主义：历史、形式、后果》。在《中国法学》《法学研究》《中外法学》《法学家》等期刊发表论文60余篇。

董　建

1994年8月生，山东济南人。南京大学法学硕士，中国政法大学法学博士，德国弗莱堡大学国际交换生（2017~2018年）。现为山东社会科学院研究人员。主要研究宪法学，特别是与基本权利相关的宪法基础理论。曾获国家奖学金、蔡定剑宪法学教育基金优秀论文奖等荣誉，多次参与国家社会科学基金、教育部课题等科研项目。

张冬阳

1988年1月生，河南确山人。中国政法大学法学硕士，德国汉堡大学法学博士。现为中国政法大学法学院讲师。研究领域为行政法学。译有《基本权利》（北京大学出版社2023年版），在《中国行政管理》、《行政法学研究》、Zeitschrift für das Recht der Abfallwirtschaft等中德文期刊发表论文数篇。

王玉成

1994年6月生，辽宁大连人。德国哥廷根大学法学硕士、公法学博士研究生。德国工商协会认证企业数据保护官、可持续供应链管理合规官（Risk Management Officer）。主要研究领域为宪法与行政法、规制治理、个人数据保护法。

谭莺莺

1986年8月生，重庆梁平人。中国政法大学德语和法学双专业学士、比较法学硕士，德国明斯特大学法学硕士（LL.M.）。现为德国明斯特大学法学院博士候选人。研究方向为宪法和行政法，目前兴趣重点为风险行政和食品、药品安全监管领域。

尹　磊

1985年9月生，湖北仙桃人。上海财经大学法学学士，德国哥廷根大学法学硕士（LL.M.），德国哥廷根大学法学博士。现为西南政法大学行政法学院讲师。研究领域为宪法与行政法学、财政法学。著有Die Finanzierungsverantwortung für kommunale Aufgaben（Duncker & Humblot出版社2020年版）。

查云飞

1986年3月生，江苏常州人。德国明斯特大学法学博士。现为浙江大学光华法学院副教授、硕士生导师。主要研究领域为宪法与行政法。出版德文专著1部，共同主编《行政法判例百选》，主持国家社科、司法部、浙江省哲社科等课题多项，在中英文核心期刊发表学术论文多篇。曾获第六届“中国法学教育研究成果奖”三等奖。

阮　爽

1983年4月生，河北张家口人。中国政法大学中德法学院硕士，德国科隆大学法学硕士（LL.M.），德国明斯特大学法学博士。现为中国计量大学法学院（知识产权学院）讲师。研究重点领域为宪法与行政法、个人信息保护法。

编写说明

一

《德国宪法案例选释》(第4辑)的主题是"通信权与个人信息保护",主要涉及的条款是《德意志联邦共和国基本法》(以下简称《基本法》)第10条,以及第2条第1款,而第2条第1款的理解需要结合第1条第1款。

《基本法》第10条规定:

(1)书信秘密、邮件秘密和电信秘密不可侵犯。

(2)对前款的限制必须以法律为基础。如果该限制是为了保护自由民主基本秩序或联邦和州的存续与安全,法律可规定不告知相对人该限制,并由人民代表所确定的机关及辅助组织的核查代替法律途径。

《基本法》第2条第1款规定:

每个人享有自由发展其人格的权利,只要不侵犯他人的权利,不违反合宪性秩序和道德法则。

《基本法》第1条第1款规定:

人的尊严不容侵犯。尊重和保护人的尊严是所有国家权力的义务。

《基本法》第10条规定的书信秘密、邮件秘密和电信秘密的区分是基于通信的历史发展。究其历史缘起,对书信、邮件秘密的保护可追溯到18世纪,当时已经产生了机密通信交流的必要性。哈布斯堡王朝的皇帝坐拥一个帝国邮政体系。私人通信利用的是国家邮政服务,这无疑给国家提供了一个在直接的信息交换或由私人信使传递信息的场域下无法出现的机会。

1831年1月5日颁布的黑森选帝侯国的宪法文件在第38条规定了"信件秘密不受侵害,邮政行政对信件秘密故意的直接或间接侵害应当受到惩罚"。但是这部宪法在1852年被废止。1849年保罗教堂宪法在第142条规定了"信件秘密受到保护。刑事法院的搜查和战争情形下必要的限制由法律进行确定"。信件秘密这一基本权利随着时代的发展,渐渐不再指向国家邮政工作人员等邮政行政。普鲁士1850年宪法的第33条继受了保罗教堂宪法的相关表达,类似的提法在之后的《魏玛宪法》、《基本法》及德国各州宪法中均有体现。

《魏玛宪法》第117条和《基本法》第10条在邮件秘密之外,又单列了信件秘密,以表明秘密之保护针对的不仅是国家邮政及其雇员,而且是任何形式的信件往来,无论是国家邮政传递的还是私人运输的,都应受到保护。《基本法》第10条的原始版本与《魏玛宪法》第117条的文本仅存在微小差异。

《基本法》第10条书信和电信秘密保护通信内容的传输,而邮件保密则考虑到德国联邦邮政的特殊危险。第10条提取了先代基本权利条款中关于德国邮政继承企业和其他通信中介主体的权利规定。虽然我们身处数字化的潮流之中,但是国家不能通过私有化来逃避其基本权利责任。通信技术的发展对基本权利提出了挑战,因为数字化在很大程度上消除了邮件和电话通信之间的界限。德国联邦宪法法院甚至提出,书信秘密和电信秘密正逐渐汇流成"电讯秘密”(Telekommunikationsgeheimnis)。[①]

人类社会进入数字化时代,通信出现了新形式,国家也有了获取个人信息的新机会。在数字化背景下,出现了需要由宪法基本权利保护的新的生活事实,而在此领域中,个人权利所面临的侵害风险,与传统类型的公权力干预亦大有不同。宪法上的基本权利,必须能够为数字化交往中形成的个人信息提供保障。然而,《基本法》中并没有可以直接应对这一新情境的基本权利。因而,在数字化时代个人基本权利的保护,就成为宪法司法的新兴领域。

《基本法》的文本中并没有直接保护个人信息的权利。面对不断出现的与个人信息收集、存储和处理相关的案件,德国联邦宪法法院基于基本法的既有规定,作了新的阐释。德国联邦宪法法院从《基本法》第2条第1款的一般人格权条款中推导出了私人在其个人信息的披露和使用方面的权利,开创性地确立了“信息自决权”。“信息自决权”指向规范国家公权力对个人信息的收集、处理,以及限制个人信息在不同机关之间的流动。[②] 个人信息处理措施和技术会给个人信息权利主体带来负担,而个人信息流动本身就意味着人格权损害的风险,应该予以规制。“信息自决权”所要防御的干预,不仅是公权力施加于个人的直接负担,还包括信息流动本身就可能蕴含的危险。国家公权力对信息自决权的干预不仅应当满足法律保留和法律明确性的要求,而且要符合比例原则的实质性要求。国家在收集和处理个人信息的合法性、使用目的、透明度、权利保护和法律监督等方面的措施必须得到保障。与此相关,在“在线搜查案”中,德国联邦宪法法院在电信秘密和住宅不受侵犯之外,发展出一项“确保信息技术系统的保密性和完整性”的基本权利。其作为

---

① Vgl. BVerfG, NJW 2016, 3508/3510.

② Vgl. BVerfGE 65, 1 (43).

一般人格权的一种表现形式,与信息自决权一样,在数字时代应予高度关注。此项基本权利关涉复杂的信息技术系统及其联网所导致的特殊危险。这些系统中存在特殊的技术访问手段,可以做到秘密监视和系统数据的操纵,必须被严格控制。[①]

个人信息保护领域,涉及多项有着紧密联系的基本权利。《基本法》第10条与保护空间隐私的《基本法》第13条住宅自由条款、《基本法》第1条第1款人性尊严条款,都存在天然的联系。从《基本法》第2条第1款推导出的信息自决权涉及与个人相关的数据保护,而《基本法》第10条所规定的秘密保护指向个人交流的特定传输形式,二者也存在紧密联系。《基本法》第10条是一项嵌入保护隐私的整体性宪法框架之中的保护特定秘密的规范,同时是《基本法》第2条第1款这一一般性条款的特殊保障条款。《基本法》第10条与信息自决权都指向保护个人信息免于国家未经授权的访问,使基本权利主体享有对于个人信息使用的自主决定权。二者的共同特点体现为,未经授权收集的个人信息经过储存、传输或滥用等不法行为造成一种持续性侵权。我们可以认为,在某种程度上,《基本法》第10条在其适用范围内也承担了第2条第1款结合第1条第1款的保护功能,但是二者在内容和教义上却呈现不同的面貌,具体在本书的相关案例中得到了充分的讨论和展示。

二

第4辑的编写延续前三辑的思路:选择该主题下最重要的案例,翻译裁判要点,描述论证过程,突出重点理论,介绍理论背景和后续影响,阐述宪法解释与论证的方法。第4辑也继续沿用之前的体例,每个案例介绍一般由以下7个部分组成:

---

① Vgl. BVerfGE 120, 274 (311f.).

1. 案例名称；

2. 关键词；

3. 案情；

4. 裁判要旨；

5. 裁判理由与论证；

6. 涉及的重大理论问题；

7. 后续影响。

这里，就编写体例问题稍加说明：

1. "案例名称"包括对该案例约定俗成的德语名称及其汉译、案例号以及裁判作出的时间，如人口普查第二案（Volkszählungsurteil, BVerfG 65，1，1983 年 12 月 15 日）。

2. 案例号的结构和含义如下：以"BVerfGE 85，386"为例，"BVerfGE"是指《德国联邦宪法法院判例集》，"85"代表该案例在第 85 卷，"386"指代该案例的起始页码。在引用案例时常常会使用如"BVerfGE 85，386（390）"的样式，"390"是引文所在页码。

3. 针对每个裁判，德国联邦宪法法院一般都会概括出"裁判要旨"，置于裁判正文之前。裁判要旨集中体现了法院的核心论证和主要观点，是理解该裁判的重要导引。这种概括"裁判要旨"的做法也是德国司法裁判的特点。

4. 凡文中以仿宋标出的部分是对裁判原文或法条的直接翻译。

5. 案例的排列以时间先后为序。

三

第 4 辑选择了德国联邦宪法法院 12 个涉及《基本法》第 10 条的重要裁判进行译介。这里，对这 12 个案例的要点加以说明：

1. 监听案。该案涉及对《执行〈基本法〉第 10 条法》（G10）的抽象规范审查。引发争议的是秘密监听以及由此导致的司法救济在事实上的缺失。该案值得关注的是,德国联邦宪法法院第一次发布了法官的反对意见。法官单独署名发布个人反对意见在德国法传统中并不常见。围绕"秘密监听是否触及人格尊严",德国联邦宪法法院从法律保留、防卫型民主、人的形象、法治国原则四个方面展开了激烈的讨论。最终,德国联邦宪法法院第二庭以5:3的票决肯定了被审查对象的合宪性,三位法官在关键问题上均提出了不同意见。

2. 人口普查第二案。该案围绕对1983年颁布的《德国联邦人口普查法》的违宪审查展开,起因是有100多位德国公民认为该法规定的对人口和社会结构资料进行全面收集的内容侵害了他们的一般人格权,故而提起宪法诉讼。德国联邦宪法法院指出,该案在基本权利方面的审查基准为《基本法》第2条第1款结合第1条第1款保护的一般人格权,并以此为基础创设性地推导出"信息自决权"的概念。该院认为,对于信息自决权的限制只有当存在重大的公共利益时才能被允许。此种限制需要合宪的法律基础,该法律基础必须与法治国下的规范明确性原则相符合。立法者应使其立法符合比例原则。此外,立法者还应设定组织和程序上的预防措施,以防范人格权受到损害的危险。

3. 战略监控案。该案涉及对进出华沙条约国的邮件和电话往来进行的"战略监控",争点是这一大规模"战略监控行为"是否侵害了《基本法》第10条规定的通信秘密。"战略监控"的特点是在一定时间和空间范围内对所有信件、包裹进行抽查,对远程通信进行关键词捕捉和跟踪。在这种拉网式的所谓"战略监控"下,公民并不会知道也不能确定其邮件是否被检查或电话是不是实际受到监听。德国联邦宪法法院在该案中展现了标准的比例原则审查操作,基于三个子原则审查并确认了战略监控措施的正当性。

4. 电信数据拦截案。该案涉及德国联邦邮政通过拦截电路和安装计数对比装置收集长途电话数据作为证据的方式，是否侵犯《基本法》第 10 条第 1 款规定的电信秘密的问题。德国联邦宪法法院认为，所有委托德国邮政传递或传送的通信过程和内容都受到《基本法》第 10 条第 1 款的保护。对此权利进行干预应当有法律依据。但是，《邮政基本法》第 30 条第 2 款并不构成拦截电路和安装计数对比装置的法律授权依据。

5. 扫描式追缉案。该案涉及警方采用电子数据加工的方式进行的扫描式追缉。德国联邦宪法法院认为，只有在具体威胁到重要的法益，如联邦和州的存续或安全、个人的身体生命或自由时，才能视为具体的危险，而在危险防御的准备阶段不得进行扫描式追缉。在扫描式追缉对个人信息自决权干预强度的问题上，德国联邦宪法法院内部存在分歧。

6. 通话设备窃听案。该案涉及电话通信内容的陈述在通话人不知情时被证人窃听获知，而法院在审理案件时对此种证人证言予以采信，是否触及通信秘密保护的问题。德国联邦宪法法院的立场为对通信秘密的保护应延伸至由私人经营的通信设施。《基本法》第 10 条第 1 款表明了公民对国家获取电信通信内容和详情的防御权，并规定了一项国家在私人第三方能够接触通信内容时对通话人的保护任务。

7. 海关刑事局案。该案是典型的抽象规范审查，聚焦于《对外贸易法》第 39 条、第 40 条以及第 41 条等授权规范是否触犯《基本法》第 10 条有关通信秘密的保障内容。德国联邦宪法法院认为受争议的条文，即《对外贸易法》第 39 条第 1 款、第 2 款为预防犯罪作出的监视书信、邮件和远程通信之授权，以及该法第 41 条第 2 款作出的处理、传递因其他目的获得的与个人相关数据之授权，应受到法治国原则的约束,但是实际上其不符合规范明确性要求,因而违宪。

8. 通信连接数据案。该案涉及某法院命令搜查通信过程结束后储存于通信参与者支配领域之内的连接数据是否合法的问题。德国联邦宪法法院认为,通信过程结束后储存于通信参与者支配领域之内的连接数据不受《基本法》第10条第1款的保护,而受信息自决权(《基本法》第2条第1款结合第1条第1款)的保护,并在特定情况下受《基本法》第13条第1款的保护。在取得储存于当事人处的连接数据时,须考虑该类数据具有较高的保护价值。在进行是否合乎比例原则的审查时,须注意所涉及的数据分为处于当事人私人领域之外而受到电信秘密特别保护的数据,与处于当事人支配领域之内由信息自决权给予补充保护的数据。

9. 在线搜查案。该案涉及《北威州宪法保卫法》第5条第2款第11项授权宪法保卫局采取的在线搜查措施的合宪性问题。德国联邦宪法法院以损害了诉愿人的保障信息技术系统私密性和完整性的基本权为由,判决该条文违反宪法从而宣布其无效。通过该案,德国联邦宪法法院将一般人格权的保护范围从个人信息扩大至信息系统,创设了保障信息技术系统私密性和完整性的基本权利。

10. 电子邮件案。该案涉及对于存储在供应商服务器上电子邮件的保全和扣押。德国联邦宪法法院认为,存储于服务器中的电子邮件属于电信秘密的保护范围,保全和扣押存储在供应商服务器上电子邮件的行为构成对电信秘密的干预。根据《基本法》第10条第2款的规定,只有法律才可以限制通信秘密权。而且保全和扣押行为仍应遵守比例原则的要求,还应当以符合实质必要性的程序性条款保障电信秘密。

11. 电信数据留存案。该案聚焦于《电信监控与其他秘密调查措施新规定以及转化指令2006/24/EG法》规定的电信数据留存措施是否限制了用户的通信秘密权。德国联邦宪法法院的裁判聚焦于电信数据留存措施对用户的通信秘密权的限制在形式和实质意义上的合宪性。该措施的合宪性并未受到绝对否定,德国联邦宪法法院详尽列举了一个可能合宪的留存措施所应遵循的具体要求,而现行法所设置的留存措施因远未达到这些要求而被认定为违宪。

12.《联邦刑事调查局法》案。该案涉及《联邦刑事调查局法》的立法条文的合宪性问题。德国联邦宪法法院对此作出了合宪性方面的评价,认为该法的诸多条文与信息自决权、保障信息系统私密性与完整性的权利、保障住宅不得侵犯、电信秘密不得侵犯这些基本权利的保护要求不相符合,对其的限制未满足明确性要求和比例原则。

需要说明的是,《德国宪法案例选释》第1辑“基本权利总论”收录的“犯人通信案”针对服刑犯人的通信秘密是否因监狱管理机关对信件的检查和拦截行为而受到侵害进行了深入探讨,该案中德国联邦宪法法院对通信秘密的保护领域和对这一基本权利的限制是否具有合宪性理由着墨颇多,但却得出了一个读者意料之外的结论,有兴趣的读者可以参考阅读。

四

第4辑的写作分工如下:

晏　韬:监听案、战略监控案

康有华、赵宏:人口普查第二案

董　建:电信数据拦截案、电子邮件案

张冬阳:扫描式追缉案

王玉成:通话设备窃听案

谭莺莺:海关刑事局案

尹　磊:通信连接数据案

查云飞:在线搜查案、《联邦刑事调查局法》案

阮　爽:电信数据留存案

张翔和金健做了统稿。感谢各位作者耐心细致的工作。感谢北大法学院的刘润泽、杭佳佳、黄智杰、林玉萍、梁芷澄、钟政、朱超、邓栩健、赖宇帆、宋依璠、陈法钧、林景涛同学帮助校对稿件。

还要特别感谢法律出版社法治与经济出版分社沈小英社长对这套书的大力支持。感谢刘晓萌编辑、鲁安编辑为本书的辛苦付出。

“通信权与个人信息保护”是当今世界各国国家治理都必须面对的问题。《欧洲人权公约》第8条保护每个人的私人生活、家庭生活、住所和通信,而《欧洲基本权利宪章》第7条规定人人有权获得私人、家庭生活、住宅及通信的尊重。近年来,中国宪法学界对通信权与个人信息保护进行了深入而广泛的讨论,在一些问题上存在较大争议。希望这本书能为中国通信权与个人信息保护的发展完善做一点微小的贡献。限于编写者的水平和视野,本书可能存在我们未能认识到的问题,欢迎各方面的专家、老师、同学和其他读者朋友提出批评和建议。

编　者

2023年10月8日

目录 *Catalogue*

监　听　案

晏　韬

案例名称　监听案（Abhörurteil, BVerfGE 30,1, 1970 年 12 月 15 日）

关 键 词　通信秘密　人的尊严　永久性条款　授权立法　少数意见

案　情

本案涉及对《执行〈基本法〉第 10 条法》(Gesetz zu Artikel 10 Grundgesetz)①的抽象规范审查。1968 年联邦议会通过 G10。G10 包含针对《基本法》第 10 条和第 19 条的宪法修正案和限制通信秘密的具体立法。

原《基本法》第 10 条第 2 款仅规定:"对该权利的限制必须基于法律进行。"而修宪的目的是,在特定前提条件下允许在不告知被监听对象的情况下进行秘密监听,并且排除对秘密监听的司法监管程序。因此,加入第 2 款第 2 句:"如果该限制是为了保护自由民主基本秩序或联邦和州的存续与安全,法律可规定不告知相对人该限制,并由人民代表所确定的机关及辅助组织的核查代替法律途径。"根据该修正案,秘密监听的目的只能是保护"自由民主基本秩序或联邦和州的存续与安全",并且只能基于"议会立法"。由于是秘密

---

① 根据德国学界和实务界的习惯,以下简称 G10。

监听,被监听人不知情,也就无法通过法院救济权利。新加入的《基本法》第10条第2款把对监听的审查权交给了人民代表所确定的机关及辅助组织。审查程序从法院转移至民主机构甚至行政机构,这就导致了与《基本法》第19条第4款的冲突,因此第19条也进行了相应修改。原《基本法》第19条第4款仅规定:"无论何人,其权利受到公共权力侵害时,均可提起诉讼。如无其他主管法院的,可向普通法院提起诉讼。"现加入第2句:"第10条第2款第2句的规定不受影响。"也就是新加入的第10条第2款作为普遍诉权保障的例外存在。

引发争议的是秘密监听以及由此导致的司法救济在事实上的缺失。黑森州州长代表该州在联邦宪法法院对G10提起抽象规范审查。黑森州基于以下四点理由认为G10违反了《基本法》第79条第3款,以及《基本法》第1条和第20条。

第一,修正案违反了人的尊严和宪法中的"永久性条款"。"如果一个人可以成为公权力措施的对象,而没有法官在事先或事后对这些措施的可允许性作出决定,那么人的尊严就会受到特别严重的侵犯。如果这种侵犯影响到公民隐私的核心领域,则具有特别重要的意义,为了保护这一领域,通信、邮政和电信的保密性已被提升到基本权利的高度。"黑森州认为宪法修正案侵犯了人格尊严,也因此违反了《基本法》第79条第3款确立的"永久性条款"。第二,修正案违反法治国原则。"法治国原则是联邦德国的宪法基础之一,《基本法》第79第3款结合《基本法》第20条宣布其不可侵犯。《基本法》第19条第4款提供的尽可能无漏洞的法律保护对法治国原则具有决定性意义。通过在部分国家行为领域排除诉讼程序,这次被诉的宪法修正案第一次打断了《基本法》要求的在有效地实现法治的道路上取得的进展,并迈出了故意倒退的第一步。"第三,修正案破坏了权力分立。“以议会监督取代司法审查,进一步违反了《基本法》第 20 条所保障的,《基本法》第 79 条第 3 款所宣布的不可侵犯的分权原则。”第四,排除对秘密监听的司法审查不符合比例原则。黑森州认为可以通过必要的司法程序设计保证监听的秘密性,因此排除司法审查程序不具有必要性。

一些法官和律师也对 G10 的若干条款提起宪法诉愿。联邦宪法法院合并审理了抽象规范审查和宪法诉愿。

本案涉及的主要条款包括:

《基本法》第 1 条第 1 款规定:

人的尊严不容侵犯。尊重和保护人的尊严是所有国家权力的义务。

《基本法》第 10 条规定:

(1) 书信秘密、邮件秘密和电信秘密不可侵犯。

(2) 如果该限制是为了保护自由民主基本秩序或联邦和州的存续与安全,法律可规定不告知相对人该限制,并由人民代表所确定的机关及辅助组织的核查代替法律途径。

《基本法》第 19 条第 4 款规定:

无论何人,其权利受到公共权力侵害的,均可提起诉讼。如无其他主管法院的,可向普通法院提起诉讼。第 10 条第 2 款第 2 句的规定不受影响。

《基本法》第 20 条第 3 款规定:

立法应遵循宪法秩序,行政和司法应遵守正式法律和其他法律规范。

《基本法》第79条第3款规定：

对本《基本法》的修改不得影响联邦由各州组成的事实，不得影响各州参与立法及第1条和第20条所规定的原则。

裁判要旨

1. 如果当事人因为不知道自己的权利受到侵犯而被剥夺了对执行行为提出诉讼的可能性，他或她必须有权直接对法律提出宪法诉愿，与因其他原因不可能对执行行为提出宪法诉愿的情况相同。

2. 考虑到比例原则，《基本法》第10条第2款第2句只能作如下解释：在不妨碍监视措施目的实现和排除保护自由民主基本秩序或联邦和州的存续与安全的威胁的情况下，该条款要求事后通知被监视者。

3. 基于比例原则，《基本法》第10条第2款要求G10必须将干涉书信、邮件和电信秘密的可接受性限制在以下情况之中：证明有反宪法行为嫌疑的具体情形，以及在用尽其他调查的可能性后，具体案件中的反宪法行为只能通过干涉书信、邮件和电信秘密来处理。将监控措施限制在不可避免的必要范围内的宪法要求，并不排除将监控范围扩大到可能被假定用于嫌疑人目的的第三人的通信。

4.《基本法》第10条第2款第2句要求，G10必须规定一种在实质上和程序上与司法审查相当的审查程序，即使当事人没有机会参与这种“替代程序”。

5.《基本法》第79条第3款禁止从根本上放弃该条款提及的原则，但并不妨碍对宪法的基本原则进行系统性修改。

6. 当公权力对人的处置是对人之所以为人的价值的蔑视时，人格尊严始被触及。

7. 分权原则允许针对行政部门措施的法律保护,在特殊情况下由议会在行政部门的职能领域内任命或组建的独立机构提供,而不通过法院。

8. 议会多数也可能滥用其权力。如果一个议会党团或联盟单方面为G10第9条第1款规定的机构配备人员,并致力于单方面影响委员会人员构成时,则有滥用权力的嫌疑。

裁判理由与论证

本案涉及通过修宪加入的《基本法》第10条第2款第2句是否符合《基本法》第79条第3款,因此法院认为在判决之前首先需要解释这两个条款。

一、建构解释背景

在对《基本法》第10条第2款第2句作出正式解释之前,德国联邦宪法法院首先从四个方面阐释了其解释的法理基础:法律保留、防卫型民主、人的形象、法治国原则。

1. 法律保留

联邦宪法法院首先肯定了为保护自由的宪法秩序而进行秘密监听以及排除司法审查的可能性。书信、邮件和电信秘密从来都不是无保留的基本权利,可以基于法律对其进行限制。“对基本权利限制的非常普遍的(法律)保留当然有其边界,这涉及限制的前提和边界;但是,就其适用范围而言,(法律保留)自始就包含了为保护自由宪法秩序或国家的存在而制定限制书信、邮件和电信保密的法律。在这方面,新加入的第10条第2款并没有带来任何新的内容;它只是具体化了第1款的应用情形,描述了当以保护自由民主基本秩序或联邦和州的存续与安全为目的时,可以通过法律制定哪些限制书信、邮件和电信秘密有关的措施。”

“《基本法》就限制基本权利作出的规定始终是为了能够有效地保护另一种——个人或超个人的——在一般情况下或在具体案件中具有优先性的法律利益。从这个角度看,《基本法》第10条第2款第2句的规定也符合保留的意图。联邦德国的存续及其自由的宪法秩序是压倒一切的法律利益,为了有效保护这些法益,可以在绝对必要的范围内限制基本权利。”

“因此,宪法修正案新内容实际上并不在于‘限制’书信、邮件和电信的秘密……而体现在不将这些限制告知当事人的额外授权,以及用人民代表指定的机关和辅助机关的审查取代法律程序。这些特别措施与上述限制(窃听和信件监控)之间的联系很明显。破坏宪法秩序和国家存续、安全的意图、计划和措施,通常来自伪装其工作并秘密进行的团体。这些团体组织严密,特别依赖不受干扰的、正常运作的通信联系。宪法保卫机构只有在对其监控措施进行保密,因而不在法庭诉讼中讨论的情况下,才能有效地打击这些‘机器’。即使是事后披露的监视措施以及随后在司法程序中的讨论,也能为反宪法力量提供线索,使其了解宪法保卫机构的工作方法和具体监控领域,并确定以前不为人知的宪法保卫机构人员,从而大大损害其有效性。因此,不将窃听措施告知当事人并将其提交给非法院的机构审查的规定,有利于宪法保护的有效性,如此才能让窃听和信件审查具实际意义。因此,作为对书信、邮件和电信保密的限制,《基本法》第10条第2款第2句允许以宪法和国家保护为目的,对电话交谈和无线电信息、电传、电报和信件进行秘密截获和监测,即使在事后依然对当事人保密,而且不能由法院审查。”

2. 防卫型民主

"不能仅从语义上孤立地解释宪法条款。相反,所有宪法条款的解释都必须符合《基本法》的基本原则及其价值体系。① 因此,在解释《基本法》第10条第2款第2句时,必须考虑宪法背景,特别是《基本法》的基本决定和一般宪法原则。在目前情况下,联邦德国宪法选择了'防卫型民主',这具有特别重要的意义。它不接受滥用基本权利来对抗自由秩序的做法,②不允许宪法的敌人通过援引《基本法》赋予的和受其保护的自由来危害、损害或破坏宪法秩序或国家的存在。③《基本法》明确规定了一个单独的机构,即宪法保卫局,负责保护宪法的任务。④ 赋予国家的最高宪法机关以任务,并为此规定一个专门的机构,却剥夺了宪法机关及其机构完成其宪法任务的必要手段,这不可能是宪法的本意。"

3. 人的形象

"同样重要的是《基本法》关于基本权利边界的基本决定:(行使权利)应考虑共同利益并保护超越的法律利益。⑤ 在《基本法》中,人的形象不是一个孤立的、完全自主的个人;相反,《基本法》在个人与社会的关联性和社会约束性的意义上决定了个人与社会之间的紧张关系,但不触及人的内在价值。这是源于对《基本法》第1条、第2条、第12条、第14条、第15条、第19条和第20条的整体解读。然而,这意味着个人必须接受立法机构对其行动自由施加的限制,以便特定情况下在一般合理的范围内维持和促进社会共存,但

---

① Vgl. BVerfGE 19, 206 (220).

② Vgl. BVerfGE 28, 36 (48).

③ 参见《基本法》第9条第2款、第18条、第21条。

④ 参见《基本法》第73条第10项、第87条第1款。

⑤ 参见《基本法》第2条第1款。

在此过程中必须维护个人的自主权。”[①]

4. 法治国原则:限制的限制

“最后,从《基本法》的三个基本决定之一中的‘法治国原则’,联邦宪法法院推导出了比例原则,该原则要求在限制基本权利地位的情况下,只有在绝对必要时,为保护宪法所承认的合法利益(这里是国家的存在及其宪法秩序)才能通过法律或者个案命令限制基本权利。[②] 正如下文要进一步阐释的,法治国原则进一步要求高权对公民的自由或财产的每一次干预,都至少必须受到有效的法律审查。”

二、解释《基本法》第10条第2款第2句

在确立了解释的整体背景和法理基础后,德国联邦宪法法院开始阐述《基本法》第10条第2句的具体内容,并肯定了该条款的正当性。“该条款所包含的秘密监控以及用其他审查模式取代司法保护,不仅是基于‘事物之本质’——因为没有这些措施,限制书信、邮件和电信秘密的目的就无法实现,而且因《基本法》的防卫型民主的基本决定而在宪法上合法化了。”

但联邦宪法法院同时认为,对《基本法》第10条第2款的解释应当考虑比例原则,只有在这一限制性解释的范围内,《基本法》第10条第2款才没有侵犯“永久性条款”。“根据《基本法》第10条第2款第2句,法律‘可以’规定不告知相对人该限制,并由人民代表所确定的机关及辅助组织的核查代替司法审查。基于比例原则,该宪法条款只能被理解为允许事后通知,并要求在可以排除对监视措施目的的威胁和对保护自由民主基本秩序或联邦和州的存续与安

① BVerfGE 4, 7 (15f.).

② Vgl. BVerfGE 7, 377 (397f).

全的威胁的情况下进行。此外，该条款还留有余地，如果不会危及对自由民主基本秩序的保护或联邦和州的存续与安全，可以通过正常的法律程序进行审查，或者规定一个特殊的司法程序，而不是由人民代表任命的机构进行审查。”

基于比例原则，能够事后不予告知且排除司法审查的秘密监听，[①]只能致力于保护自由民主的基本秩序或者国家安全，对二者的威胁必须落实在具体的案件之中，且只有在穷尽其他可能性而不能实现目的之后。基于比例原则的解释，该条款要求“只有在有具体情形证明有反宪法行为嫌疑的情况下，以及在用尽其他澄清的可能性后，具体案件中的反宪法行为只能通过干涉书信、邮件和电信秘密来处理，法律才能允许对通信秘密的限制。这也限制了不通知当事人的案件数量”。

“宪法要求将监控措施限制在不可避免的必要范围之内，根据《基本法》第 10 条第 2 款第 2 句，只有受到上述那种具体怀疑的人才能受到监控。因为通信的性质，当嫌疑人被监控时，与之接触的人也必然会被纳入这种监控之中，这种监控当然是可被允许的。将监控措施限制在不可避免的必要范围内的宪法要求，也不排除将监控范围扩大到可能被假定服务于嫌疑人目的的第三人的通信。鉴于上述宪法要求，《基本法》第 10 条第 2 款第 2 句对监听的授权范围不超过获取反宪法事件的信息。最后，根据对该条款的解释，《基本法》第 10 条第 2 款第 2 句还禁止将通过监控获得的信息提供给其他(行政)当局用于其他目的，并要求立即销毁任何与保护自由

① 基于《基本法》第 10 条第 2 款第 2 句的秘密监控的特点在于，其事前无须经法院批准，事后无须告知被监控人，并因此而全程排除于司法审查之外。这三个特点构成了其与一般刑事程序中的秘密监控的本质区别。如无特别之处，本案所涉及之秘密监控仅指这种特殊秘密监控。

民主秩序目的无关或不再相关的材料。”

德国联邦宪法法院肯定了《基本法》第10条第2款第2句的正当性，同时指出必须对该条款进行限制性解释。首先，秘密监听目的必须是维护国家安全和基本宪法秩序。其次，秘密监控的前提是穷尽一切其他手段。最后，联邦宪法法院要求控制威胁必须能够在个案中证明，且监控范围必须控制在有具体情形证明有嫌疑行为的人。此外，联邦宪法法院要求秘密监控获得的信息不能用作他途，且必须及时销毁。

接着联邦宪法法院就要回应本案中最富争议性的问题，排除司法审查是否违反法治国原则？

联邦宪法法院肯定了排除司法审查的必要性和正当性，但是也对“替代程序”提出了实质和程序上的要求。换言之，只要满足这些要求，采用替代程序排除司法审查就没有侵犯法治国原则。“最后，关于‘排除司法审查’，根据宪法规定的法治国原则，由人民代表机关任命的机关和辅助机关的审查要‘代替法律诉讼’，这在解释《基本法》第10条第2款第2句中特别重要。这意味着，在执行这一规定时，法律必须确立在实质上和程序上等同于司法审查的审查，至少是同样有效的程序，即使当事人没有机会参与这一‘替代’程序。根据这一解释，第10条第2款第2句要求，为执行该条而颁布的法律必须在人民代表机关指定的机关和辅助机关中规定一个机关，该机关在司法上具有独立性，对所有参与监控的准备、行政决定和执行的人具有约束力，决定监控措施的可允许性和是否告知当事人的问题，并在缺乏合法前提的情况下禁止监控措施的实施。这个机构可以在议会内部和外部形成。然而，它必须具备必要的专业知识和法律知识；它必须不接受任何指令；其成员必须有固定任期。它必须有能力监督所有与干扰书信、邮件和电信秘密的准备、决策、执行和监测有关的机构以及这些机构采取的所有措施。审查必须能够持续地行使。为此,必须向审查机构提供与决定有关的所有案件文件。这种审查必须是合法性审查。《基本法》第10条第2款第2句允许有这样的规定:即使在符合法定监控要求的情况下,审查机构可以有机会要求省略或取消监控,即可以进一步限制监控案件数量。”

三、解释《基本法》第79条第3款

《基本法》第79条第3款规定:“对本基本法的修改不得触动……第1条和第20条规定的原则。”联邦宪法法院首先认为,第79条第3款中的“不得触动”,仅指“不得触动”其所列条款的“核心内容”。“《基本法》第79条第3款作为对修宪机关修改宪法的障碍,其目的是防止现有的宪法秩序在实质上、根本上通过形式上的法律途径被修宪消除,并防止宪法秩序被滥用于随后极权主义政权的合法化。因此,该条款禁止从根本上放弃其所提及的基本原则。如果这些原则已经被普遍考虑,并且只是在某一特殊情况下根据其具体性质出于明显适当的原因而进行修改,那么这些原则就根本不会‘作为原则’而被‘触动’。因此,‘不得触动’这些原则的表述并不比《基本法》第19条第2款的相关表述有更严格的含义,根据该条款,一项基本权利在任何情况下都不得被‘触动其本质内容’。”可以看出,联邦宪法法院在此对第79条第3款作了限缩解释,将“不得触动”解释为“不得触动本质内容”。

第79条第3款禁止“触动”第1条和第20条规定的原则。那么,何时可被认定为“触动”第1条和第20条?第79条第3款本身并不包含实质的审判标准,因此,是否违反该条款需要结合被“触动”的具体宪法条款进行判断。本案的主要争议在于,修宪加入的第10条第2款第2句是否“触动”《基本法》第1条以及第20条。

联邦宪法法院通过对第79条的限制性解释,把争议问题转化成为有没有"触动"第1条和第20条的"本质内容"。之后,联邦宪法法院将在这一狭义解释的前提下审查第10条第2款是否"触动"第1条和第20条,从而违反了"永久性条款"。

"对解释具有重要意义的是,第79条第3款提到了'第1条和第20条规定的原则'。这一表述或多或少地不同于一种观点:第79条第3款排除了对人的尊严和法治原则的任何宪法修改。《基本法》第1条下含的原则远不止尊重人的尊严。第20条也包含若干原则,但那里没有下含法治国原则,而只是规定了法治原则中非常具体的原则:第2款是分权原则,第3款是立法对宪法秩序、行政权力和管辖权对法律和司法的约束原则。从法治国原则中可以推导出的子原则多于《基本法》第79条提及的第20条的内容。联邦宪法法院发展出了这些法律原则(例如,禁止具有追溯力的负担性法律、通过比例原则解决个案中法律确定性和正义之间的矛盾、尽可能无漏洞的法律保护原则)。与第79条第3款相关联的对修宪机构约束力的限制在解释中必须被更严格地对待,作为一个例外规定,在任何情况下都不能妨碍立法机构通过修宪对甚至是基本的宪法原则进行系统性的修改。从这一角度出发,从法治国原则衍生出来的公民必须获得尽可能全面的司法保护的原则并不是《基本法》第20条中'规定'的原则之一;第20条没有在任何地方提到它。因此《基本法》第19条第4款意义上的司法保护依然受到了第79条第3款的限制,没有被修宪所剥离。"

"根据《基本法》第79条第3款的规定,宪法修改不能影响《基本法》第1条中提到的人的尊严不可侵犯的原则。(第79条第3款是否受到侵犯)取决于在哪些情况下人的尊严会受到侵犯。这显然不能作一般性的判断,而取决于具体案件。一般性的公式,如人不能被贬低为仅是国家权力的客体,只是指明了可能侵犯人的尊严的情况的方向。在人必须不顾自己的利益而只能服从的时候,人是关系和社会发展的客体,也是法律的客体,这并不鲜见。不能仅基于这一点就判定人的尊严受到侵犯。须附加的条件是个人受到的待遇在原则上动摇了他的主体性或者在具体案件的处理中存在对人的尊严的恣意漠视(willkürliche Mißachtung)。因此,如果触及人的尊严,执行法律的公共行为对人的处理必须是对人作为人而应有的价值的蔑视,即在这个意义上是'蔑视性对待'。"

四、结论

在对所有相关宪法条款作上述狭义解释的前提下,联邦宪法法院认为,宪法修正案符合《基本法》第 79 条第 3 款,因为修正案允许的秘密监听和排除司法审查并未侵犯第 79 条禁止修改的人格尊严和法治国原则条款的核心内容。

"因为《基本法》第 79 条第 3 款提及《基本法》第 1 条第 1 款,但并没有比《基本法》第 1 条第 1 款本身提供更多的保护。并非每一项限制公民自由、对公民施加义务或在未被要求的情况下使公民受制于不为人知的措施的法规和命令,都毫无疑问地侵犯《基本法》第 1 条第 1 款第 1 句。""在本案的情形中,不通知被监听人不是对人及其尊严的贬损,而是公民为了保护国家和自由民主秩序的存在而被要求的一种负担。"

排除司法审查也没有侵犯人格尊严。"在本案中,以其他法律监督形式取代司法程序也没有侵犯人的尊严。诚然,考虑到人的主体性,通常要求其不仅是主观权利主体,而且可以采取法律行动来捍卫和执行其权利,在法庭上代表其案件,在此意义上即其享有司法保护。然而,这条规则一直都有不侵犯人格尊严的例外。在任何情况下,如果排除司法保护的动机不是出于对人的漠视或不尊重,而是为了保护民主秩序和国家的存在而需要对措施进行保密,那么就不会冒犯人的尊严。相反,如果排除司法审查导致相关人员被当局恣意摆布,人的尊严就会受到影响。然而,按照上文的解释,《基本法》第10条第2款第2句要求有一个不同但相当的法律审查,其目的也是保护有关人员的权利,这就排除了对人尊严的侵犯。"

以其他形式的法律监督取代司法审查,也没有违反《基本法》第79条第3款意义上的权力分立原则和法治国原则。因为第20条第2款保障的权力分立原则"并不要求严格分权,而是允许在特殊情况下,立法权可以由政府和行政机关行使,或者由立法机关行使政府和行政机关的权力。在特殊情况下,分权原则也允许不通过法院对行政部门的措施提供法律保护,而是由议会在行政部门的职能范围内任命或组建的独立机构提供。在本案中,至关重要的是权力分立的理性,即国家权力的相互限制和控制仍然得以实现。不能简单随意地在行政执行领域用一个独立机构取代司法审查,至少要有一个令人信服的、客观上可信的理由,从而使保留给司法权力的核心领域不受影响"。

由于被监控人全程不知情,即便存在审查监督程序,被监控人也无法参与。但联邦宪法法院并不认为这构成对《基本法》第79条第3款意义上的法治原则的核心内容的侵犯。"行政权力受到法律和权力的约束。这当然也适用于宪法保卫机构。这并不因为监控对象不知情,不能向法院提起诉讼以审查监控措施的合法性而改变。在这种情况下,在特定条件下允许监视措施不通知有关人员,并由人民代表所确定的机关及辅助组织的核查代替法律途径的规定,不影响所有行政权力受法律和权限约束的法治原则的核心内容。"

五、反对意见

德国联邦宪法法院第二庭以5∶3(票数)肯定了修正案的合宪性。3位法官撰写了反对意见,在本案涉及的四个关键问题上均提出了不同意见。首先,反对意见对本案的两个核心问题——排除司法审查是否违反法治国原则以及秘密监听是否触及人格尊严——提出了不同意见;其次,少数意见也不同意多数意见对"永久性条款"作的限缩解释;最后,少数意见指出,在限缩解释的基础上承认第10条第2款第2句的合宪性缺乏法律解释依据。

1. 法治国原则

与多数意见不同,反对意见明确认为,司法独立和权力分立是法治国的核心原则,而第10条第2款第2句破坏了这两个核心内容。多数意见认为,《基本法》第79条第3款仅保护法治国原则的核心内容不受影响,但并没有指出"核心内容"是什么,只明确表示"无漏洞的司法保护"虽是法治国的子原则,但并非"核心内容"。反对意见则针锋相对地认为,司法独立是"法治国原则"的核心内容,而以其他程序取代司法审查破坏了司法独立,因为法治国原则的核心是独立并因此而中立的司法审查,而执行机构和立法机构都不具备这个特点。"《基本法》第19条第4款对法律诉讼的保障,致力于保护个人权利。它保证任何权利受到公权力干预的人都可以在法院提起诉讼。这一宪法规定的本质特征是,通过在事务和认识上独立于行政和立法部门的机构,即中立机构,提供法律保护。该机构要符合特定条件(如适当的组成)并且只能依据审判作出决定。如果依据宪法修正案,用'人民代表机关指定的机构和辅助机构的审查代替法律程序',那么司法保护制度实际上就被取代了。如果该条款尚有任何意义,这种替代制度必然与正常的'法律程序'不同。这只能意味着,它不需要有独立和中立的保证,也不需要受到特定程序的约束。《基本法》第10条第2款第2句也允许对监控措施进行保密,这进一步突出了与司法审查的差异。”

此外,权力分立原则也受到修正案的破坏。“《基本法》第79条第3款也提及第20条。第20条直接确立了‘法治国原则’,还是仅确立了法治国原则的若干子原则,这一问题不需要讨论。无论如何,第20条都包含了合法性原则和权力分立原则,两者都是法治国原则。从这些已经可以看出,宪法在其价值秩序中不仅给人以特殊地位,还给予其保护。事实上,如果没有宪法确保的有效保护,个人的自由和受保障的权利是没有实质意义的。第20条第3款规定的合法性原则使国家权力机关受到宪法秩序、法律和正义的约束,从而提供了一种客观的保护。然而,如果要使保护有效,公民还必须能够为自己辩护,反对国家权力的干预,并对其合法性进行审查。这点通过第20条第2款确立的独立于立法和行政机构的司法机构得到保障。分权原则的意义在于公共权力的相互限制和控制,因此也有利于个人。因此,第20条第2款已经包含了个人法律保护的法治国原则,该原则在《基本法》第19条第4款(修改前)中得到了具体体现。”

最后,少数意见指出,无漏洞的法律保护并非一个法治国原则下的相对要求。“联邦宪法法院多次提及,法治国原则要求对公共权力对个人权利领域的侵犯提供尽可能完整的司法保护,但这不能被理解为,当出于某种原因似乎不可能做到时,就不必给予尽可能完整的法律保护。法律保护应该是尽可能完整的,这不是法治国原则的相对内容,而是法治的要求。”

2.人的尊严

“根据联邦宪法法院的判例,《基本法》第1条是贯穿于《基本法》所有条款的‘基本宪法原则’之一。《基本法》将人的自由人格及其尊严视为最高的法律价值。[1] 现在,在回答'人的尊严'意味着什么的问题时,必须注意不要完全从最高意义上理解这个可悲的词。例如,假设只有在'执行法律的公共机构对人的待遇'是对人因其为人而应有的价值的蔑视,即在这个意义上是贬损式的处置时,人的尊严才会受到侵犯。如果我们还是这样做,就会把《基本法》第79条第3款简化为禁止重新采用如酷刑、鞭刑和第三帝国的一些方式。然而,这样的限制并不符合《基本法》的概念和精神。第79条第3款与第1条结合所确立的内容要具体得多。通过将自由的人格置于价值秩序的最高层次,《基本法》承认了其固有的价值,即人的自主性。不能非人地对待人,不能像对待物品一样对待人,即使这样做不是出于对人的价值的漠视,而是出于'善意'的考虑。本法院第一庭是这样表述的:将人作为国家行为的单纯对象,并以公权力的名义随意处置他或她,是违背人的尊严的。[2] 这绝不仅是为判断是否侵犯人类尊严指明方向。这是一项植根于《基本法》第1条的原则,它直接确立了人格尊严标准。"

3. 永久性条款

"无论基于字面含义还是目的,《基本法》第79条第3款都并没有要求完全废除或原则上放弃这些原则或其中之一。'触动'(berührt)一词的含义比这一解释显然要少。如果在个人自由领域的一个子领域中,《基本法》第1条和第20条的原则被全部或部分地忽略了,就足以侵犯第79条第3款。在我们看来,这才符合《基本法》体系中第79条第3款的含义。如果要保持这些宪法性要素不被触动,这些原则还应当免于渐进性的腐蚀过程;如果这些原则仅仅'在一般意义上被考虑到',这一腐蚀过程就已经开始了。"

---

① Vgl. BVerfGE 6, 32 (36); 12, 45 (53).

② Vgl. BVerfGE 27, 1 (6); BVerfGE 5, 85 (204); 7, 198 (20); 9, 89 (95).

"《基本法》第79条第3款宣布,宪法的某些原则是不可侵犯的。因此,与《魏玛宪法》和《德意志帝国宪法》不同,《基本法》承认对宪法修改的限制。这样一个重要的、意义深远的特殊规定,当然不能被宽泛地解释。但是,如果人们认为它主要是为了防止合法形式的宪法修正案被滥用于随后极权主义政权的合法化,那么它的意义就完全被误解了。不需要特别强调,像1933年的《授权法》那样的宪法修改是不被接受的。《基本法》第79条第3款意味着更多:在尚没有预见到未来适用于全德国的宪法的时候,宣布立宪者的某些基本决定在《基本法》的生效期内是不可侵犯的。根据《基本法》第79条第3款,这些要被保护而不得更改的基本决定,首先是支持联邦制原则的决定,其次是《基本法》第1条和第20条中所体现的决定。无论人们如何宽泛或狭隘地理解《基本法》第1条和第20条规定的原则的范围,这些原则都属于塑造了《基本法》自身特点的原则。这两个规范是宪法秩序的基石。"

少数意见指出,"抗争性民主"并不是可用于任意限制基本权利的优先价值,相反,基本权利本身才是"抗争性民主"存在的意义。"多数意见指出了《基本法》的决定对'抗争性民主'的特殊意义,它不接受滥用基本权利来对抗自由秩序和国家的存续。没有人会怀疑,联邦共和国的存在及其自由民主的基本秩序是最重要的法律利益,必须加以保护和捍卫,必要时,个人自由必须服从于这些利益。"但少数意见同时认为,"抗争性民主"并非可正当化一切基本权利干预的当然的超越性价值。为了保护自由民主的宪法秩序和国家的存续而放弃不可剥夺的基本权利,这是个矛盾的说法,因为这些基本权利本身就是需要维护的宪法秩序的一部分。少数意见认为,首先应当区分紧急状态和日常状态。"在发生战争性攻击和由此产生的紧急状态的情况下——即使它可能持续较长的时间——公民的公民自由将不得不暂时受到更广泛的限制。然而，当涉及在‘日常法律生活’中的正常情况下为保护国家秩序而采取必要措施时，情况就不同了，如在打击犯罪或防御代理人的颠覆活动方面。在此，对个人权利的限制也必须受到限制。因为‘抗争性民主’捍卫了基于法治国原则的宪法秩序，而基本权利是其内在组成部分。因此，立法机构，包括修宪机构，在预防危险时——如在打击犯罪或秘密部门的活动方面(二者本质并无不同)——必须权衡各种法益，同时考虑到《基本法》对个人权利的重视。‘国家存续’不是绝对优先价值。如果立法者不能认识到限制基本权利的边界，‘抗争性民主’就陷入了自相矛盾。”

最后，少数意见对修宪可能带来的“破窗效应”表示了担心。“宪法修正案肯定了可以基于保护宪法秩序和国家安全这一宽泛的目的而对基本权利进行不可抗辩的限制，如果这一逻辑发展到更广泛的领域，很多基本权利条款都可以被修改。鉴于1949年以来的经验，这种发展的危险似乎很遥远。人们可能会认为，在一个基于法治的民主国家，所有的规范都是‘正确和公平’地适用的，而且秘密部门受到相应的控制。然而，没有人能够预见这在未来是否有保障。随着宪法修正案的出台，在放松拘束的舒适道路上的第一步已经迈出，没人能够预见会产生什么样的后果。因此，我们认为，对《基本法》第79条第3款的阻断性规定应进行解释和适用——不是广泛地解释，而是严格地、不屈地解释。它至少是为了防微杜渐。”

在否认了多数意见对“永久性条款”进行的宽松解释之后，少数意见认为，新加入的《基本法》第10条第2款第2句因为触犯了人格尊严、法治国原则而违背了基于“永久性条款”的修宪限制。

“根据《基本法》第10条第2款第2句，秘密侵入公民的私人领域是可能的，并且排除了法律诉讼，这不仅影响宪法敌人和其代理人,也影响未被察觉的人和无关的个人。甚至他们的电话可以被窃听,他们的信件可以被打开,而他们却毫不知情,也无法为自己辩护或者——这对受影响的人来说可能是最重要的——使自己摆脱不必要的纠缠。然而,在这种处理方式下,个人要求其私人领域的权利被尊重的权利被'权力草率地'支配,公民变成了国家权力的客体。"多数意见认为,公民成为权力客体的例子并不少见,并不一定都构成对人格尊严的侵犯。这一观点被激烈批评。少数意见指出:"判决书中提到的实际例子是没有意义的,因为这些措施要么不是在当事人背后采取的,要么不影响受保护的私人领域。然而,最重要的是,在所有这些情况下,只要公民的私人领域受到侵犯,他就可以为自己辩护,可以诉诸法律。此外,根据《基本法》第10条第2款第2句可能进行的规定的特殊性,没有什么比认为有必要对《基本法》进行修正这一事实更清楚地显示出来。"

"《基本法》第10条第2款第2句也影响基于第20条产生的个人法律保护的宪法要求。如上文所述,行政的合法律性原则尚不能满足这一要求。第10条第2款第2句规定的机关不符合给予个人法律保护的要求,因为该条款没有规定这些机关必须是独立的、不受指示的。即使假设这些是'由议会在行政部门的职能范围内任命或组建的独立机构',也不会满足法治国原则的前提条件。这类机构服务于——如像地方自治机构中由当选成员组成的所谓决策委员会——行政部门的自我监管,但不给予个人法律保护,一般被视为行政机构。"

4. 合宪性解释

"修正案并没有对可能被监控的人的范围作出任何具体限制。只要有利于保护自由民主的基本秩序或者联邦和州的存在或安全,就可以下令进行一般性的限制。更符合目标的做法可能是,先确立一个监控的范围，以圈定实际的危险点。”

“因此，对《基本法》第10条第2款第2句进行限缩解释是不可能的，根据（多数意见的）限缩解释，第10条第2款第2句强制性地规定了一项条例，据此，只有在有具体怀疑的情况下才可以限制书信、邮件和电信的保密性。但是，修正案的意义并不排除宽泛的监听行动，即在试验的意义上对许多地方进行监测。”

少数意见随后考察了修宪史，并在此基础上认为，多数意见所作的限制性解释不符合修宪目的。无论从字面含义、体系解释还是修宪目的，第10条第2款第2句都没有对秘密监听作范围上的限制和司法审查上的规定。“受监控影响的当事人的范围是无限的，不限于‘嫌疑人’。为‘议会监督’服务的机构和辅助机构的性质仍然完全没有被界定；它们可以被立法机构设计为政治机构，也可以是附属的行政机构。因此，多数意见对第10条第2款第2句的解释使其有了不同的含义。其缩小了它的范围，改变了它的规范性内容。然而，这完全属于立法机关的事务。”①“第10条第2款第2句并没有强制要求制定相应的法规。立法机关可以让它保持与修宪前相应的现状，也能够以多种不同的方式偏离它。对于审查宪法修正案是否为《基本法》第79条第3款所允许的问题，《基本法》第10条第2款第2句的决定性意义仅在于，其赋予了普通立法机关的全部可能性。”

后续影响

本案对德国宪法产生的影响和其引发的争议一样巨大，对本案的讨论和争议至今不绝。在2020年的一篇对本案的回顾性评论文

---

① BVerfGE 8, 71 (78 f.); 9, 83 (87).

章中,布雷德从三个方面指出了本案在德国宪法发展史上的意义:“联邦宪法法院就基本自由权和安全之间关系的持续至今的辩论在本案中开启;本案中,法院第一次对《基本法》第79条第3款的所谓‘永久性条款’进行了详细审查;这也是第一次发布了反对意见的判决书。”①

在本案中,安全和基本权利的冲突具体表现为基于《基本法》第10条第2款的秘密监听与第1条和第20条之间的冲突。此外,由于“永久性条款”本身并不包含比相关条款更多的实体内容,在审查是否侵犯“永久性条款”时,除了解释该条款,解释相关条款也是审查的核心内容。联邦宪法法院在本案中对“永久性条款”的解释确立了该条款的教义学基础,而对相关之第1条和第20条的解释也对后续判决产生了直接影响,当然也引起了激烈批评。第一次引入少数意见虽然没有对宪法教义学发展产生直接影响,但给德国法律文化带来了不容小觑的变化。基于“法官存于机构之后”的法律传统,②法官单独署名发布个人反对意见在德国法传统中绝非司空见惯,本案之后,反对意见也并不常见。但反对意见的发表无疑冲击了这一传统。因此下文将从法院对第1条、第20条、第79条的解释以及引入少数意见制度这四个方面论述本案带来的争议和影响。

一、人的尊严的相对化解释

由于人的尊严的不可限制性,在涉及人的尊严条款时,经典的审查模式(保护领域—限制—正当化)不再适用。法院只需要审查一个问题:人的尊严是否受到贬损。在个案判断中,宪法法院一直

① Brun－Otto Bryde, Abhörurteil, Jura 2020, S. 1277.

② Vgl. Brun－Otto Bryde, Abhörurteil, Jura 2020, S. 1281.

采用所谓“物化公式”(Objekt Formel):“当具体的人被贬损为客体、单纯的手段时,人的尊严即被触及。”[①]据此,人的尊严条款保护个人的主体性(Subjektsqualität)不被剥夺。[②] 这一被认为可回溯至康德伦理学传统的审判标准,[③]由杜里希首倡并被联邦宪法法院沿用至今。[④] 但在“监听案”中,联邦宪法法院对“物化公式”进行了非同寻常也因此争议极大的解释。如上文所引述,联邦宪法法院认为,“物化公式”仅为判断是否侵犯人的尊严指明了方向,只有在人的主体性在原则上被质疑时才构成触及人的尊严。联邦宪法法院在此采用的审判标准是人的尊严受到“恣意漠视”以及“人之为人的价值受到蔑视”。这一解释在两方面受到质疑:

第一,标准过于模糊。虽然“物化公式”的具体内涵也并不清楚,需要在个案中填充,但至少为是否触及人的尊严提供了一个判断依据:个人是否丧失了主体性。正是基于这一标准,杜里希在其为G10撰写的鉴定报告中认为,对被监听者的永久性保密和排除司法审查程序侵犯了人的尊严。永久性保密以及排除司法审查导致个人永远不可能知道其通信秘密是否受到干预,虽然监听涉及个人的基本权利,但个人却完全被排除在程序之外,个人的主体性也就随之不存在了。[⑤] 法院的多数意见认为,可以通过设立与司法程序

---

① Günter Dürig, Der Grundrechtssatz von der Menschenwürde, AöR 81 (1956), S. 127.

② Vgl. Volker Epping, Grundrechte, 9 Aufl. 2021, S. 325.

③ Vgl. Rosemarie Will, Die Menschenwürde: Zwischen Versprechen und Überforderung, Fs – Burkhard Hirsch, 2006, S. 36; Markus Rothhaar, Der Grundsatz der Menschenwürde und das Problem des „Zwecks an-sich“, ARSP 94 (2008), S. 423.

④ Vgl. Günter Dürig, Die Menschenauffassung des Grundgesetzes, JR 1952, S. 259.

⑤ Vgl. Günter Dürig, Verfassungswidrigkeit des Art. 10 Abs. Ⅱ, in: Günter Dürig/Hans – Ulrich Evers, Zur verfassungsändernden Beschränkung des Post –, Telefon – und Fernmeldegeheimnisses, 1969, S. 16.

相当的监管程序防止权力滥用,但当事人并不能作为权利主体参与这个替代性程序中,而只能被动地作为一个国家权力的保护对象存在。对权利是否受到侵犯、侵犯是否合理的判断完全取决于国家,个人只能被动地接受判断结果。无论个人权利受到多么小心谨慎的保护,个人在整个过程中对其权利没有任何处置的能力。正如少数意见指出:在此,“权利被权力草率地支配,公民变成了国家权力的对象”。但是基于多数意见对人的尊严的解释,主体性是否丧失这条主线也不存在了,取而代之的是更为模糊的“对人之为人的价值的恣意漠视”。多数意见对人的尊严的解释带来的是更多的疑问:“什么表现为对人的价值的贬低?什么时候国家行为构成这种贬低性的‘表现’?在‘恣意地无视人的尊严’之外,存不存在不恣意地无视?”①

第二,标准过于宽松导致了人的尊严条款的空洞化。联邦宪法法院的少数意见和杜里希都指出,不能将人的尊严仅仅理解为对酷刑、种族灭绝等极端行为的禁止。② 通过第1条第1款确立人的主体地位,《基本法》承认人基于自己的意志享有权利,在这个意义上,人的尊严是所有基本权利的来源。③ 通过承认人的主体性,人的尊严条款成为整个基本权利体系的基石,单项基本权利来自人的尊严,是人的尊严的具体表现。④ 从这个意义上可以说,“没有尊严,就没有权利”,也正基于此,对单个基本权利的解释必须以人的尊严

① Hasso Hofmann, Die versprochene Menschenwürde, AöR 118 (1993), S. 360.

② Vgl. Brun-Otto Bryde, Abhörurteil, Jura 2020, S. 127.

③ Vgl. Christoph Enders, in: Klaus Stern/Florian Becker (Hrsg.), Grundrechte-Kommentar, Carl Heymanns 2010, Art. 1, Rn. 9.

④ Vgl. Josef Wintrich, Die Bedeutung der „Menschenwürde“ für die Anwendung des Rechts, in: BayVBl. 1957, S. 140.

为依据。[①] 对人的尊严的“低端化”解释降低了整个基本权利体系的品格，也消解了人的尊严在《基本法》体系中的基石地位。

二、《基本法》第79条第3款的解释

违宪审查与民主之间本就存在张力，《基本法》第79条第3款无疑加剧了这种张力，因为该条款甚至将部分宪法修改的终局权力交给了联邦宪法法院。因此，联邦宪法法院以谦抑的立场解释第79条第3款是可以理解的，也能得到赞同。联邦宪法法院也一直在谨慎地使用第79条第3款赋予它的权力。[②] 在这一问题上，本案中的反对意见也赞同多数意见的谦抑解释立场，但问题是，法院应当后退多远？在本案之前，第79条第3款一直处于封印状态，联邦宪法法院在本案中第一次谨慎地使用了这一权力，也为后续判决确立了谦抑的解释基调。但正如本案争议所展示的，只要司法审查与立法权、修宪权的张力存在，对这一问题的答案永远不可能是固定的，而是始终处在每一次谨慎互动后的暂时平衡之中。

在这一谦抑的解释立场下，本案为“永久性条款”留下了一个重要的教义学遗产：“永久性条款”应该作为“例外规则”被严格解释，也就是“在任何情况下都不能妨碍立法机构通过修宪对宪法原则（甚至是基本宪法原则）进行系统性的修改”。这一解释得到普遍赞同，即便是少数意见也承认该条款作为例外规则“不能被过于宽泛地解释”。该条款只是防止宪法秩序被放弃，而不是排除一切修改的可能性。在这一层面，这一解释在学术界受到普遍的赞同。[③]

---

① Vgl. Brun – Otto Bryde, Abhörurteil, Jura 2020, Rn. 9.

② Vgl. Brun – Otto Bryde, Abhörurteil, Jura 2020, S. 1279.

③ Vgl. Konrad Hesse, Grundzüge des Verfassungsrechts der Bundesrepublik Deutschland, 20. Aufl. 2020, S. 292 ff; Bryde, in: Ingo von Münch/Philip Kunig (Hrsg.), Grundgesetz Kommentar, 7. Aufl., 2001, Art. 79 Rn. 29; Horst Dreier, in: Horst Dreier (Hrsg.), Grundgesetz Kommentar, 3. Aufl., 2015, Art. 79 Ⅲ, Rn. 19.

但联邦宪法法院在限制解释的方向上走得太远了。联邦宪法法院将修宪的界限限制在“防止现有的宪法秩序在实质上、根本上通过形式上的法律途径被修宪所消除,并防止宪法秩序被滥用于随后极权主义政权的合法化”。因此,该条款禁止的是“根本上放弃该条款提及的基本原则”。如此,“永久性条款”的意义就仅在于防止革命了。[①] 但正如杜里希所指出的,该条款的拘束对象不是宪法的反对者,而是整体上忠诚于宪法的立法者。[②] 革命者根本不认同现行秩序的合法性以及在宪法秩序内解决问题的可能性,其谋求的不是宪法修改而是推翻现有宪法秩序,自然不会谋求通过制度内的修宪程序实现目标。因此,“永久性条款”防止的恰恰是民主的立法者基于种种原因对宪法进行的错误修正。在随后的判决中,联邦宪法法院在整体上继承了本案确立的教义学内容,即将“永久性条款”作为例外条款进行严格解释,但是已经不再引用“根本上放弃该条款提及的基本原则”这一标准。[③] 从这个角度上看,联邦宪法法院在随后的判决中追随了少数意见。

三、合永久性条款解释

联邦宪法法院在本案中采用三种方式来贯彻其对“永久性条款”的谦抑解释立场:第一,狭义解释第 79 条第 3 款涉及的宪法条款;第二,狭义解释第 79 条第 3 款;第三,用“合宪性解释”原则调节修宪权与第 79 条第 3 款的冲突。[④] 如前文所述,对人格尊严的解释引起了广泛的争议和批评。多数意见认为,《基本法》第 20 条没有

---

① Vgl. Brun – Otto Bryde, Abhörurteil, Jura 2020, S. 1280.

② Vgl. Günter Dürig, Zur Bedeutung und Tragweite des Art. 79 Abs. Ⅲ GG, in FS – Maunz, 1971, S. 47.

③ Vgl. BVerfGE 84, 90 (121); 97, 49 (103).

④ Vgl. Günter Dürig, Die Menschenauffassung des Grundgesetzes, JR 1952, S. 1280.

包含法治国原则及其下诸多子原则，这在解释学上有其可信性，学术界对此也有争议。[①] 不过这并没有妨碍联邦宪法法院在随后的判决中，将法治国原则及其基于法治国原则推演而出的比例原则、信赖保护等子原则置于第 20 条之下，这也得到了学术界主流观点的支持。就基本权利教义学而言，学界和法院支持和追随的是本案中的少数意见，但多数意见用“合宪性解释”的方法处理“永久性条款”的思路却被沿用下来，成为处理对修宪权限制的基本原则。

合宪性解释，是指存在对规范的多种解释可能时，应当选择其中符合宪法的解释。推及修宪权，则是当宪法修正案存在多种解释可能性的时候，应选择符合“永久性条款”的解释。合宪性解释经常要面临的一个批评是，为合宪而“强行解释”，也就是为了得到规范合宪的结果而为其强行灌入不符合经典解释方法的含义。当“合永久性条款解释”原则被运用到对宪法修正案的解释中时，强行解释的趋势也不能完全避免。在撰写少数意见的 3 位法官看来，多数意见在本案中就犯了这样的错误。多数意见认为，可以在限制解释第 10 条第 2 款第 2 句的前提下肯定宪法修改的合宪性。这些限制包括监听对象必须具有一定的嫌疑，必须确立实质和程序上与司法审查相当的监管程序，在不妨碍国家安全时应当告知被监控人。但少数意见指出，基于第 10 条第 2 款第 2 句的文字和修宪史根本不能得出多数意见附加于其上的限制条件。相反，该条款仅仅规定了为了预防危害国家安全的行为可以进行秘密监听并排除司法审查。至于如何执行这一宪法条款、控制监听的范围、设置什么样的程序，属于立法权规制的事务，联邦宪法法院在

---

① Vgl. Philip Kunig, Das Rechtsstaatsprinzip, 1986, S. 109.

此显然越俎代庖了。

尽管存在批评和争议,联邦宪法法院在本案中发展的“合永久性条款解释”策略,是目前发现的平衡修宪权和司法审查的最合适手段:一方面,应当信任并假设修宪者不会破坏宪法;[①]另一方面,本着谨慎地维护《基本法》第1条至第20条的不容触动性的原则,也应当看到立法者在客观上有犯错误的可能。因此,联邦宪法法院随后的判决和学术界都承认第79条第3款应当作“例外规则”解释并被谨慎地使用:在尊重修宪权的基础上维护《基本法》中不可变更的基本原则,而“合永久性条款解释”可能是实现这一平衡的最合适工具。

四、少数意见

联邦宪法法院在本案中第一次引入并单独发布了少数意见,这并非3位法官的一时兴起,也不是法官们第一次产生意见分歧。在起草《联邦宪法法院法》的草案时,法官能否单独发表少数意见的问题就已经被讨论过。这被认为是受到了美国联邦最高法院传统影响。[②] 然而,两国的法律文化传统以及德国联邦宪法法院和美国联邦最高法院的宪法地位并不相同。美国(甚至普通法)法律传统突出法官的个性化,德国法官则立于机构和规范之后。“美国联邦最高法院与其说是一个合议机构,不如说是九个独立个体的集合。”[③]每个法官的个人意见(只要他想),无论属于多数还是少数,都可以直接表现在判决书中。从把马歇尔法官视为违宪审查的发明人开始,法官的个人色彩(政治倾向、家庭背景、社会活动史等)

① Vgl. Brun – Otto Bryde, in Ingo von Münch/Philip Kunig (Hrsg.), GG, 7. Aufl., 2021, Art. 79 Rn. 30.

② Vgl. Brun – Otto Bryde, Abhörurteil, Jura 2020, S. 1281.

③ Oliver Lepsius, La Cour, c'est moi, JöR 64 (2016), S. 131.

在美国法律发展过程中的作用就不断被强化,最终形成了法官个人色彩浓厚的裁判文化。从提名开始,法官的个人背景就是大众媒体热议的对象,大众媒体对判决的讨论往往会回溯到某个法官的个人特征。[①] 层出不穷的法官传记甚至花样翻新的大法官周边产品既是这一裁判文化的写照,也在不断强化着这种文化。德国联邦宪法法院的法官们则恰恰相反。判决以审查庭(Kammer)或审判庭(Senat)的名义发布,所有参与裁判的法官都要署名,但不可能知道哪位法官的论证在裁判中占了多大分量。没有法官能宣称其对判决的解释才是权威的,除非他甘愿承担将自己的意见一般化为所有法官的意见或者泄露讨论秘密的风险。[②] 这一去个人色彩的过程就已经决定了法官不能成为宪法传奇故事里的英雄。

单独发布于法院判决之外的反对意见无疑会冲击这一司法传统。该制度的反对者也以合议庭传统和庭后讨论秘密为理由反对单独发表反对意见。在裁判本案的两年前,联邦宪法法院为此召集全体合议(Plenum)并以9:6的投票结果支持引入该制度。当时已从联邦宪法法院退位的法官茨威格特和弗里森汉分别就是否引入少数意见制度在第四十七届德国法学年会上作了鉴定报告。[③] 两位前联邦宪法法院法官从强化法官个性、透明化和机构民主三个角度支持引入反对意见。

但争议的问题恰恰在于,透明化和强化法官个人色彩是否可欲。在德国的法律传统中,尽管法官们从不否认庭后存在激烈的争

---

① Vgl. Oliver Lepsius, La Cour, c'est moi, JöR 64 (2016), S. 126 ff.

② Vgl. Oliver Lepsius, La Cour, c'est moi, JöR 64 (2016), S. 166.

③ Vgl. Konrad Zweigert, Vdlg. 47 DJT (1968) I Gutachten D 1 ff; Erst Friesenhahn, Vdlg. 47 DJT, Sitzungsberichte, R 33 ff.

论,[①]但是法院对外一直以一个具有统一声音的机构形象出现。单独发布反对意见会不会造成联邦宪法法院的撕裂(如近年的美国联邦最高法院)？此外,允许法官联合或者单独发表反对意见必然会强化法官个人色彩,这可能会使法院在意见多元的时代经常性地陷入政治争议之中。因为当分裂判决出现时,人们不会质疑法官的专业知识,毕竟他们都是被同行普遍认可且经验丰富的法律专家,那么差异的根源就“顺理成章”地回溯到了法官的政治倾向和个人偏好。这一担心并非多余,也不能在未来完全排除。但从联邦宪法法院70年的判决史来看,联邦宪法法院维护了其专业、中立的司法裁判机构形象。独立发布反对意见并未过分地强化法官的个人色彩并进而导致法院的分裂。这在很大程度上可以归功于制度设计和法官们对法治传统文化的自觉维护。

对政治分裂的刻意规避从联邦宪法法院法官的选任程序上就已经开始。法官的任命权被平均分配给联邦议会和参议院,两个机构各任命50%的法官。同时,法官的任命在各机构必须获得2/3以上的同意。这要求各政治派别在法官任命上取得更大程度的妥协。[②] 此外,法院两庭各8名法官,当出现4∶4(票数)的分裂意见时,法院的意见就不再重要,从而在一定程度上避免了用宪法上存在争议的方式解决分歧问题。法官在大众媒体中倾向于以专业法律人而非政治家的形象出现,倾向于作为合议庭的一员谋求统一的法律意见而不是将个人的政治倾向带入专业讨论。[③] 因此,法官们在各种场合总是强调其幕后的争论是法律争论而不是政治争论,是

① Vgl. Fabian Michl, Das Sondervortum zum Apothekenurteil, JöR 68 (2020), S. 323 ff.

② Vgl. Brun – Otto Bryde, Abhörurteil, Jura 2020, S. 1282.

③ Vgl. Oliver Lepsius, La Cour, c'est moi, JöR 64 (2016), S. 160.

事实、判决导向而不是个人偏好导向的争论。[①]

更重要的是，以法教义学为核心和框架的判决和讨论风格，也有助于淡化法官在判决中的个人色彩。法教义学固有的公式化风格已经为法官们的讨论设定好了议程。在基本权利的案件中，法官围绕基本权利的保护范围、是否构成干预以及比例原则展开讨论。事实上，法官们在前两个问题上很容易达成共识，争论大多发生于比例原则的审查上。[②] 在比例原则的审查过程中，不同的意见都会纳入"衡平"之中，因此一个统一的意见本身就已经包含了对多方意见的统合与衡平，尽管激烈的争论一直存在，但单独发布反对意见却往往没有必要。[③] 在联邦宪法法院 70 年的判决史中，反对意见仅以例外的形式存在。从本案开始，截至 2016 年，联邦宪法法院共作出 2206 件全体判决（Senatsentscheidung），其中只有 162 件判决附反对意见。[④]

---

① Vgl. Peter Müller, „Heute darf ich das sagen", in: Die Zeit v. 9.4.2015; Andreas Voßkuhles, Das Bundesverfassungsgericht und der Gesetzgeber, Vortrag beim Wissenschaftsforum des Deutschen Bundestages am 17. 11. 2011; Interview von Dieter Gosewinkel, in: Ernst – Wolfgang Böckenförde, Wissenschaft, Politik, Verfassungsgericht, 2011, 307 (438). 但也并非没有不同意见。前法官迪特尔·格里姆（Dieter Grimm）就认为政治和宪法判决的严格分离只是一种幻象。Vgl. Dieter Grimm, Was das Grundgesetz will, ist eine politische Frage, in: FAZ v. 22. 12. 2011. 前院长尤塔·林巴赫（Jutta Limbach）把宪法法院的权力理解为政治权力，乃至是一种"拍板的权力"（die Macht des letzten Wortes）。Vgl. Jutta Limbach, Das BVerfG als politischer Machtfaktor, Vortrag, 1995; Jutta Limbach, „Die Politik versteckt sich gern hinter dem BVerfG", ZRP 2000, S. 351 – 354; „Wir haben das letzte Wort", Interview mit Winfried Hassemer, in: Der Spiegel 12/2008, S. 38 – 40.

② Vgl. Brun – Otto Bryde, Abhörurteil, Jura 2020, S. 1282.

③ Vgl. Brun – Otto Bryde, Obiter Dicta, in: FS – Hans – Jürgen Papier, 2013, S. 494.

④ Vgl. Senatsentscheidungen mit oder ohne Sondervotum in der amtlichen Sammlung (BVerf GE), https://www.bundesverfassungsgericht.de/DE/Verfahren/Jahresstatistiken/2016/gb2016/A – I – 7.pdf?__blob = publicationFile&v = 2.

最后需要说明的是,反对意见对基本法教义学发展的影响。简言之,影响不大,但并非没有。以生效裁判为导向的教科书和法律评注往往追随多数意见,联邦宪法法院也往往追随多数意见确立的宪法解释和审判标准。但本案的少数意见就是一个著名的例外,联邦宪法法院在随后的判决中显然追随了少数意见对《基本法》第1条、第20条和第79条第3款的解释。

人口普查第二案

康有华　赵　宏

案例名称　人口普查第二案（Volkszählungsurteil，BVerfGE 65，1，1983 年 12 月 15 日）

关 键 词　个人资料收集　统计目的　一般人格权条款　信息自决权

案　情

德国于 1983 年颁布《联邦人口普查法》（以下简称《普查法》），规定对德国的人口和社会结构资料进行全面收集。该法不仅要求公民提供基本的个人信息，还要求公民填写详细表格，包括收入来源、职业、教育背景、工作时数以及交通方式等内容。该法还授权将这些统计资料移交给地方政府，以帮助其进行区域规划、调查、环境保护和选区划分等事项。

该法颁布后，100 多位公民提起宪法诉讼，联邦宪法法院也临时中止了《普查法》的实施，并在审查后要求议会修正某些规定，防止因法律漏洞导致的在收集、存储、使用和传输个人信息过程中的权力滥用。这一案件在德国法上被称为“人口普查第二案”。

裁判要旨

1. 在数据处理的现代社会,《基本法》第2条第1款结合第1条第1款保护的一般人格权,保障个人免受对其资料(Daten)无限制地收集、存储、使用和传输。在此范围内,上述基本权利保障个人能够在原则上自主决定是否披露和使用其资料。

2. 对于信息自决权的限制只有当存在重大的公共利益时才能被允许。此种限制需要合宪的法律基础,该法律基础必须与法治国原则下的规范明确性要求相符合。更进一步,立法者应使其立法符合比例原则。此外,立法者还应设定组织和程序上的预防措施,以防范人格权受到损害的危险。

3. (1)基于宪法的上述限制要求,应当区分两种与个人相关的资料:一种是以个别化且非匿名的形式收集和处理的;另一种则是出于统计目的而被查明的。(2)对出于统计目的进行的资料收集而言,不能够对其要求一种狭隘和具体的资料目的限制。但作为补充的是,此种资料的收集和处理也必须在信息系统之内受到相应的限制。

4. 1983年《普查法》的资料收集条款(第2条第1项至第7项,第3条至第5条)所规定的个人登记和编目并非与人性尊严不一致;它也符合规范明确性要求和比例原则。但为了保障信息自决权,立法者需要在资料收集的实施和组织方面,补充程序上的预防措施。

5. 1983年《普查法》第9条第1款至第3款所规定的资料传输条款(将统计资料与注册登记簿进行比较核对)侵犯了一般人格权。出于科研目的传输资料的规定(1983年《普查法》第9条第4款)符合《基本法》。

裁判理由与论证

联邦宪法法院首先确认原告提起的宪法诉愿具有诉的适法性且部分具备正当理由。

一、资料提供义务是否有悖于信仰表达自由、意见自由和住宅不受侵犯

1983 年《普查法》第 5 条第 1 款直接设定了“资料提供义务”(Auskunftspflicht),对此原告认为,该义务侵害了其受《基本法》第 4 条、第 5 条及第 13 条保障的信仰表达自由(Bekenntnisfreiheit)、意见自由(Meinungsäußerungsfreiheit)和住宅不受侵犯。联邦宪法法院分别针对上述三项基本权利展开讨论,并首先明确在本案中上述基本权利未因“资料提供义务”的设定受到侵害。

首先,《普查法》设定的对于是否在法律上隶属某一宗教团体的如实陈述义务(《普查法》第 5 条第 1 款第 1 项及第 2 条第 1 项),并不构成对信仰表达自由的侵害。所谓的“信仰表达自由”区别于“内在信仰自由”,保障的并非宗教信仰问题中的“思想”,而是保障此种“思想”通过言谈或宣告等方式的表达。此种表达自由既包括积极坦白的自由,也包括消极沉默的自由。虽然此处的如实陈述义务构成了对消极的信仰表达自由的限制,但是依据《基本法》第 140 条(此处结合《魏玛宪法》第 136 条适用),行政机关可以出于法定的统计目的询问公民是否隶属某一宗教团体,并不构成对信仰自由的侵害。因此,该限制具备合宪性。此外,联邦宪法法院进一步指出,从国家实践(Staatspraxis)的惯例来看,这一理解也是妥当的。不仅在魏玛时期存在此种立法和实践,而且在联邦德国建立后的多次立法中,即 1950 年、1961 年和 1969 年的《普查法》中,均有相应的规定。基于此种事实状况,也应当认为联邦有权设定上述如实述义务。

其次,《普查法》设定的资料提供义务也不构成对意见自由的侵害。联邦宪法法院指出,"意见自由"保护的范围"包括在某种思想交流范畴内的观点、主张或意见的组成部分;至于它的价值性、正确性和合理性并不重要。而某项事实的陈述(Mitteilung)在严格意义上并非'言论'的表达……事实陈述只有在构成言论形成的前提条件时,才受到《基本法》第5条第1款意见自由全面的保护。与此相反的是,统计资料收集范畴内的陈述,如1983年《普查法》中的规定,属于纯粹的事实陈述,与言论的形成无关"。

最后,《普查法》的规定也不构成对住宅不受侵犯的违反。原告认为,根据《普查法》的第3条第2款和第5条第1款第3项的规定,其被强制公开其私人范围内的居住关系,构成对住宅不受侵犯自由的违反。联邦宪法法院指出,"《基本法》第13条意义上的住宅仅仅是指空间上的私人领域。此项基本权利原则上禁止公权力主体违背住宅所有人意志,闯入其住宅或在其中停留。该禁止还包括如对住宅安装监听设备以及使用住宅,但并不包括在不闯入住宅或停留其中的情形下的资料收集。该资料收集并不被包括在《基本法》第13条保护的范围内"。因此,由于此处的住宅资料提供义务并不会导致原告的住宅被闯入或停留,其主张不具备正当理由。

二、一般人格权作为本案的审查基准

德国联邦宪法法院在排除上述基本权利与本案的关联后,明确指出,本案在基本权利方面的审查基准(Prüfungsmaßstab)为《基本法》第2条第1款结合第1条第1款保护的一般人格权,并以此为基础创设性地推导出"信息自决权"的概念。

1. 信息自决权的确立和保护

对于信息自决权的导出,联邦宪法法院将之回溯至以下两项条款:其一,《基本法》第1条第1款的"人性尊严"条款,这项条款一直被誉为德国《基本法》的基石,它强调国家对于"个体基于理性主导下的自我确定和自我展开的尊重",禁止国家将"个人当作工具(或客体)予以对待"。其二,《基本法》第2条第1款,一直以来又被作为德国宪法中的一般自由权条款,这一条款除"保障公民广义的层面上从事任何活动的行为自由(Handlungsfreiheit)"外,[①]还具有相当的涵盖功能,如果公民的某项行为自由不能纳入《基本法》列举的特定自由权的保护领域,则可援引第2条第1款。特别当该条款结合人性尊严条款时,可以推导出"一般人格权",其保护范围同样不限于特定的领域,而是一般意义上的个人自决权。之所以需要与人性尊严条款结合,是因为个人的自主性不仅在于其行为,更在于其性质。[②] 换言之,个人之所以具有自主性,不只是因为其在行为上享有一般的自由,更根本的原因在于其内在具有的人性尊严,可以自我决定且自我负责。

联邦宪法法院在判决中首先申明:"《基本法》秩序的核心在于个人的价值和尊严,此处的个人是指基于自由的自主决定(freie Selbstbestimmung)而作为自由社会的成员活动的人。对此种秩序核心的保护除了特别的自由权,还包括《基本法》第2条第1款结合第1条第1款保障的一般人格权;考虑到现代社会发展会带来对人格权利新的危害,此项基本权利具有显著的重要性。"对于一般人格权的主要内容,联邦宪法法院一方面指出其在具体事项方面并未被穷尽(nicht abschließend),另一方面特别指出其中也包含"个人在原则上能够自主决定何时以及在何种程度上披露其个人的生活状况

---

① Vgl. BVerfGE 6, 32, 37 f.

② Vgl. Thorsten Kingreen/Ralf Porscher, Staatsrecht Ⅱ Grundrechte, 37. Aufl. 2020, S. 141, Rn. 509.

(Lebenssachverhalte)”。由此,德国联邦宪法法院通过《基本法》的一般人格权条款,在个人自主决定权的基础上,进一步推导出个人的“信息自决权”。

此外,对于该项基本权利的保护,德国联邦宪法法院认为其需要在资料自动处理的当前条件和未来条件下,获得特别的保护。这一特别保护的必要性在于:“由于在决定程序中不必如过去一般依靠手动整理的资料卡片和档案,现在只需要借助资料自动处理的帮助,就能够在技术上使特定的或可特定的个人的私人关系及事务关系信息,实现可视化、可不受限制的储存以及随时可以无视距离的瞬间获得,因此该项基本权利面临重大的威胁。此外,信息系统的整合建设使个人资料与其他资料相互结合,还会导致利害关系人在无法对其个人资料的正确性和使用途径进行充分的控制时,其人格图像(Persönlichkeitsbild)就被部分或全部地拼合成形。对信息的获得和影响的可能性以一种前所未有的方式扩张,使个别的行为已经能够被公共意识所形成的精神压力施加影响。”因此,基于上述危害,信息自决权应当保护“个人对于要采取的行为或要停止的行为及其可能性具有个别决定的自由,并且实际上能够实现这些决定”。特别是保护个人免受“对其资料无限制地收集、存储、使用和传输”。信息自决权在此范围内,其意义是个人对其资料的披露和使用的自主决定权。

2. 信息自决权的可限性以及限制的合宪性理由

尽管德国联邦宪法法院明确肯定,在资料处理技术快速发展的背景下,对个人信息自决权的保护尤为重要,但联邦宪法法院并未将这一权利绝对化。在阐释了信息自决权的保护具有前述特殊性后,联邦宪法法院在该份判决书中申明:“信息自决权并非无限(nicht schrankenlos)。对于其‘自身信息’,个人并不具有任何绝对或无限的控制，理由是个人是在社会共同体之下发展其个性。因此，即使是个人信息，也同样是社会现实的反映（Abbild sozialer Realität），而非纯粹地与个人相联。”这一认知与联邦宪法法院在此前诸多判决中的思路一脉相承。在联邦宪法法院看来，《基本法》下的“人”并非原子化的个人，并不只是独立自我的投影，“而是愿意和他人交流，并在共同体的实践中揭示自身的个人”①。换言之，是与他人共同生活在共同体之下，对他人和共同体都负有责任的个人。这一认知决定了在德国宪法下任何基本权利都并非绝对，也都因此具有内在的“可限性”②。在这一判决中，联邦宪法法院重申了上述判断：“《基本法》通过假定与共同体相关的并受共同体约束的个人，而解决了个人与社会之间的冲突”，并据此认为：“为了迫切的公共利益（Gemeinwohl），个人在原则上必须接受对其信息自决权的某种限制（Beschränkung）……如果某些信息对政府规划有必要，作为社会一员的个人就有责任回答官方人口普查及有关自身的某些问题。”

但一旦允许国家可对公民的基本权予以限制，就极有可能出现国家借由“限制”而彻底掏空或是排除公民基本权的潜在危险。第二次世界大战时德国发生的人道主义惨剧已经为此提供了足够的证明。因此，在《基本法》制定之初，立宪者就一再强调，新宪法中必须包含“只要《基本法》允许基本权可由法律加以限制，就必须同时规定此种限制不可剥夺基本权的本质部分的要求”③。依照这一逻辑，联邦宪法法院在确认公民的信息自决权可受限制后，又明确列举了“限制的限制”要件。国家唯有符合这些要件始能对公民的

① BVerfGE 27, 1.

② Peter Lerche, Übermaß und Verfassungsrecht, 2. Aufl. 1999, S. 153.

③ Michael Sachs(Hrsg.), Grundgesetz Kommentar, 1996, S. 591.

信息自决权予以限制。对此,联邦宪法法院认为在信息自决权的限制中存在以下限制要件:首先,此种限制必须基于重大的公共利益;其次,该限制需要具备一项合宪的法律基础,该法律基础必须符合规范明确性要求,其限制的前提条件和范围必须明确且能被公民辨识;最后,该限制也必须符合比例原则的要求。除上述限制要件外,联邦宪法法院还进一步要求立法者设定组织和程序上的预防措施,以防范人格权受到损害的危险。

3. 划分个人资料的两种类型

为了使上述宪法要求能够在与个人资料相关的案件中得到具体实施,联邦宪法法院认为在审查对信息自决权的限制是否符合宪法要求时,需要查明事实陈述是基于何种目的而被要求的,以及该信息存在何种联系和使用的可能,从而在不同情形下遵循相应的审查标准。在此,"应当区分两种与个人相关的资料,一种是以个别化且非匿名的形式被收集和处理的,另一种则是出于统计目的而被查明的"。

首先,就第一种个人资料而言,其长期以来就广泛存在于行政管理之中,如在征税和提供社保给付的过程中,此类个人资料就被广泛使用。就此而言,联邦宪法法院认为,立法者应当将其使用目的准确地限定于特定的领域(bereichsspezifisch),并确保资料的收集符合上述使用目的且为其所必要。因此,非匿名资料的收集和存储不得出于不确定的或尚未确定的目的。考虑到资料自动处理可能带来的危险,还有必要通过使用禁止和传输禁止防范嗣后适用对目的的偏离(Zweckentfremdung)。此外,程序上的预防措施也具有重要意义,其包括了澄清义务、答复义务和问题解决义务。由于在资料自动处理的情形下,资料的存储和使用存在不透明性(Undurchsichtigkeit),因此独立的资料保护专员(Datenschutzbeauftragter)的介入对于信息自决权的保护具有显著重要意义，这同时满足了通过预防措施获得法律救济的利益。

其次，就第二种个人资料而言，联邦宪法法院指出其对于宪法判断具有以下三点不容忽视的特殊性：

第一，资料统计对于国家政策具有显著重要性，有助于其履行《基本法》设定的原则性和方针性义务。对于社会和国家经济的发展而言，“需要全面的、持续的以及当前最新的信息，以把握经济、生态和社会的整体关系”。资料自动处理在此可以提供重要的统计资料，从而“构成以社会国家原则为导向的国家政策必不可少的行动基础”。根据统计资料的此种国家政策关联性，联邦宪法法院指出，此时“不能对统计资料收集要求一种狭隘和具体的目的限制”。因为国家政策关联性表明，统计资料收集是一种可被运用于各种国家任务的预备措施，而不限于最初能被确定的国家任务。与之相应的还存在一种统计资料存储的需要，此种资料存储同样也不受到具体的目的说明要求及个人资料存储严格禁止的限制。本案中的人口普查资料作为一种统计资料，必须出于多种目的进行收集和存储，以满足国家经济社会发展的需要。此外，统计资料的传输禁止和使用禁止同样也有悖于其存在的目的。

第二，尽管资料统计在目的限制上具有上述开放性，但联邦宪法法院也在此作出补充：“资料统计中的信息收集和处理也必须在信息系统内受到相应的限制。信息处理的前提条件必须被清晰地设定，以确保个人在其资料被自动收集和处理的情形下不会沦为单纯的信息客体（Informationsobjekt）。”对其进行限制的必要性还在于，“一方面统计资料收集欠缺确定的、可随时被辨识的且易于理解的目的限制，另一方面统计资料使用具有多重功能，这两者都增强了通过信息保护法（Datenschutzgesetze）对统计资料收集进行拦截和限制的趋势”。

就人口普查而言,对其限制的必要则在于,“由于人口普查缺少目的导向的资料收集限制,其可能会导致一种具有导致人格权危险的个人登记和编目”。因此,应当对出于统计目的进行的资料收集和处理提出特别的要求,以保护负有资料提供义务的公民的人格权。联邦宪法法院首先在职能上限定,出于统计目的进行的资料收集和处理“只能帮助公共任务的履行”,而且“不是任何资料(jede Angabe)都能要求公民提供”。并进一步指示,立法者应当审查资料提供义务是否会特别地使利害关系人招致被盖上“社会印章”(如瘾君子、有犯罪前科者、精神病人、反社会分子)的危险,以及资料收集的目的能否通过匿名的调查方式实现。在此,联邦宪法法院以《普查法》第2条第8项为例进行讨论,该条项规定“人口和职业统计包括……在监狱中的犯人身份或全体员工的隶属关系或全体员工的从属范围”。其目的在于为查清监狱机构的内部状况提供依据。这一目的在考虑到犯人存在被贴上社会标签的危险时,可以通过与个人无关的资料收集方式实现。监狱机构的主管负有义务,依据《普查法》第2条第8项报告无法与具体的个人关联的监狱内部情况统计资料。如果资料的收集会关联到个人,则会构成对一般人格权的侵害。此外,联邦宪法法院再次申明组织和程序上的预防措施的重要性。这是因为,资料在收集和存储的过程中,仍然存在个人化(individualisierbar)的可能,其中可识别出个人的要素(Identifikationsmerkmale),如姓名、通信地址、身份号码、账单等能够被轻易地用于还原个人的真实身份,导致“去匿名化”(Deanonymisierung)的结果。由此,应当设定必要的预防措施,严格保密统计资料内容直接对应的个人,并尽早实现与个人关联资料的匿名化。当国家机关为履行规划职责而调取与个人关联的统计资料时,其调取权能也应限于必要的信息。最后,联邦宪法法院引申出,如果从国家政策实践的现实角度考量这一问题,那么对统计资料中与个人关联资料的保护不仅是信息自决权的规范要求,而且是国家与公民形成良好的合作关系和信赖关系的必要条件。只有当这种合作与信赖得以建立,国家才能从公民处顺利获得真实和精确的统计资料,从而能够通过规划等手段正确引导经济和社会的发展。

第三,上述对统计资料收集的限制性要求在宪法上也必须考虑当时的认识和经验状况。例如,统计资料在被统计机关匿名化或汇总完毕之后又被其他国家机关利用时,公民难以认识到其人格权受到损害。当与个人关联的资料既没有被匿名也没有被汇总时,对这一资料的传输就存在更为显著的问题。对此,联邦宪法法院又重申了组织和程序上的预防措施的重要性,再次说明了个人关联资料保密和匿名化的要求。同时指出,"出于行政管理目的传输没有经过匿名化或汇总的统计资料,本身即构成以不容许的方式侵害信息自决权"。

三、资料收集条款是否合宪

联邦宪法法院在完成上述对信息自决权相对抽象和一般性的讨论后,又回到本案的《普查法》合宪性问题,首先对《普查法》中的资料收集条款(第2条至第4条,并结合第5条第1款)依据前述的"限制的限制"要件进行审查,并在此视角下对"资料提供义务"的合宪性进行重新审视。

1. 资料收集条款的登记和编目规定与人的尊严条款相一致

联邦宪法法院认为,《普查法》中规定的资料登记和编目虽然会记录与个人生活领域相关的资料,如公民的住宅资料,但不会记录公民的个人特征。人性尊严条款禁止的是对公民个人特征进行

“画像”(abbilden),无论这种“画像”是对公民个人特征的“全面画像”还是“部分画像”,都与人性尊严条款不一致。因此,《普查法》中的资料登记和编目并未与人性尊严条款相冲突。此外,联邦宪法法院还指出,官方统计资料应当以一种匿名的形式将个人资料进行汇总。

2. 资料收集条款符合规范明确性要求

对个人资料收集作出规定的法律规范属于对信息自决权进行限制的规范,其目的和内容必须足够明确以符合基本权利限制要件的要求。在本案中,《普查法》资料收集的目的被确定为资料统计,其资料收集的类型也被明确为对人口、职业、住宅以及工作场所的统计,因此符合规范明确性要求。

3. 资料收集条款符合比例原则

比例原则是德国公法领域的“帝王条款”,其内涵主要是通过国家行为手段与目的的关联性考察,来检视国家行为是否具备正当性和合宪性。对比例原则的检视包含五个方面:第一,国家所欲追求的目的具有正当性;第二,国家采取的限制手段具有正当性;第三,国家采取的限制手段与所欲追求的目的之间必须相适宜;第四,这些限制手段和方式对于该目的的达成必须是必要的,即国家所采用的手段应当是可实现预期目的的手段中最温和、侵害最小的;第五,手段相对于相关法益具有均衡性和合比例性。[①] 在本案中,联邦宪法法院同样指出:“在制定这些法律时,议会还必须遵从比例原则。这项原则来自基本权利的特殊属性,且被提高至宪法规范的高度。只有在对保护公共利益有所必要的程度内,国家才能对公民的信息自决权予以限制。”针对本案中《普查法》的信息收集条款,联

① Vgl. Thorsten Kingreen/Ralf Porscher, Staatsrecht Ⅱ Grundrechte, 37. Aufl. 2020, S. 110, Rn. 393.

邦宪法法院认为,其目的和手段具有正当性,手段与目的相适宜且具有必要性,相对于相关法益也具有均衡性,因此符合比例原则。

首先,就目的和手段的正当性问题,联邦宪法法院认为,《普查法》的目的在于获得为国家未来进行规划等活动所必需的信息,将其作为国家规划等活动的预备,服务于国家任务的履行,因此具有正当性。其所采取的手段为以调查问卷的方式对人口等资料进行全面收集(Totalerhebung),该手段的依据在于欧共体 1973 年关于同步一般人口普查的指令,因此同样也具有正当性。

其次,就手段与目的的适宜性和必要性问题,联邦宪法法院认为,《普查法》规定的调查问卷和全面收集手段无疑与其所欲追求的获得国家活动必需信息的目的相适宜。至于其他收集手段,如抽样调查(Stichprobenerhebung),虽然也能收集到相关资料,但相比之下资料的真实性和准确性远远比不上全面收集。对于全国人口资料的统计而言,资料的可信度是非常重要的前提条件。因此,根据当前的科学研究水平,在不存在全面调查的替代手段这一前提条件下,《普查法》资料收集条款规定的全面收集手段仍具有必要性。另外,联邦宪法法院还指出,资料收集的具体内容,即人口、职业、建筑、住宅、工作场所等,在被相互联系后,可以在统计上形成经济和社会的整体图像。如果仅仅是对其中单个的资料进行收集,显然无法在统计资料上整体反映经济和社会的现实状况。因此,多方面的资料收集内容同样与法定目的的达成相适宜且必要。

最后,就法益均衡性问题,联邦宪法法院认为,《普查法》和《联邦统计法》(BStatG)也允许公民选择通过将其填写的调查问卷放入信封的方式寄送给统计机构,从而进一步降低了资料泄露的危险。因此,《普查法》对相关法益进行了适当的均衡:公民可以直接将其资料提供给调查人员,也可以将调查问卷直接寄送给统计机构,这就使公民的信息自决权得到了最大限度的保护,而获得统计资料的公共利益也未被减损。

4.资料收集条款需要补充组织和程序上的预防措施

联邦宪法法院认为,法律上现有的资料收集规定仍不足以确保信息自决权不受侵害,立法者还需要设定以下预防措施:

首先,统计机构负有澄清义务和教导义务。正如前述,公民虽然有权选择通过将其填写的调查问卷放入信封的方式寄送给统计机构,但该项权利由于是通过将《普查法》结合《联邦统计法》的相关规定解释得出的,因此难以为公民所认识。在资料收集的实践过程中,这项权利也容易被忽视。所以立法者有必要确保公民能够就该项权利的行使获得书面的教导,并且能够清楚地知道哪些资料可以基于自愿提供(如电话号码)。

其次,应当采取措施解决公民和其他公民之间的利益冲突,即公民的信息自决权受到国家之外的第三人的侵害。调查人员在日常工作中难免会碰到一种情况,即有的公民会去了解和偷看其他公民已填写并提交的调查问卷,公民的信息自决权此时会因为调查人员的保护不足而受到侵害。但在实践中由于调查人员人手不足,此保护需要显然无法得到满足。就此,联邦宪法法院认为应当进一步采取的措施是,要求调查人员不直接在公民的住宅附近进行调查,以避免该公民周边的邻居打探其信息。

最后,立法者应当确保调查问卷的内容与法律规定相一致。尽管《普查法》第5条规定了每个公民的信息提供义务,但该义务并不能涵盖公民的所有信息。因此调查问卷中的问题内容不得超出法律允许的范围。至于立法者要如何确保调查问卷的内容与法律规定相一致,联邦宪法法院认为在此存在多种可能的途径,包括授权行政机关针对调查问卷的内容制定法规命令(Rechtsverordung)。

四、资料传输条款是否合宪

联邦宪法法院首先指出资料传输规定的合宪性要求，“只有在生效法律明确授权且已设置了为保护人格权所要求的预防措施(特别是与统计机构同等的统计资料保密和匿名化措施)的前提下，如需要通过其他行政机关对统计资料进行整理时，出于统计目的收集但尚未匿名化的个人关联资料才被允许传输”。与之相反的是，如果资料的传输是为了实现其他机关的行政管理(Verwaltungsvollzug)目的，则此种资料传输通常会构成以不容许的方式侵害信息自决权。在此，联邦宪法法院提出了一个重要的区分标准，即对资料统计目的和行政管理目的进行区分。不同于统计资料的收集，如果统计资料出于行政管理目的确有必要被传输给其他行政机关时，此处的资料传输条款应当设定狭隘和具体的目的限制，并且符合规范明确性的要求。公民应当能够清楚地认识到，其个人资料是为何种具体的行政管理目的所必需，且其提供个人资料应受到免于强迫“自我指控”(Selbstbezichtigung)的保护。

根据以上宪法要求，联邦宪法法院对《普查法》资料传输条款的具体规定又进行相应的审查：

第一，《普查法》第9条第1款的规定与宪法的要求不相符，构成对信息自决权的侵害。《普查法》第9条第1款允许地方政府(Gemeinden)将收集到的统计资料传输给登记机关，由登记机关将统计资料与注册登记簿进行比较核对，并对登记簿进行勘误。该规定导致被收集的个人资料不仅被用于统计目的，还被用于其他行政管理目的。但参照有关登记机关行政职能的规定，并无法预见地方政府的登记机关会将个人资料用于何种具体的目的。这不仅将有损于统计资料收集目的的达成，甚至可能使目的完全不可能达成。因为只有当统计资料严格保密的要求获得实现时，才能有效进行统计工作。此外,这一规定也无法满足同条款第2句规定的“不利禁止”(Nachteilsverbot)的要求。公民无法预见到,登记机关是否会将统计资料进一步传输给其他行政机关,造成对自己不利的后果。当公民因此而在其他行政机关的执法过程中受到不利,也无法认识到是由于其个人资料被进一步传输所致的,从而也难以就信息自决权受到侵害获得救济。

第二,《普查法》第9条第2款的规定也违反了信息自决权的要求。这一规定允许将个人关联资料传输给专门的联邦最高级别行政机关和州最高级别行政机关及其指定的主体,以满足其依法履行法定职责的需要。这一规定同样欠缺具体和明确的传输目的,并且无法保证个人资料的使用受到目的的限制,因此也构成对信息自决权的侵害。

第三,《普查法》第9条第3款的规定,同样违反了信息自决权的要求。其第1句规定允许地方政府将统计收集到的个人关联资料,出于特定的行政管理目的,用于地方事务之中。具体而言,《普查法》第2条至第4条规定中的个人关联资料可以出于地方规划、土地测量和环境保护目的,传输给特定的地方机关。尽管在此法律已对资料传输目的进行了类型上的限制,但联邦宪法法院认为这一限制仍不足够具体和明确。联邦宪法法院认为,地方规划所涵盖的范围较为广泛,无论是区域规划,还是土地使用规划和建筑规划,它们都是地方规划的组成部分。由于不同的规划类型对于公民具有不同的法律效果,在目的限制未能具体到个别的规划类型时,公民仍然无法预见其个人资料会被用于何种行政管理活动并带来何种法律后果。在土地测量和环境保护的地方行政管理领域中,也存在同样的问题。由此,该信息传输规定由于目的限制不足够具体和明确,违反了信息自决权的要求。此外,同条款第2句规定允许地方政府为了统计资料的整理，甚至可以获得和使用包括姓名在内的个人资料。联邦宪法法院认为，个人资料被从统计机构传输给其他机关出于统计目的的使用时，也应当确保在其他机关中存在与统计机构同等的信息保护措施。但该规定在此并没有将其纳入考虑，且同时缺乏相关规定防止地方政府将获得的个人资料用于行政管理。由此，该资料传输规定不足以确保统计目的的限制效力，违反了信息自决权的要求。

第四，《普查法》第 9 条第 4 款不违反信息自决权的要求。该规定允许出于科研目的，将个人资料传输给特定的公职人员。规定同时明确，信息传输不得超出为科研目的所必要这一界限，并且绝对不能传输姓名和通信地址的资料。该规定与这一认识相符合，即对于大多数科研领域而言，个人资料并非必要。因为科学研究在通常情况下对个人并不感兴趣，而只是将个体作为特定要素的载体。由此，出于科研目的进行的资料传输对于个人信息而言造成的影响较小，使个人因此遭受不利后果的可能性也较低，不会造成对信息自决权的侵害。

五、获得救济权是否受到侵害

联邦宪法法院就本案中原告获得救济的基本权利，即《基本法》第 19 条第 4 款中的“权利救济途径保障”(Rechtsweggarantie)是否受到侵害，也引申性地作出了回答。联邦宪法法院认为，“《基本法》第 19 条第 4 款保障的不仅是诉请法院保护的形式上的权利和可能，更是权利保护的实效性(Effektivität des Rechtsschutzes)；公民享有一种实质的请求权，即要求切实有效的司法审查。如果《普查法》的规定妨碍公民认识到，其何种与个人有关联的资料被谁、在哪里、以什么方式、为了什么目的而被使用，则该规定不符合宪法的权利保护要求。因此，《基本法》第 19 条第 4 款赋予联邦和州的统计机构以下义务，即对个人关联资料的传输进行记载，以便于公民能够以符合《联邦资料保护法》(BDSG)第13条及其他相关规定要求的方式认识到其资料的传输,并在该传输违反要求时能够获得权利救济途径”。

另外,在本案中《普查法》第5条第2款针对资料提供规定的延缓效力(aufschiebende Wirkung)排除,与《基本法》第19条第4款一致。所谓“延缓效力”,是指根据《行政法院法》第80条和第80a条的规定,在当事人提起行政复议或撤销诉讼后,行政行为应当停止执行。[①] 在此,《普查法》的规定将此种延缓效力明文排除,因此当事人不能因提起行政复议或撤销诉讼而免除资料提供义务的履行。联邦宪法法院认为,虽然延缓效力受到《基本法》第19条第4款的保护,但这一保护并非绝对的,“重大的公共利益能够将个别权利救济请求权的暂时性搁置正当化,以便及时和不迟延地采取措施确保公共利益”。就人口普查而言,如果没有延缓效力的排除反而将有损其目的的达成。其原因就在于:首先,全面收集人口普查的资料对于区域相关决策的作出而言,是不可或缺的信息基础(Informationsbasis),不可通过延缓效力妨碍该重大公益的实现。其次,人口普查的特殊情况要求在截止日前提供收集到的全部资料,这也使个别公民的权利救济请求权被暂时搁置具有正当性。所以在本案中,《普查法》的延缓效力排除规定并不构成对获得救济的基本权利的侵害。

涉及的重大理论问题

一、信息技术发展与基本权利保护

本案的理论和问题背景并非仅在于基本权利本身,更在于宪法

① 参见刘飞:《德国公法权利救济制度》,北京大学出版社2009年版,第92页。

对现代科技发展所带来挑战的回应。正如判决中反复提到的“资料处理的现代条件”,联邦宪法法院在此敏锐地感知和认识到,信息技术发展带来的资料自动处理系统将使公民的人格法益面临全新的侵害,因而必须在宪法基本权利层面予以回应。

在此,首先必须阐明的是这一新型侵害的特殊性。正如判决中所言,“在资料自动处理的条件下,不再会有‘不重要’(belanglos)的资料了”。个人资料的收集和处理至少可以追溯到古罗马的税收官进行的户口登记。但在以纯手工方式进行的国家活动中,不仅存在“不重要的资料”,而且事实上大部分的公民资料可能都不具有重要性。公民的资料若非得到妥善保管,恐怕只能被埋没于历史的故纸堆中。而与之截然相反的是,通过现代信息技术提供的处理系统,个人资料无论多么琐碎和细微,都能被自动地用于记录公民的人格特征,并能够在与关联资料结合的情形下,对特定公民的人格进行完整或部分的画像。因此,任何个人资料都具有与人格法益关联的可能性。此外,判决还指出,这一自动处理技术本身对于公民而言具有不透明性,公民无法预见和认识自己的资料以及通过资料形成的人格画像会被系统如何记录、如何使用,即便人格法益受到侵害,也无从得知,更无从救济。因此,信息技术发展带来的新型侵害并不仅是一种想象,而是一种现实的可能,并已经在现实的生活中威胁到了公民的人格法益。联邦宪法法院也因此有必要在《基本法》中寻找和确认有助于这一问题解决的基本权利根据。

正如判决第一部分所揭示的,在《基本法》规定的基本权利类型中,尽管言论自由等特别列举的自由权与个人资料保护有所关联,却并未完全涵盖和对应新兴信息技术侵害的人格法益。因此,联邦宪法法院将现代信息技术人格法益侵害问题的重心置于一般人格权,即《基本法》第2条第1款规定的“人人皆有人格自由发展的权利”。

二、一般人格权中的信息自决权

《基本法》第2条第1款的人格自由发展权也被称为“一般自由权”(Allgemeine Freiheitsrechte),其作为“兜底性基本权利”的性质在联邦宪法法院更早的经典判决“艾尔弗斯案”中已经得到确立。[①]在该案中,联邦宪法法院将一般理解的“精神性、伦理性的个人人格发展”扩张为了“人一切行为的自由”,从而构建出一个无所不包的一般行为自由权。人格自由发展权作为一般性和兜底性的基本权利,涵盖的保护范围实际上并不止于一般行为自由权,还有本案判决重点讨论的一般人格权。之所以需要在提供概括性保护的一般行为自由权之外构建独立的一般人格权,是因为行为自由仍不足以涵盖所有的人格法益。例如,个人的自主决定,其重心并不在于行为,而在于人的基本性质。[②] 因此,有必要结合人性尊严条款,构建区别于一般行为自由权、侧重于人性尊严保障的一般人格权。因此,当公民的自我规划(Selbstentwurf)受到国家的审查和检视时,即便行为自由未直接因此受到限制,其也能够获得基本权利层面的保护。由此,《基本法》第2条第1款的人格自由发展权形成了一般行为自由和一般人格权两大类型,本案也是在一般人格权的基础上导出了信息自决权。

一般认为,一般人格权保护的对象是人所独有的身份,[③]主要包

---

① 参见张翔:《艾尔弗斯案》,载张翔主编:《德国宪法案例选释》第1辑,法律出版社2012年版,第16页。

② Vgl. Thorsten Kingreen/Ralf Porscher, Staatsrecht Ⅱ Grundrechte, 37. Aufl. 2020, S. 110, Rn. 393.

③ Vgl. Lothar Michael/Martin Morlok, Grundrechte, 7. Aufl. 2020, S. 219, Rn. 417.

括隐私、自主和个人名誉三项基准点。[①] 根据胡芬教授的观点,信息自决权概念的产生是一般人格权保护的当然结果。“早在谈论信息自决之前,法院已从一般人格权推演得出信息自决权的核心范围。”胡芬教授还指出:“在少数争议案件中,‘个人人格自主’的想法,也提供了解决当时问题的重要方法:不仅个人的生活领域应受到保护,而且个人何时在何等限度范围内愿意公开其个人事实的自主权利,亦应受到保护。”[②]由此,信息自决权在这一发展脉络之下,并非联邦宪法法院提出的一项全新的权利,而是针对新兴信息技术所带来的人格法益危害的应对手段,“检验标准自始至今仍是一般人格权”[③]。联邦宪法法院自己也在后续的判决中阐明,“人口普查第二案”判决真正的意义并非在于信息自决权的概念,而仍在于凸显一般人格权。[④]

联邦宪法法院最初在处理隐私权的保护问题时,将特别保护置于个人最内在隐私的范围,即私密领域,从而发展出所谓的“领域理论”。根据领域理论,“绝对不得侵犯的私密领域(Intimsphäre)乃人格的核心,而与社会接触的其他隐私领域(Privatsphäre),则是与核心相邻之下一个外环。更外环的范围是‘社会领域’(Sozialsphäre)——其界限止于在公开场合出现的当代名人或参与

① 参见 Friedhelm Hufen:《人格保护与资讯自决权》,翁晓玲译,载 Peter Baura、Horst Dreier 主编:《德国联邦宪法法院五十周年纪念论文集》(下册),台北,联经出版事业股份有限公司 2010 年版,第 119 页。

② Friedhelm Hufen:《人格保护与资讯自决权》,翁晓玲译,载 Peter Baura、Horst Dreier 主编:《德国联邦宪法法院五十周年纪念论文集》(下册),台北,联经出版事业股份有限公司 2010 年版,第 120 页。

③ Friedhelm Hufen:《人格保护与资讯自决权》,翁晓玲译,载 Peter Baura、Horst Dreier 主编:《德国联邦宪法法院五十周年纪念论文集》(下册),台北,联经出版事业股份有限公司 2010 年版,第 125 页。

④ Vgl. BVerfGE 96, 171(181).

政治活动人士等几乎毫无区隔的领域”①。将这一领域理论结合比例原则,联邦宪法法院在一般人格权侵害的审查上,也形成独特的“越……越……(比较)公式”(Je-desto-Formel)。具体至信息自决权案件则表现为:“资料越是涉及私密领域或特别的信赖关系,比例原则的检验就应越加严格……资料越是可以推论创作者或是允许公示效果,那么目的拘束就应更加清楚与严格说明。资料越是匿名化,且越接近统计数字,则国家可越大方地调查和使用。”②

三、信息自决权作为公法上信息保护理论基础的优越性

在联邦宪法法院于“人口普查第二案”中创设出“信息自决权”后,这一权利经由后期的案例累积和教义学塑造,迄今已成为意涵确定、功能明晰、向度多维的权利整体,而德国法和欧盟法上有关信息保护的公法机制的构建,也都以这一概念为思考起点和体系基石。

首先,信息自决权具有明晰的权利属性与功能指向。信息自决权从肇始就被明确定位为宪法上的一般人格权,因此,信息自决针对的并非同样作为基本权享有者的他人,而是作为基本权义务人的国家;信息自决也是为了确保“国家为个人保留内在空间,在这个空间之内,个人是自身的主宰。因此,个人可以完全排斥外在世界,独自退回内在主体,并享受在其中隐居的权利”③。信息自决权的意涵被塑造为“个人资料免受国家无限度地收集、存储、使用和传

① Friedhelm Hufen:《人格保护与资讯自决权》,翁晓玲译,载 Peter Baura、Horst Dreier 主编:《德国联邦宪法法院五十周年纪念论文集》(下册),台北,联经出版事业股份有限公司 2010 年版,第 117 页。

② Friedhelm Hufen:《人格保护与资讯自决权》,翁晓玲译,载 Peter Baura、Horst Dreier 主编:《德国联邦宪法法院五十周年纪念论文集》(下册),台北,联经出版事业股份有限公司 2010 年版,第 127 页。

③ BVerfGE 27, 1; BVerfGE 45, 187.

输”，而其功能也在于，避免在资料自动处理技术飞速发展的今天，国家借由资料调取和资料整合技术，产出部分或是几乎完整的“个人轮廓”，并由此对个人施加影响。此外，从基本权利具有双重属性的认识来看，信息自决权不仅是主观权利，还是客观价值，可赋予公民要求国家积极作为，通过提供机构和程序支持，有效促进和实现其信息自决权，以及要求国家承担防范第三人（私人）侵害的国家义务的权能。因此，信息自决权呈现高度的教义化程度，并且系统完整、清晰周延。

其次，信息自决权的保护对象具有广泛性和普遍性。信息自决权保护的“信息”并不仅限于“隐私信息”。换言之，法律对信息自决权的保护并不以该信息属于个人隐私为前提，即使是已公开的信息或是并不特别关涉私生活秘密的信息，公民也可诉诸信息自决权获得保护。这一思路同样为1990年的德国《联邦个人资料保护法》所吸纳。该法将保护对象界定为“个人资料”，而根据其第3条第1项的规定，“个人资料”是指可以直接或间接识别自然人的任何资料。据此，德国《联邦个人资料保护法》保护的个人信息的法律要件是具有“可识别性”，而并非具有隐私利益。从这个意义上说，信息自决相比于隐私保护，更能有效适应信息时代下普遍而广泛的信息保护需要。

最后，信息自决权的保护具有相对性和开放性。尽管信息自决权从肇始就被定位为基本权利中的一般人格权，但这一定位并不影响联邦宪法法院对其可限性的承认：“信息自决权并非无限。对于其自身信息，个人并不具有任何绝对或无限的控制；相反，他在社会团体中发展个性。即使是个人信息，也同样是社会现实的反映，而非纯粹地与个人相联。”从这个意义上说，信息自决权并不认可将单一的“个人自治”作为权利的终极目标，而是将公共利益、社会秩序等价值均纳入宪法保护的视野中。也正因如此,德国信息自决权保护并未走入美国式隐私保护"要么全有,要么全无"的尴尬境地,相对保障反而使这项权利更具多元性与开放性。迄今为止,德国联邦宪法法院承认的对信息自决权限制的重大公益事由,除人口普查外,还包括为了实现国家防卫、经济、社会、交通警察任务的资料收集;为了法律争点判断进行的事实调查;对于公民健康危险的防卫、对抗暴动或暴力行为、预防犯罪目的而收集的资料;在刑事诉讼程序中的事实调查;国家基于平等税捐目的而收集的资料等。① 当然,干预公民信息自决权的机关不同,干预的理由不同,宪法允许的干预空间也不尽相同。对此,德国法同样发展出精细化的制度规则。②

---

① 参见洪荣彬:《资讯时代之资料处理与资料保护——以德国联邦个人资料保护法为中心》,台湾地区辅仁大学法律学研究所2003年硕士学位论文,第19页。

② Vgl. Bodo Pieroth, Der Gesetzesvorbehalt für die Zahl und die Standorte von Polizeidirektionen, in: Staat, Verwaltung und Rechtsschutz, Festschrift für Wolf-Rüdiger Schenke zum 70. Geburtstag, S. 465.

战略监控案

晏　韬

案例名称　战略监控案（strategische Überwachung BVerfGE 67，157，1984年6月20日）

关 键 词　通信秘密　战略监控　知情权　比例原则

案　情

本案涉及对进出华沙条约国的邮件和电话往来进行的“战略监控”是否符合宪法。“战略监控”的特点，是在一定时间和空间范围内对所有信件、包裹进行抽查，对远程通信进行关键词捕捉和跟踪。在这种拉网式的所谓“战略监控”下，公民并不会知道也不能确定其邮件是否被检查或电话是不是实际受到监听。诉愿人于1978年12月8日对这一监控措施提起宪法诉愿。诉愿人与居住于民主德国的亲属有通信往来，因此其认为自己只能假设通信受到了监听，其基于《基本法》第10条的基本权利因此受到了侵犯。

宪法诉愿被受理的前提条件是诉愿人能够证明其基本权利受到实质性侵犯，但在“战略监控”模式下，诉愿人不知道也难以证明其通信是否受到监控。首先，宪法法院在本案中要回应的是程序性问题：在诉愿人不能直接证明其通信秘密受到干涉的情况下，其诉愿能否被受理；其次，应回应这种一般性的大规模通信监控措施是否侵犯基于《基本法》第10条的通信秘密。

裁判要旨

1. 根据G10第3条对邮件和电话监控措施提出的宪法诉愿,公民只需要证明他或她基于《基本法》第10条第1款的基本权利有可能被联邦国防部长的命令侵犯,即可证成可诉性。

2. 对限制《基本法》第10条的法律的解释,要以承认邮件保密、书信保密和电信保密的基本重要性为前提,因此要根据基本权利限制这些法律对基本权利的限制效果。

3. 根据《基本法》第10条的规定,G10第3条下的监视措施不能被用于预防对内部安全的危险,这不符合《基本法》第10条。

4. 在依据G10第3条第1款采取措施时,主管当局没有宪法规定的义务来通知受影响的人。

裁判理由与论证

一、宪法诉愿在实体和程序上的可诉性

法院首先从实体和程序上审查了宪法诉愿的可诉性。"原则上,只有当诉愿人本人直接并正在受到公权力行为的影响时,宪法诉愿才被受理。然而,就依据G10第3条进行的'战略监控'而言,这是一个例外情况,因为在整个过程中,个人不知道也不可能知道他或她是否受到监控措施的真实影响。由于战略监控是对事而非对人,因此,受监控影响的人既不是预先确定的,也不能事后确定。考虑到这一总体情况,不能忽视的是,在进行电话通信时,每个人以假定谈话不受干扰也不会被任何第三方窃听为前提。因此,对通信和电话的监控是对公民生活私人领域的侵犯,这一私人领域受到《基本法》第10条的保障。对邮件和通信的战略监视侵犯了私人领

域，且个人在任何阶段都不了解这种监控，仅基于这个原因，个人就无法核实其合法性。因此必须认为，公民证明其基本权利在某种程度上受到国防部长命令的侵犯就足以证成其宪法诉愿的可受理性，即使他不能详细论证他实际受到的战略监控措施的影响。”

“诉愿人根据《明镜周刊》1978年11月的报道认为，已经有160万封信件受到审查，此外尚有大量电话受到监听。负责联邦情报的联邦总理府负责人也向媒体证实，这些对华沙条约国的邮件和电信关系进行战略监控的措施‘是正确的行动’。联邦国防部长也没有对诉愿人宣称的战略监视措施提出异议。”

“因此，宪法诉愿可予受理，因为它涉及了对G10第3条的秘密监控措施的诉愿。这些措施涉及德意志联邦共和国与波茨坦市和卡尔—马克思市[①]之间的邮件和电信关系；因此，诉愿人与上述城市之间的信件和电话往来也包含其中。”

“根据《联邦宪法法院法》第90条第2款第1句的规定，只有在已经穷尽其他法律救济手段的情况下，宪法诉愿才可被受理。然而，这一要求的前提是存在其他法律救济途径。本案的情况并非如此。本条款意义上的‘法律诉讼’是指任何法律上标准化地向法院提起诉讼的可能性。法院是独立于立法权和行政权的国家司法机关，只受法律约束。G10第9条第2款第1句提供的诉愿途径不是《联邦宪法法院法》第90条第2款第1句意义上的法律程序的一部分，因为它没有打开通往独立法院的途径。委员会是司法权之外的一种监督机构，它的作用正是弥补司法保护的缺位。”[②]

二、通信秘密权的保护范围及干预的构成

联邦宪法法院在审理之后驳回了宪法诉愿。本案是关于通信

---

① 现为开姆尼茨市。——译者注

② BVerfGE 30, 1 (23).

秘密的较早案例,联邦宪法法院在本案中明确了通信秘密权的保护范围以及通信秘密与个人信息自决权之间的关系。

"本案唯一的审查依据是《基本法》第10条。根据这一基本权利准则,通过比例原则审查被诉之联邦国防部长的措施是否符合宪法。只要——如这里的情况——特定的生活领域受到特定之基本权利保护,个人就不能在其人格的自由发展受到公权力机构的干涉时援引《基本法》第2条第1款规定的一般基本权利。"联邦宪法法院在本案中明确了通信秘密和基于《基本法》第2条第1款的个人信息自决权之间的特殊条款与一般条款的关系。在涉及与个人间通信相关的个人信息时,优先适用作为特殊条款的《基本法》第10条。

联邦宪法法院紧接着在本案中阐明了第10条的保护范围。"《基本法》将第10条第1款所保障的书信、邮件和电信秘密的基本权利置于极高位置。它通过将私人间的信息、思想和意见交流免置于公众之前,保证了人格的自由发展,从而维护了有思想的和自由的人的尊严。"[①]书信秘密保护个人之间的通信,防止公权力知道信件的内容。[②] 邮件秘密保证了对邮件所传达的信息的保护,不仅针对邮政部门,更针对所有其他公权力机构,特别是非邮政行政部门。它特别延伸到传送物品的具体内容,并保护其发件人和收件人的信息不被披露(传送、转达),密封的物品不被打开,不被调查其内容和不被非邮政当局干扰。电信保密不仅保护个人免受邮政服务的侵害,而且保护公民和邮政服务免受其他国家机关的侵害。它保护私人和商业电信免受公共当局的干扰。宪法不仅保障电话交谈的

① Günter Dürig, in: Theodor Maunz/Günter Dürig (Hrsg.), GG, 1983, Art. 10 Rn. 1.

② Vgl. BVerfGE 33, 1 (11).

内容,而且保障电信关系的细节,尤其包括在哪些人和电信终端之间是否以及何时发生或试图进行电信通信的事实。

“对书信、邮件和电信保密的限制必须基于法律(《基本法》第10条第2款第1句)。法律保留并不意味着——类似于《基本法》第5条第2款的限制——限制性法律的绝对优先权。[①] 然而,它特别涵盖了保护国家的目的,为抵御对自由民主基本秩序或国家存在的威胁而规定对书信、邮件和电信进行限制的法律。[②] 这一点已经由G10完成。限制基本权利的法律——在本案中是关于《基本法》第10条的法律——与来自《基本法》第10条第1款的基本权利之间的关系,不能理解为对基本权利效力的单方面限制。相反,限制基本权利的法律要从承认这些基本权利的根本意义来反过来解释,因此要根据这些基本权利本身来再次限制这些法律限制基本权利的效果。[③]”

三、比例原则

明确了保护范围和干预的存在之后,联邦宪法法院在比例原则框架下展开具体分析。“根据比例原则,对基本权利的限制(战略监控)必须适合于实现对合法利益的保护(及时识别和对抗对德意志联邦共和国的武装攻击的危险)。限制必须是实现此目的所必需的,如果有更温和的手段就足以实现目的,则不符合必要性原则。

① Vgl. BVerfGE 27,88 (102); 30, 1(17).

② Vgl. BVerfGE 27, 88 (102); 30, 1 (17 f.).

③ Vgl. BVerfGE 7, 198 (20); st. Rspr., zuletzt BVerfGE 59, 231 (264 f.) – Rundfunkmitarbeiter –; 60, 234 (240) – Kredithaie –; 61, 1 (10 f.), jeweils zu Art. 5 Abs. 2 GG; BGHSt. 29, 244 (249) zu Art. 10 GG; BGHSt. 19, 325 (333) zu Art. 1 Abs. 1, Art. 2 Abs. 1 GG. Die Begrenzung muss mithin verhältnismäßig sein BVerfGE 7, 377 (404 ff.); 30, 1 (29); 30, 292 (316).

最后,它必须符合狭义比例原则,即它必须与基本权利的分量和意义成合理的比例。[①]”

1. 适当性原则

审查从适当性原则开始。“如果手段有助于促进实现目的,那么它就是合适的。[②] 从这个角度出发,问题是,根据G10第3条进行的战略监视,即审查邮件和电信关系,是否完全适合于收集有关事实的情报,而了解这些事实对于及时发现德意志联邦共和国受到武装攻击的危险并应对这种危险是必要的。”“战略监控的目的是获得某种主要是非个人的情报,用于向联邦政府通报国防政策事实。[③] 其目的是收集事实信息,而不是收集个人数据。这是一个从碎片化的事实情报中收集与国防政策有关的事实的问题——如与其他来源的情报相结合,用于及时侦察对联邦德国的武装攻击的事实。”

联邦宪法法院认为,国防部长发布的监控命令有助于这一目标的实现,因而符合适当性原则。“在监视邮件和电信交通关系的帮助下,可以促进收集G10第3条第1款意义上的事实情报。预期的结果是否真的发生并不是决定性的。至少,邮件和电话监控使从截获的信息碎片中拼凑出危险区的军事政治情报更容易了。与诉愿人的观点相反,在促进预期目的可能性意义上,手段的适当性并不意味着在每个个案中必须真正实现或可以达到成功,达到目的的抽象可能性就足够了。”

2. 必要性原则

战略监控也符合必要性原则。“如果立法机构无法选择另一种

① BVerfGE 30, 292 (316 f.).

② Vgl. BVerfGE 30, 292 (316 f.).

③ Vgl. BVerfGE 30, 292 (316 f.).

同样有效但不限制或不明显限制基于《基本法》第10条第1款基本权利的手段,那么这种手段就是必要的。”①

“如果以其他方式可以收集到足够的事实情报,而不危及(危险地区的)人们和不侵犯第10条第1款规定的基本权利,则不得使用G10第3条规定的战略监控手段。只要没有足以单独达到预期目的且不影响《基本法》第10条第1款或对其影响较小的手段,就可以根据关于G10的规定,在有限的时间和空间上对某些邮件和电信关系进行战略监控。”

“立法机关已经考虑到了(必要性)要求。根据G10第4条第3款第2句的规定,在监控申请中必须说明,(除非采取战略监控)否则对事实的调查将是徒劳的或大大增加难度……必须假定,为了达到预期的目的,至少需要有G10第3条意义上的战略监控,因为其他可以想象的手段,单独或全部加在一起,在1978年都不足以收集相当的事实信息。”

3. 狭义比例原则

在通过了适合性与必要性审查之后,法院开始衡量预防对国家的威胁和个人的通信秘密负担之间的比例关系。“在全面权衡干涉的严重性和干涉的正当化理由的重要性和紧迫性时,必须尊重期待可能性的限度。② 该措施不得对相关人员造成过度的负担。③ 必要的手段,即监控邮件和电信交通,与收集G10第3条意义上的事实信息的预期目的符合比例原则。监控措施的目的是确保国家的存续,防止来自外部的武装袭击。因此,所使用的手段(战略监控)对有关个人来说并非不合理。”

---

① BVerfGE 30, 292 (316).

② Vgl. BVerfGE 30, 292 (316).

③ Vgl. BVerfGE 48, 396 (402).

“按照联邦总理办公室主任提供的数据,共计160万封信被检查,1978年仅进出民主德国的邮件量就有1.884亿封,加之1978年与其他华约国家往来的约6000万封信,个人被这种检查‘命中’的概率很低。”

“除此之外,战略监控手段并不因为损害邮件和电信秘密而对被‘命中’的公民造成过度的负担。由于信件和电话的收发人都没有登记,因此受战略监控措施影响的人一般都是匿名的。从客观的角度来看,偶尔被阅读信件、截获和记录长途电话对个人来说是一个相对较小的负担,因此对基本权利的侵犯程度较低。”

“联邦情报局局长或其代理人必须依据G10第4条第2款的规定为监控措施提交书面申请,还必须证明,通过其他的对《基本法》第10条第1款之基本权利影响更小的手段无法或者极难获取信息。如果联邦情报局仅仅指出要监测的邮件和电信关系与属于华沙条约组织的国家,那么是不够的。这类没有实质内容的证据不能满足G10第4条第3款要求的批准战略监控的前提条件,因此会构成对《基本法》第10条第1款规定的基本权利的不可接受的限制。此外,根据G10第5条第3款的规定,监控最长为3个月,如果必要可申请延长不超过3个月。在批准延长方面的审查也一样,如果命令总是被允许而没有详细的理由,那么对条件的审查就毫无意义。”

四、战略监控的适用范围

联邦宪法法院在本案中展现了标准的比例原则审查操作,基于三个子原则审查并确认了战略监控措施的正当性。随后,联邦宪法法院考虑了诉愿人的另一个担忧,在被监控人不知情的情况下,获得的信息是否可能被滥用,也就是用于“自由民主的宪法秩序”和“联邦及各州的存续”之外的领域。

“根据G10第3条的明确规定,对邮件和电信关系的限制不得用于防止对国家内部安全构成的威胁。否则,会构成对《基本法》第10条第1款的基本权利的侵犯,而这种侵犯在任何情况下都是被禁止的。”

“在通过G10第3条允许的战略监控随机获取的信息被用于G10第2条第1款的目的,从而绕开G10第2条进行监控,这是违宪的监控滥用。诉愿人错误地认为,在实践中,战略监控可用来规避G10第2条的要求。”

诉愿人的担忧并非没有道理,理论上情报部门能以其他目的来利用在战略监控中“意外”获得的信息,但是联邦宪法法院从技术和法律方面论证了滥用的可能性非常之低。“没有迹象表明,战略控制被滥用于不相干的目的,如对个人进行监视或收集有关事实的情报,而了解这些情报对于及时认识对联邦德国内部安全(内部和平)所构成的危险并对付这种危险是必要的。”

“诉愿人没有认识到战略监控不针对具体的人,而是出于外部安全的原因对邮件和电话通信进行监控,而不涉及个人。根据联邦国防部长在其声明中概述的程序和G10第3条第1款的要求,不可能根据个人特征——根据具体的发件人和/或收件人——选择邮件项目,所以不能用战略监控来进行对个人的监测。”

“虽然理论上可以在邮件审查时记录发件人和收件人,然而,正如联邦国防部长正确指出的那样,从概率上看,试图用战略监控的措施捕捉某个人的邮件必然要失败,几乎不可能‘捕捉’包含特定发件人或收件人的邮件。基于现代邮政处理技术,特别是邮政部门的电话通信和大规模通信的自动化,在战略监控的框架内对个人的监测实际上基本是不可能的。在监控长途通信时,如果计算机监控只定期记录包含某些术语或音节的对话,那么参与者就不会被特别记录下来。只有那些直接使用现代自动数据评估方法而不需要人工干预的评估程序,才是实现G10第3条第1款规定目的最有效的手段。因此,参与通信的人依然是匿名的。(在战略监控中)对个人或特定电话线路采取有针对性的监控措施也是不可能的,因为在自动电话网络中,不可能预测一个电话会走哪条路线,即会通过哪条电缆接入。在其他方面也是如此,在电话通信中,通常在技术上不可能识别对话者的身份,除非他们自己在谈话过程中表达他们的身份,但这种情况很少。"

"如果根据G10第3条第1款采取的战略监控措施仍然意外地获取了个人信息,法律(G10第3条第2款第1句)明确禁止使用由此获得的知识和文件来损害个人利益。只有在根据G10第2条命令对个人进行限制,或有实际理由怀疑某人犯了G10第2条规定的罪行之一或其他罪行时,才允许有例外。除这种法律上严格限制的移交个人数据的可能性外,任何信息移交都不符合《基本法》第10条第1款的规定。"

"一些程序性规定也可以用来防止监控被滥用。首先,关于申请的要求和申请授权的规定(G10第4条第1款和第2款)是很重要的。如果确实获得了特定人员的随机信息,如在邮件检查的情况下,应确保G10对个人监控的其他要求不会因根据G10第3条第2款第2句的例外允许的传输而受到破坏。联邦情报局只能将个人信息转移给被授权申请个人监控的机构。同时,转移必须首先根据G10第1条和第2条的规定,按照专门为此目的规定的程序条款(G10第5条和第6条)进行申请。"

最后,联邦宪法法院认为,在为保障国家安全而进行战略监控时,情报部门没有事后通知的义务。"在战略监控的情形中,通知在技术上是不可能的,因为受监控的公民的个人身份是不确定的。即使在没有技术障碍的特殊情况下，如邮件，战略监视所要达到的目的也会因通知而受挫或至少受到危害。即便是事后对战略监控措施的披露和讨论，也会提供联邦情报部门的工作方法以及具体观察领域的线索，从而大大损害其有效性。不通知被监控人的特权有助于联邦情报部门工作的有效性，如此，战略监控、截获电话交谈和拆阅信件才有意义。”

后续影响

本案是通信秘密权领域内的较早判例，联邦宪法法院在本案中确立了通信秘密的保护范围、宪法诉愿的可允许性标准以及对目的正当性的严格限制。在这三个问题上，本判例对通信秘密权教义学产生了深远影响，联邦宪法法院至今依然在沿用这些标准。

一、诉愿可允许性标准

宪法诉愿的可接受性需要满足实质和程序两个前提，而这两个前提条件在以保护“自由民主基本秩序”为理由进行的监控中都有其特殊性。宪法诉愿的实质性可诉性前提是诉愿人本人、正在、直接受到基本权利侵犯。但在秘密监听或者大规模的战略性监控中，公民无法确定自己的通信是否受到直接的监控。通过本案，联邦宪法法院放宽了通信秘密权案件的宪法诉愿的可接受性标准：公民不需要详细证明其受到的实际侵犯，只需要以“一定的可能性”（mit einiger Wahrscheinlichkeit）证明其基本权利受到侵犯即可。在本案中，联邦宪法法院认为，行使通信自由的前提是假定通信不被监控，只要这一信心被动摇，即构成对基本权利的侵犯。因此，公民只需要证明大规模的战略性监控存在，而自己有可能受到这一监控措施的影响，就在实质上满足了宪法诉愿的条件。

在程序上,宪法诉愿的可接受性以穷尽一切法律救济程序为前提,然而在以保护“自由民主基本秩序”或“联邦和州的存续与安全”为理由而进行的监控中,来自法院的审查可以被其他程序取代。联邦宪法法院在本案中要回答的问题是,在提起宪法诉愿之前,诉愿人是否要首先通过相应机构进行权利救济?如果是,等于承认了这些机构同属于司法机构。联邦宪法法院在本案中明确否认这些程序等同于法律程序,因为其不具备法律程序的独立性,即使这些监管机构和程序在实质和程序上与法律救济程序相当。[①] 通过本案,联邦宪法法院明确了《联邦宪法法院法》第90条第2款第1句中的法律救济程序只能通过独立的法院完成,既然在以保护“自由民主基本秩序”为理由进行的监控中不存在法律救济程序,那么诉愿人可以直接向联邦宪法法院提起诉愿。

二、事务性保护范围

联邦宪法法院在本案中阐明了《基本法》第10条的保护利益和事务上的保护范围。《基本法》第10条保护的法益是个人间信息交换的可信任性。这种可信任性以交流过程的秘密性为前提,即交流过程不暴露于第三方(尤其是国家权力)之前。在保护范围上,联邦宪法法院认为信息交换的秘密性不仅包括交流的具体内容,还包含使秘密能够存在的外部环境。基于对通信外部环境秘密性的保护,联邦宪法法院通过本案将《基本法》第10条的保护范围扩展至了通信参与人的信息、通信方式、时间、地点以及是否进行过通信。

三、目的正当性

在确定保护范围和干预存在之后,法院会审查目的正当性和是否符合比例原则。实践中,目的正当性一般不是审查的重点,因为

① Vgl. Abhörurteil, BVerfGE 30, 1.

法院承认民主立法者在目的选择上的自由,而立法者也一般不会给出完全非理性的目的。通信秘密案件则是例外,因为《基本法》第10条第2款规定了“保护自由民主基本秩序或联邦和州的存续与安全”这一特殊目的,并且规定基于这一目的而实施的秘密监听可以在事后不通知被监控人并排除法院监管。这两项特权确保了秘密监听的有效性,但也会驱使公权力机关以此为理由进行监听,从而规避事后告知、法院批准及诉讼。为防止权力的滥用,有必要界定何为“自由民主基本秩序或联邦和州的存续与安全”。

联邦宪法法院在本案中没有直接解释何为“自由民主基本秩序”,也没有进一步确定哪些案件涉及“联邦和州的存续与安全”,而仅指出依据G10第3条进行的秘密监控措施不得用于“内部安全”的案件。G10第3条明确规定了有上述两个特权的机构(联邦和各州的宪法保卫局、军队反间谍机构和联邦情报局)以及此类监听的事务范围,并没有直接区分“内部安全”和“外部安全”。联邦宪法法院强调了此类特殊监听只能严格限制在G10第3条有限列举的范围之内,并将其概括为“外部安全”。如此,在《基本法》第10条的教义学框架内,“自由民主基本秩序或联邦和州的存续与安全”被严格限制在G10第3条明确列举的范围之内。抽象概括被明确的有限列举所取代,客观上有助于限制这一极易被滥用的权力。

电信数据拦截案

董　建

案例名称　电信数据拦截案（Erfassung von Ferngesprächsdaten mittels Fangschaltung, BVerfGE 85, 386, 1992 年 3 月 25 日）

关 键 词　电信秘密　保护范围　授权依据　暂时性的违宪状态　法律保留

案　情

自 1985 年 3 月起，原始程序（Ausgangsverfahren）中的原告（以下简称原告）多次接到匿名电话，她怀疑匿名电话的拨打者是本案中的宪法诉愿人 H（以下简称诉愿人）。基于此，原告起诉诉愿人，要求法院发布禁止令以提供救济。随后诉愿人被法院要求发布禁止声明并支付诉讼费用。之后，原告依然不断接到匿名电话，为此，原告让德国联邦邮政公司安装了计数对比装置（Zählervergleichseinrichtung）来确定电话的拨出方。这一装置在 1986 年 9 月 26 日至 12 月 30 日、1987 年 2 月 16 日至 3 月 31 日期间，共记录到了诉愿人男友打给原告的 16 次通信记录，而诉愿人自 1986 年 9 月以后便与他同居。故此，原告对诉愿人提起诉讼，要求法院提供禁令救济并要求诉愿人赔偿自己的损失。地区法院准许了原告的诉求，该院认为，根据案情以及德国《民事诉讼法》第 286 条可以确信，这些电话由诉愿人唆使其男友打出，诉愿人应当承担相应的责任。后来,虽然诉愿人提起了上诉,但这一请求被州高等法院驳回。在此情形下,诉愿人向德国联邦宪法法院提起宪法诉愿,认为民事法庭所采纳的通信记录是非法获得的,不具有证据效力。同时,诉愿人认为根据《基本法》第 103 条第 1 款的规定,自己的听证权受到了侵害。除此之外,根据该法第 20 条第 3 款的规定,原始程序还违反了法治国原则的公正程序要求(rechtsstaatlich fairen Verfahren)。

本案涉及的主要条款包括:

《基本法》第 10 条规定:

(1)书信秘密、邮件秘密和电信秘密不可侵犯。

(2)对前款的限制必须以法律为基础。如果该限制是为了保护自由民主基本秩序或联邦和州的存续与安全,法律可规定不告知相对人该限制,并由人民代表所确定的机关及辅助组织的核查代替法律途径。

《基本法》第 20 条第 3 款规定:

立法权遵循宪法秩序,行政权和司法权遵守法律和法律规范。

《基本法》第 103 条第 1 款规定:

在诉讼中人人享有被听审的权利。

《邮政基本法》(PostVerfG)第 30 条第 2 款规定:

在组织企业听证之后,联邦政府应当通过联邦邮电和电信部长以条例的方式为联邦邮政的企业颁布规定,以保护邮政和电信传输参与者的相关信息。这些规定应符合比例原则,特别是收集和处理所构成的限制应符合必要性原则和合目的性原则。在这样做时,应考虑到各公司和相关人员的合法利益。在此框架内,特别就保证线路费用的正确性、纠正对德国联邦电信个人相关数据的干扰或防止对此类数据的滥用而言,或就根据《电信设备法》第14a条第1款对信息内容进行处理而言,应当发布相关规定。

裁判要旨

1. 所有委托德国邮政传递或传送的通信过程和内容都受到《基本法》第10条第1款的保护。

2. 德国联邦邮政通过拦截电路和安装计数对比装置收集长途电话数据,侵犯了《基本法》第10条第1款规定的基本权利,这种侵犯需要有法定依据。

3.《邮政基本法》第30条第2款并不是拦截电路和安装计数对比装置的法律授权依据。

裁判理由与论证

根据诉愿人的诉请,德国联邦宪法法院针对原始程序中法院采纳证据的合法性和是否侵犯诉愿人的听审权展开审查。其中,在审查证据的合法性时,德国联邦宪法法院主要从证据的取得是否违反《基本法》第10条第1款规定的电信秘密这一角度展开。

一、证据的获得未侵害诉愿人的电信秘密

基于诉愿人的诉请,联邦宪法法院第一步先就公权力是否侵犯了公民基本权利展开审查。在对限制性手段的合宪性进行分析时,德国联邦宪法法院适用的是"限制之限制"的三步审查框架,即通过"是否落入某一基本权利的保护范围—是否构成干预—限制手段

是否符合比例原则”这三个步骤,对收集和披露通话数据的行为展开合宪性审查。

1. 收集和披露通话数据落入电信秘密的保护范围

德国联邦宪法法院曾经指出:“《基本法》第10条第1款是保护隐私领域的基本权利之一。”“这一基本权利保护的对象是通信,由于通信双方之间物理上的距离,通信依赖于第三方进行传输——通常是邮政。这项基本权利的目的在于防止由于传送者的参与而产生的危险。”德国联邦宪法法院接着指出,虽然通信依赖于邮政部门的传输,但国家经常以自身和公民的安全为理由干预公民的私人通信。由于邮政服务由国家主营,这使干预并不困难,也不易被察觉。在此情形下,如果把邮政秘密首要地看作保护公民权利免受邮政工作人员的侵犯,邮政秘密的保护范围将被压缩。因此,联邦宪法法院强调,《基本法》第10条不仅保护个人对抗邮政机关,同时保护公民和邮政机关对抗其他国家权力。

就《基本法》第10条第1款的保护内容而言,根据之前的判例,联邦宪法法院指出:“(保护内容)主要是通信的内容。应当由通信过程的参与人确定谁可以了解这些内容。”除此之外,该条款还保护沟通过程中电信关系的相关状态(näheren Umstände des Fernmeldeverhältnisses),特别是这样的事实:是否以及何时在何种人和何种电信连接之间构建和试图构建电信往来。①

如果存在传输的可能,那么就不能完全放弃对通信相关数据进行的收集。因此,《邮政法》(PostG)第5条第2款规定了必要情形下邮件运输过程中可以不对邮件秘密进行保密的例外情形,但针对电信秘密并没有类似规定。在此情形下,学界和司法机关经常会提

① Vgl. BVerfGE 67, 157.

到这样一种观点,即对于《基本法》第10条第1款的“内在限制”(immanent begrenzt)是基于邮政业务的要求。在此前联邦邮政部长的发言中也提到,本案中对于通信数据的收集是对电信秘密的“内在限制”,原因在于这种“内在限制”是为了实现联邦邮政对电话用户的监管,以防止后者滥用电信设备。然而,联邦宪法法院认为这一观点并不恰当,原因在于:其一,基本权利的保护指向的是公民行为,这种行为应当是自由的,而限制公民行为的国家措施具有干预基本权利的性质。为了保障个人自由这一法益,对于干预措施的限制具有特别的要求,首要的限制如对相关基本权利的限制性规定、比例原则。其二,对于电信秘密的“内在限制”是基于邮政服务的需要。换言之,这种限制是国家打击滥用权利的措施之一,而并非出于公民权利的保护需要。可以认为,对于电信秘密的“内在限制”是以干预为导向的,但并不能因此而限缩基本权利的保护范围。简言之,基本权利的保护范围不能根据干预的需要进行调整。

防止公民滥用基本权利可以作为限制其基本权利的理由,但不能成为限制保护范围的原因。如果基本权利的保护范围由干预的需要决定,那么基本权利将不再能够保护个人免受邮政部门或其他国家机构对通信数据的错误使用、滥用或者过度使用,理由是:如果以国家干预作为形塑基本权利保护范围的因素,那么基本权利便不再具有保护个人免受公权力机关过度限制的功能,即最基础的防御权功能无法得以实现。不属于基本权利保护范围的通信数据不能成为干预和侵犯基本权利的对象。具体到本案中,不属于基本权利保护范围的通信数据不能成为被侵犯的对象。

综上所述,联邦宪法法院总结道:“所有委托邮政部门运输或传送的通信过程、载体和内容都享有《基本法》第10条第1款的保护。”这并不意味着对邮政业务需求和对其他用户权益保护的忽视,这些将在后续的审查步骤中予以分析。

2. 收集和披露通话数据构成对电信秘密的干预

联邦宪法法院认为,德国联邦邮政通过监控通话并将监控结果告知原始程序中的原告,构成对诉愿人根据《基本法》第 10 条第 1 款所享有的基本权利的干预。就具体理由而言,主要有以下几点:

首先,由于《基本法》第 10 条第 1 款旨在保护通信的秘密性,德国联邦邮政或其他国家机关对通信数据的披露、记录或使用都构成对基本权利的干涉。只有在当事人自己披露了沟通过程或同意由公共权力进行记录的情形下,上述行为才不会构成干预。但计数对比装置的特点是,只有安装监控的一方同意,受监控的一方对此毫不知情。所以在本案中,这种例外情形显然并不存在。

其次,诉愿人对于电信设备的滥用也不能排除干预的存在。对于滥用电信设备行为的监管不仅影响通信参与人,也对滥用电话设施的用户造成了影响。但是,在监管的过程中,监管将造成何种后果无法提前预知。因此,无论对于滥用者还是合法使用者而言,《基本法》第 10 条第 1 款对于电信秘密的保护都存在不足。

最后,电信秘密的效力并不及于谈话的参与人。因为保护电信秘密的目的是防止通信过程和内容被国家获取,即便谈话参与人可以在不侵犯基本权利的前提之下将谈话内容告知第三人,但不经通信双方同意的国家介入(Zugriff)构成对基本权利的干预。

同时,原司法程序中采纳受电信秘密保护的数据为证据,也构成了对诉愿人基于《基本法》第 10 条第 1 款享有的基本权利的干预。

3. 收集和披露通话数据并不构成对电信秘密的侵犯

限制电信秘密应当具有法律上的依据。《基本法》第 10 条第 2 款规定:“对前款的限制必须以法律为基础。如果该限制是为了保护自由民主基本秩序或联邦和州的存续与安全,法律可规定不告知相对人该限制,并由人民代表所确定的机关及辅助组织的核查代替法律途径。"但是,本案中对电信秘密的限制并不存在相对应的法律依据。具体而言,《邮政法》《邮政管理法》《电信法》中均不存在授权德国联邦邮政进行电话监控的条款。

虽然不存在授权性的法律规定,但联邦宪法法院认为,本案中公权力机关并未侵犯公民的基本权利。究其原因,该院指出,虽然计数对比装置的安装对电信秘密构成干预,但应当注意的是,若不安装这一装置,匿名电话接收方的基本权利将受到威胁。具体而言,这将严重地影响接收方根据《基本法》第2条1款和第1条第1款所具有的一般人格权和根据该法第2条第2款所具有的身体完整权(körperliche Unversehrtheit),且接收方对这种侵犯相对来说并不具有防卫能力。所以,拦截电路(Fangschaltungen)和安装计数对比装置是一种特别有效的,甚至是唯一的防卫手段。基于此,若不允许德国联邦邮政提供相关的设施和服务,接收方的基本权利保护将无法得到实现。

在此情形下,联邦宪法法院往往会接受"暂时不符合宪法的法律状态",以防止出现较当下情形而言更加偏离宪法要求的状态。"暂时不符合宪法的法律状态"也适用于本案。一项为了抵御威胁性或骚扰匿名电话的法律,如果对受影响的相关权利进行适当的权衡,那么这项法律中充分的宪法性防御措施和有效的防止滥用的保障措施具有合宪性。如果对两项宪法上缺失的保护进行权衡,即缺乏实质上允许干预的充分的法律依据和在面对匿名电话时缺乏对人格和身体完整权的保护,那么可以发现前者仅是缺乏实质上充分的法律依据,但是后者却关系对基本权利的实质保护。所以,在本案中,即便不存在充分的法律依据,诉愿人也必须暂时接受公权力机关进行的呼叫监视。针对诉愿人的诉愿申请,联邦宪法法院也直接作出了回应:"在本案中,尽管缺乏法律依据,但由于通话数据不是非法获得的,它们也可以作为民事诉讼中的证据。"当然,在不得不暂时容忍违宪的法律状态时,立法机构有义务尽快建立起合宪的状态和秩序。

二、原始程序未侵害诉愿人的听证权及其他权利

对于诉愿人提出的听审权受到损害的审查请求,联邦宪法法院认为,原诉讼程序并未侵犯其听审权或等同于基本权利的权利(grundrechtsgleiche Rechte)。

首先,联邦宪法法院指出,对于《基本法》第 103 条第 1 款第 1 句规定的听证权,只有在法院根本没有注意到一方当事人的事实陈述,或者在该案的裁决中没有考虑这些陈述时,才构成对听审权的侵犯。[①] 但是,若提出的证据并不是形式法律(formelles Recht)和实质法律(materielles Recht)规定的内容时,《基本法》第 103 条第 1 款并不对其提供保护。州高等法院未采纳诉愿人提供的证据这一行为并不违反宪法。原因在于该院假定诉愿人在这方面的事实陈述是真实的,即记录中的 16 个电话均来自诉愿人的公寓,这可以得出上述 16 个电话至少是由诉愿人发起的结论。对于诉愿人认为存在合宪性争议的相关证据,与本案决定性的证据不具有关联性。

其次,原始程序也并未侵犯诉愿人基于公正程序要求而具有的基本权利。此类权利作为法治国原则的体现,需要由立法机关进行细化。在法律的框架内,这一权利主要经由管辖法院予以实现。只有当法院错误地判断了公平审判权的意义和范围、不再满足法治国原则的核心要求或恣意禁止时,联邦宪法法院才能判定存在对法治

① Vgl. BVerfGE 65, 293 (295 f.); 70, 288 (293) m. w. N.

国原则的侵犯。但本案中并不存在上述情形。诉愿人指称在原始程序中存在不合法的举证责任倒置要求,但在该程序中,狭义的举证责任并没有倒置,因为原告已经举证有16个电话从诉愿人家中拨出。因此,“认定诉愿人是匿名电话拨打者,这是可以理解的,也是有道理的”。

涉及的重大理论问题

一、基本权利保护范围的判定方式

在本案中,联邦政府与联邦宪法法院对于电信保护范围的判断方式截然不同。虽然二者最终均得出了收集和披露电信数据行为具有合宪性的结论,但是对于二者的分析思路,还应当进行区分。

诚如前述,联邦政府认为,安装计数对比装置的行为是防止匿名电话拨打者滥用电子设备的必要手段,故收集和披露电信数据的行为应当被排除出电信秘密的保护范围。原因在于,联邦邮政对电信用户滥用行为的监督,构成了《基本法》第10条第1款规定的电信秘密的内在限制。这使上述行为根本不落入电信秘密的保护范围。故此,对于安装计数对比装置的行为,无须再判断其是否构成对基本权利的干预以及是否构成对基本权利的侵犯,该行为具有正当性。

联邦宪法法院与联邦政府的分歧是,为了保护其他电信用户的权益而禁止滥用的措施,是否能形塑基本权利的保护范围。这个问题的关键在于,基于保护目的的某种措施是否具有限制基本权利的指向性。前者给出了肯定的答案,公民行使自己的权利是自由的,滥用权利的行为不能被直接排除出基本权利的保护范围,即便限制行为具有正当理由,也无法支持这一论证。

另外，如果在基本权利的保护范围阶段便排除了滥用权利的行为，则意味着对于限制基本权利行为正当性的审查将无须进入后续是否构成干预、是否构成侵犯两个阶段。那么，限制权利滥用措施的正当性可以仅根据正当性理由而获得，因为正当的限制理由已经成功将滥用权利这类行为排除出基本权利的保护范围。这将直接架空基本权利的防御权功能。

综上所述，在界定基本权利的保护范围时，应当排除具有干预性质的考量因素，正如联邦宪法法院所言："这在基本权利的保护范围中并无存在的位置。"

二、暂时性的违宪状态

联邦宪法法院对于违宪状态，并不必须相应地作出违宪宣告。在德国，除直接作出违宪宣告外，联邦宪法法院对于违宪状态的宣告方式有多种类型，如不一致宣告、吁请裁判等。"不一致性宣告仅确认相关法条与宪法不一致，但为了法律制定的过渡需求而保持其效力；与此类似，吁请裁判则是确认相关法条'仍然还'是合宪的，但向立法者吁请其行动，以形成完全合宪的状态或者防止违宪的状态出现。"①就本案而言，根据《基本法》第 10 条第 2 款的规定，由于联邦邮政对电信秘密的干预并不存在法律上的授权依据，这意味着，收集和披露电信数据的行为违反了宪法的要求。联邦宪法法院并未直接对该行为作出违宪宣告，而是指出，在此情形下本院往往会暂时接受违宪的法律状态，以免出现"距离宪法秩序更远"的情形。该院指出，避免出现"距离宪法秩序更远"的考虑也适用于本案。虽然缺乏授权依据，但是"对基本权利进行适当权衡后、采取了

---

① Vgl. Christoph Degenhart, Staatsrecht I. Staatsorganisationsrecht, 2016, Rn. 856. 转引自陈征、李想：《论对狭义法律限制基本权利的合宪性审查制度》，载《中国高校社会科学》2018 年第 6 期。

充分的宪法预防措施、能有效保障权利滥用以防止威胁或骚扰匿名电话的法律,是符合宪法要求的”。换言之,安装计数比对装置对于电信秘密所构成的限制是合宪的。

暂时性的违宪状态是联邦宪法法院对宪法上的保护缺失进行衡平后得出的结论。在本案中,该院指出:“对于权利的保护存在两方面的缺失:一方面,由于公权力机关对权利滥用者电信秘密的限制缺乏法律授权,构成了对基本权利的不当限制;另一方面,当下宪法对于被骚扰一方的人格和身体完整权未能形成周延的保护,这对于基本权利而言,留下了一个保护缺口。”相较之下,联邦宪法法院指出:“在权衡宪法上的缺陷(包括缺乏干预的法律依据)和宪法上的不足(在于缺乏对匿名电话的人格和健康保护)时,《基本法》第2条对合法利益的保护优先。”原因在于,“前者只是缺乏实质上允许干预的法律依据,但后者却关系对基本权利的实质保护本身。为了有效地对《基本法》第2条规定的基本权利进行保护,即使不存在相应的法律授权依据,也必须暂时接受来电监控”。

当然,这种暂时性的违宪状态并不适用于所有收集和披露通话数据的行为。在立法者制定明确的授权依据之前,只有具体案件中的法律重要到不可或缺时,才可以对电信秘密进行干涉。当然,在必须容忍违宪状态的情形下,立法机构有义务尽快建立起符合宪法的状态,以保证在宪法秩序下对基本权利进行限制、提供保护。

后续影响

从联邦宪法法院对本案的引用来看,[①]本案对《基本法》第10

① Vgl. BVerfGE 130, 151; 129, 208; 120, 274; 115, 166; 133, 148; 100, 313.

条第1款电信秘密保护目的的解释对后案有重要影响。首先,联邦宪法法院通过引用此前的判例再次强调,电信秘密作为一项基本权利,并非仅保护通信的具体内容,这种保护延伸至沟通过程之中。在此情形下,与电信关系的相关状态也应当受到保护,即包括"是否以及何时在何种人和何种电信连接之间构建和试图构建电信往来"的事实情形。[①] 基于此,在电信用户不知情的情况下,通过截取信号的方式追踪来电者构成对电信秘密的侵犯。任何未经当事人同意对通信数据的辨识、记录和利用都是对基本权利的干涉。[②] 后来,这一观点一直为联邦宪法法院沿用。

其次,对于本案中提出的"排除干预需要所有通信参与者同意"的观点,联邦宪法法院和学界后来也有持续性的讨论。联邦宪法法院对邮政法学界的共识性观点表示了反对,[③]也一并驳斥了其他法院的判决意见。[④] 具体而言,该院认为:"电信秘密保护的通信数据和状态的秘密性在通信、谈话双方之间并不适用。不可否认的是,每个电话用户都可以在不侵犯他人基本权利的情形下将通信内容告诉第三方,但这并不意味着通信参与者可以放弃维护电信的秘密性。"诚如前述,《基本法》第10条第1款对电信秘密的保护是为了保护通信过程和内容不被国家获取,那么任何不经通信双方同意的国家干预都是对基本权利的侵犯。故此,即便一方通信参与者对国家的干预行为表示许可,但这并不能将此类国家行为排除出干预电信秘密的范畴。联邦宪法法院就对立观点的不合理性也作出了论证:"相反的观点没有认识到《基本法》第10条的意义和范围,因

---

① Vgl. BVerfGE 67, 157.

② Vgl. BVerfGE 124, 43 (58).

③ Vgl. Amelung/ Pauli: MDR 1980, S. 801, note 2.

④ Vgl. BVerwG ZBR 1984, S. 157.

为它仅仅关注了邮政服务这一个面向,认为邮政服务只是作为一种排除骚扰的技术帮手,而邮政机关本身对通信过程和内容并不感兴趣。然而,这种观点却忽视了对于通话的监视必然存在着侵犯其他用户基本权利的危险,以及超出本身保护目的的信息收集、利用和传播的危险。"联邦宪法法院在此后的判例中,也提出了类似的观点。[①]

最后,本案除了对电信秘密这一基本权利的保护与适用有直接的影响,其对于法律保留的判断、暂时性的违宪状态这两个问题的论述也有较大的参考意义。就防止滥用而收集电话数据的授权而言,联邦宪法法院认为,《邮政基本法》第30条第2款第4句中隐含了对干预自由行为进行授权的假设。该院旋即否定了这一条款作为授权依据的可能,原因在于:"这种隐含的假设不符合法律保留的要求。法律保留原则的意义并没有在国家机关之间的正式权限分配中得到充分的体现。如果《基本法》将限制基本权利自由和平衡相互冲突的基本权力保留给议会,其目的是确保这种重要的决定是在充分吸取公众及其代表意见的程序上形成的,这一程序同时鼓励人民代表在公开的辩论中澄清侵犯基本权利的必要性和程度。然而,在法律保留原则之下,当对于干预自由行为的授权被明确披露,而不是隐含于法律中时,才能实现法律保留原则的功能。在支持法律保留原则实现这一功能时,《基本法》第19条第1款第2句才获得了实际上的意义。"这段论证频繁地被后续判例引用,[②]此观点对于《基本法》第19条第1款第2句含义和功能的理解有十分重要的意义。对于缺乏违宪授权依据侵害电信秘密的行为,为了避免导致更加偏离宪法秩序的状态,经过权衡,联邦宪法法院认为这构成了

① Vgl. BVerfGE 120, 274 (340f.) 115, 166 (179).

② Vgl. BVerfGE 150,1; 142, 123; 131, 152; 120, 378; 108, 282; 95, 267.

暂时性的违宪状态，但并未对该行为进行违宪宣告。这一做法也多为后续判决借鉴。[①] 由于上文已经对"暂时性的违宪状态"作出了较为详细的论证，在此便不再赘述。

① Vgl. BVerfGE 149, 293; 130,1; 127, 293; 119, 181; 109, 190; 90, 60.

扫描式追缉案

张冬阳

案例名称 扫描式追缉案（Rasterfahndung-Beschluss，BVerfGE 115，320，2006年4月4日）

关 键 词 信息自决权 具体危险 扫描式追缉

案 情

本案宪法诉愿人提起宪法诉愿，要求审查的对象是法院作出的采取预防性警察扫描式追缉的裁定。扫描式追缉是警方采用电子数据加工的方式进行的追缉：警方从公共机构或者私人机构收集个人相关数据，将其与其他数据进行自动对比，以此寻找出具有一定特征的人群。

2001年9月11日发生恐怖袭击事件后，德国当局随即发现其中的多名恐怖分子曾经居住在德国并接受教育。于是各州警察机关在联邦刑事调查局的协助下共同进行了整个联邦范围内的扫描式追缉。此次扫描式追缉的目标是识别和记录所谓的“沉睡者”（Schläfer）。各州刑事警察局从大学、户政机关和外国人登记中心调取数据，并根据下列标准进行筛选：男性、18～40岁、学生或者曾为学生、信仰为伊斯兰教、出生地或者国籍是以伊斯兰教为主要信仰的国家。各州刑事警察局在比对数据后将筛选得出的资料转交给联邦刑事警察局，以便其进行更多调查。

北威州也参与了当时在联邦范围内进行的扫描式追缉。根据1990年《德国北威州警察法》第31条的规定,杜塞尔多夫警察局向地方法院申请准予进行扫描式追缉。杜塞尔多夫地方法院在2001年10月2日准许申请裁定中指出,虽然无法精准预测何时何地发生危险情况,但纵观日益恶化的中东情势,无法排除德国可能遭受报复性恐怖袭击的可能,因此认定该申请满足1990年《德国北威州警察法》第31条第1款的规定。

宪法诉愿人是一名1978年出生的拥有伊斯兰教信仰的摩洛哥公民,事发时为杜伊斯堡大学的学生。其针对杜塞尔多夫地方法院的准予裁定不服,认为1990年《德国北威州警察法》第31条第1款规定的前提条件没有得到满足,特别是不存在当前危险。不过上述认定为杜塞尔多夫州法院和杜塞尔多夫高等法院所坚持。宪法诉愿人不服,针对杜塞尔多夫高等法院的裁定提起宪法诉愿,认为自身由《基本法》第2条第1款结合第1条第1款保护的信息自决权受损。

本案涉及的主要条款包括:

《基本法》第2条规定:

(1)每个人享有自由发展其人格的权利,只要不侵犯他人的权利,不违反合宪性秩序和道德法则。

(2)人人享有生命和身体不受侵犯的权利。人身自由不可侵犯。只有依据法律才能对此类权利予以干涉。

《基本法》第1条第1款规定:

人的尊严不容侵犯。尊重和保护人的尊严是所有国家权力的义务。

1990年《德国北威州警察法》第31条规定:

(1)为采取必要手段以防护联邦或者各州的存亡或者安全,个人的人身、生命或者自由等权益遭受的当前危险,出于自动筛选之目的,警方可以要求公共机构或者其他私人机构转交特定人群的个人相关数据(扫描式追缉)。

(2)转交请求限制在姓名、地址、出生地、出生日期以及其他视个案所需的数据;转交请求禁止延伸到有关职业或者特别业务机密的个人相关数据。将请求限制在上述数据有明显技术困难或者须耗费明显不相当的时间或者费用而不可能时,方可请求转交不属于转交请求限制条件内的个人相关数据;该数据不得为警方使用。

(3)如若所欲实现目的已经达成或者显然不可能达到时,所取得的数据及相关联衍生的附带数据应当从数据载体上删除,且与案情相关程序非必要的档案必须被销毁。该记录必须分开存放,通过技术性及组织性的措施予以保障,且须年末删除该年份之资料或者销毁第1句之中的档案。

(4)此项措施仅得由行政机关首长向法院请求行使。应当向该警察机关辖区内的地方法院声请。声请程序适用非讼事件等相关规范。

(5)扫描式追缉结束后,若不危及进一步资料利用之目的,得由警方告知人民该资料利用之情事。因同一案件事实针对受影响人启动刑事侦查程序时,应当中止警方的告知。

裁判要旨

1. 1990年《德国北威州警察法》第31条规定的预防性警察扫描式追缉只有具备下列条件方与信息自决权(《基本法》第2条第1款结合第1条第1款)相符,即对于重要的法益,如联邦或者州的存续或安全、个人的身体生命或者自由,存在具体危险时。在危险防御的准备阶段不得进行扫描式追缉。

2. 对于扫描式追缉命令的作出,仅以2001年9月11日恐怖袭击以来形成的普遍威胁局势或者是外交紧张局势为理由并不足够,而须要求具备更多事实,从中得出具体危险的结论,如准备或者进行恐怖袭击。

裁判理由与论证

德国联邦宪法法院在受理该宪法诉愿后认为,杜塞尔多夫高等法院裁定中确认的扫描式追缉措施损害了《基本法》第2条第1款结合第1条第1款保护的宪法诉愿人的信息自决权。不过联邦宪法法院认为,扫描式追缉措施的法律基础——1990年《德国北威州警察法》第31条是合宪的,只不过法院的法律适用存在错误。在联邦宪法法院审理该案时,该规定在2003年已经被修改,立法者在第31条第1款中放弃了“当前危险”这一特征表达。值得一提的是,联邦宪法法院的裁定是基于审判庭的多数意见作出的,哈斯法官则对其提出了不同意见:她虽然赞同了审判庭多数同事对法律基础合宪性的认定,但认为杜塞尔多夫高等法院的认定是正确的。对此笔者将在“涉及的重大理论问题”部分展开论述。

一、1990年《德国北威州警察法》第31条的合宪性

联邦宪法法院认为,1990年《德国北威州警察法》第31条在形式上和实体上都合宪。该规定对《基本法》第2条第1款结合第1条第1款规定的信息自决权形成干预,这种干预授权符合宪法要求。

1. 授权基础的干预特征

联邦宪法法院首先延续自“人口普查第二案”以来的裁判,认

定《基本法》第2条第1款结合第1条第1款赋予公民信息自决权，保证了信息主体能够对抗对自身数据无限制地调取、储存、使用和转交。警方的监控活动触及上述基本权保护范围，从而构成基本权干预，特别是出于电子数据加工目的的调取和储存个人相关信息，将其置入一体性信息系统时，电子数据的使用可能性大增，给基本权也带来更强的危害。

具体到1990年《德国北威州警察法》第31条，德国联邦宪法法院认为，该条第1款的授权构成对信息自决基本权的干预：首先，其中的转交命令为信息的抓取、储存和比对提供了前提条件，扫描式追缉获取的数据还构成更多调查的基础；其次，对转交数据的储存和比对也如此，使个人成为国家监控活动的对象。

2. 基本权干预符合宪法要求

德国联邦宪法法院在理由部分的论证核心是上述干预是否符合宪法要求。对此，联邦宪法法院明确，信息自决权并非不受任何限制地受到保障。如果存在更为重要的公共利益，可以正当化该限制，但这些限制需要一项合乎比例原则和规范明确性要求的法律基础。

(1)1990年《德国北威州警察法》第31条第1款符合比例原则

德国联邦宪法法院利用比例原则审查1990年《德国北威州警察法》第31条第1款，“这要求国家在对基本权进行干预时以适当、必要和均衡的手段实现正当目的”。

德国联邦宪法法院认为，该规定是为了防御给联邦和州的存续与安全、个人的身体生命或自由所造成的危险，目的正当；适当性审查上，扫描式追缉能够从散布广泛的信息中缩小警方调查范围，能够促进目的的实现；必要性审查上，也不存在更为缓和的手段来有效实现立法者目的。

本案中,德国联邦宪法法院将比例原则审查的重点放置于狭义比例原则审查上。在进行狭义比例原则审查之前,德国联邦宪法法院首先肯认,在处理保护国家法益和维护个人利益之间的紧张关系时,必须对冲突的利益进行均衡化处理,这主要是立法者的职责。“这使得,特定的较强基本权干预必须达到特定的疑虑或者危险层级时方得以规定。相应的干预门槛必须通过法律规定得以保障。”为此,德国联邦宪法法院首先说明,1990 年《德国北威州警察法》第 31 条授权的干预是为了维护高价值的宪法法益,国家和个人安全是重要的宪法价值,同样有着重要宪法地位的还有国家保护义务以及个人自由。对于接下来的审查,重要的问题是:扫描式追缉的干预强度如何?立法者又应当如何设置干预门槛才能符合均衡性要求?

①扫描式追缉对信息自决权形成较强干预

从篇幅上来看,对扫描式追缉的干预强度的分析和论证在整个裁判中居于核心地位,德国联邦宪法法院列举 8 点理由得出结论,认为扫描式追缉对信息自决权形成较强干预。

德国联邦宪法法院采用了在通信秘密基本权和住宅不可侵犯基本权裁判中形成的标准来判断干预的强度:“对于授权干预的法律判断来说,重要的是多少基本权主体被置于密集的妨碍之中,且在什么条件下发生如此妨碍,特别是人们是否存在动机。其中起到决定性作用的是干预门槛的构建、受影响人数量和给个人带来妨碍的强度。对于个人妨碍重要的则是受影响人是否保持匿名、哪些个人相关信息被获取、基本权主体基于该措施面临或者不无顾虑地担心哪些不利。”

德国联邦宪法法院认为,虽然扫描式追缉涉及的信息具有较小的个人关联性,但考虑到警方权限的内容广度和数据互联的可能性,该措施也对信息自决权造成明显干预。“对信息自决权干预的强度取决于哪些内容被干预措施获取,特别是受影响的信息有着多高等级的个人关联性以及有其他信息的联结,通过什么途径获取上述内容。受影响信息如果是通过破坏保密期待途径取得的,干预强度就更为强烈。”本案中,扫描式追缉所调取信息不仅被《联邦数据保护法》第3条第9款明确作为“个人相关数据的特殊种类”提及,而且转交数据的范围上具有高度的个人关联性(除“有关职业或者特别业务机密的”数据外都被纳入转交范围)。

1990年《德国北威州警察法》第31条第1款赋予警方的转交权限覆盖了公法机构和私人机构现存的所有个人相关数据,干预强度高。此外,第31条第2款对调取的数据范围也没有作出更多限制。由此产生的风险在于,所有数据集合在一起拼接出“完整的人格图像”。

对干预强度的判断起到作用的还有扫描式追缉给数据被调取人引发的后续影响:一方面,会让基本权利受干预的人更容易成为国家进一步调查措施的目标,如根据警方报告,基于本次扫描式追缉的结果,汉堡有140名外国留学生被警方约谈;另一方面,也可能给符合警方筛选标准的人群带来耻辱感,特别是扫描式追缉主要针对持有伊斯兰教信仰的特定外国人,这增加了上述人群被歧视的风险。

根据1990年《德国北威州警察法》第31条第5款的规定,只有部分受影响人在扫描式追缉结束后才被告知数据调取和比对,国家干预措施的隐蔽性也提升了干预措施的强度;而且受扫描式追缉影响的人并非匿名。

最后,在1990年《德国北威州警察法》第31条第1款规定下,警方被授权大范围地针对非妨碍人采取干预措施,这也加重了干预的强度。第一,许多人本身没有任何具体的不良行为,却被纳入扫描式追缉中,这无疑给其造成被监控的感觉。而且扫描式追缉也存在被滥用的风险,进而产生寒蝉效应(Einschüchterungseffekt)。第二,第31条第1款赋予的干预权限直接针对非妨碍人,无须其对危险负有责任却可成为干预措施相对人;至于是否构成犯罪嫌疑人或者妨碍人,正是扫描式追缉所要探寻的。德国联邦宪法法院认为,扫描式追缉使传统警察法框架被背离,警方的探寻被前置到具体妨碍嫌疑的预备阶段。第三,扫描式追缉有较大范围的覆盖面,特别是自动化处理装置能够更快地处理更多复杂信息。与传统警方追缉措施相比,更多人被纳入追缉范围,这使干预措施的强度更甚。

②干预门槛的法治要求:具体危险

1990年《德国北威州警察法》第31条第1款维护的是高价值宪法利益,所规定的扫描式追缉也给个人信息自决权造成较强干预。德国联邦宪法法院认为,这虽并不必然导致干预措施丧失比例,但立法者对干预前提条件的规定只有是"对受威胁法益有着充分具体危险门槛",才能维护法治要求。

德国联邦宪法法院首先强调采用法治手段维护国家安全的必要性。"国家可以而且必须采用必要的法治手段以有效地防御恐怖活动,如以摧毁自由民主基本秩序为目标的活动和有预谋地利用毁损人类生命实现上述目标的活动。在《基本法》之下,国家只能采用法治手段。《基本法》要求国家在遵守法治原则的前提下捍卫自由民主秩序。正是通过将对反对者的应对纳入普遍适用的原则,才能展现出法治国家的力量。"

在民众安全和保护这一国家目的的实现上,上面的论述同样适用。"宪法要求立法者在自由和安全之间寻找到相称的均衡。这排除了事实上导致不计任何代价放弃自由追求实现绝对安全这一目标。除了根据现实情况实现最大可能的安全,《基本法》还要求法治的约束,这尤其包括禁止国家干预防御措施以不均衡的方式干预基本权。”德国联邦宪法法院认为,国家保护义务的界限也在此,“在选择履行国家保护义务手段时,国家只能使用合乎宪法的手段”。

接着,德国联邦宪法法院结合本案扫描式追缉认为,从比例原则中无法得出完全禁止利用个人相关信息用于调查目的这一结论。在干预门槛设定上,联邦宪法法院认为,立法者在构建干预权限时并不必然地受束于传统的警察法干预界限,在遵守比例原则时可以下调干预门槛,但鉴于扫描式追缉造成的干预强度较高,因此只有存在具体危险时才能采取该措施。联邦宪法法院分三点展开了论述。

第一,联邦宪法法院明确指出,立法者有权根据不断变化的局势基于自身判断来调整警察法领域内的原有法治要求,以此实现自由和安全之间的平衡,但不能从根本上改变二者的关系。立法者应当在基本权妨碍方式、强度以及干预构成要件特征之间做到均衡性处理。“即将发生或者造成的法益妨碍越重大,基本权干预越小,得出即将发生或者造成法益损害结论的可能性就可以降低,疑虑的基础事实也就能减少。但是,对可能程度和预测事实基础的要求不能被任意地降低,而必须和基本权妨碍方式、严重度和所欲实现的法益保护成效前景之间处于均衡关系。即使是受威胁的法益妨碍有着最重分量,也不能就此舍弃充分可能性这一前提条件。作为基本权严重干预的前提条件,必须确保推定和结论事实上有着具体的出发点。特别是宪法不允许干预基本权的调查‘漫无边际’。”

“比例原则要求,只有达到特定疑虑或者危险层级时立法者才能采取较强的基本权干预。至于为了防御未来发生的法益妨碍,在具体危险的准备阶段就对基本权进行干预是否合乎比例,不仅取决于干预是否有成功的充分可能，还取决于干预规范在受影响人与可能发生的法益威胁之间的密切关系上所提的要求。立法者如果放弃对危险发生可能性以及受影响人与防御威胁的密切关系等限定性要求，仍然规定明显强度的干预权限，就不满足宪法要求。”

第二，具体到北威州警察法规定的扫描式追缉，德国联邦宪法法院认为，这种措施并不服务于针对具体被告的调查，也不适用于对已经存在风险疑虑特定人的进一步确认，这直接使上述提到的警察法要求落空。扫描式追缉中，受威胁法益和基本权干预受影响人之间密切关系被舍弃，这形成法治缺憾，必须通过其他方式来弥补，以防止授权的“漫无边际”。1990 年《德国北威州警察法》第 31 条中，立法者既然授权采用扫描式追缉措施，“只有在要求对法益形成具体危险时，才能合乎宪法要求”。

第三，对于联邦宪法法院来说，北威州立法者将干预门槛设定为“当前危险”(gegenwärtige Gefahr)是不必要的，但不能低于“具体危险”(konkrete Gefahr)。“危险的当前性，是指破坏性事件的影响已经发生，或者这种影响直接或者近期以接近确定性的可能性存在。这符合宪法对扫描式追缉授权的要求。”德国联邦宪法法院指出，满足该前提条件时，国家已经无法有效地防御危险。鉴于北威州立法者保护法益的高阶性，不能过度限制扫描式追缉。

德国联邦宪法法院认为，扫描式追缉的合法性前提设定在具体危险即可。“其指一种状态，具体事件中有着在可预见时间内给法益造成损害的充分可能性。”“确定具体危险所必要的可能性预测必须基于事实。缺乏明确且指涉个案的模棱两可的线索或者单纯推测都不构成具体危险。”针对杜塞尔多夫高等法院主张的持续性危险(Dauergefahr)，德国联邦宪法法院认为，具体危险也可以表现为持续性危险，只不过时间期间更长。“但是对于持续性危险的确认也适用具体危险的要求,即损害发生有充分可能性以及可能性预测有具体事实基础。”

“因此,对于认定所谓的恐怖活动‘沉睡者’产生的具体持续性危险来说,充分具体的事实是必要的。被恐怖主义组织作为袭击动机的外交紧张局势总是存在,而且长期持续。实际上根本无法排除恐怖活动在德国发生或者得到准备。此类自‘9·11’事件以来的普遍威胁局势已经持续4年了,而且实际上没有中断过;普遍威胁局势或者外交紧张局势都不能满足扫描式追缉命令的作出。扫描式追缉对信息自决权造成的干预反而要求更多的事实,以从这些事实当中得出具体危险的结论,如准备恐怖袭击的事实线索或者在德国停留的人准备恐怖袭击,可预测的时间在德国或者其他地方开展恐怖活动。”对于上述限制,联邦宪法法院总结到,如果没有如此限制,法治的明确性要求就得不到维护。

(2)规范明确性要求

德国联邦宪法法院认为,只要1990年《德国北威州警察法》第31条第1款的适用范围以上述意义理解,即满足宪法上的规范明确性和清晰性要求。“在对信息自决权进行干预时,立法者必须对数据使用目的进行领域区分且精确地予以确定。”具体到该条规定,德国联邦宪法法院认为使用目的已经充分明确。

二、当前危险的认定不符合基本权要求

在审查完1990年《德国北威州警察法》第31条的合宪性后,德国联邦宪法法院继续审查杜塞尔多夫普通法院作出的扫描式追缉命令是否合乎宪法要求。

1. 基本权意义和范围的考量不足

德国联邦宪法法院肯认,对一般法的解释和其在个案中的运用是主管专门法院的事务,联邦宪法法院原则上不进行审查。但法院

必须考量自身裁判所涉的基本权,如果其对法律规范进行过宽解释导致基本权条款被违反,则属于错误认识基本权的意义和范围。

2. 事实基础过于不确定:无法证成具体危险

德国联邦宪法法院认为,所指摘法院的裁判在对1990年《德国北威州警察法》第31条第1款的"当前危险"进行解释时,赋予了其无法满足基本权要求的内涵。

从授权基础的合宪性理由可以看出,只有具体事实表明存在危险时,才能干预没有任何可疑之人的信息自决权,即基于对特定人群数据的调查能够采取防御这种危险的措施。据此,联邦宪法法院讨论了杜塞尔多夫州法院和高等法院的认定:杜塞尔多夫州法院的"不能排除严重损害发生可能性"和杜塞尔多夫高等法院的"损害发生有着较小可能性"都不能满足上述要求。例如,杜塞尔多夫高等法院认为"没有在德国进行恐怖袭击的具体征兆",只是推定"存在此类袭击可能性"。相应地,杜塞尔多夫高等法院在论述中明确将针对非妨碍人开展的扫描式追缉作为警方的前置权限,背离了针对妨碍人的以防御具体危险为目的的警察法要求。

杜塞尔多夫高等法院还认为,美国军事打击阿富汗等带来的外交和安全政治局势都能正当化干预,但德国联邦宪法法院认为这些都只是一般局势,没有更加具体的危险或者关于在德国境内进行袭击准备的细节。此外,杜塞尔多夫高等法院提及的北威州内有42人被认为是本·拉登的支持者,以及北威州有多处可能成为恐怖袭击目标,但也同样缺乏充分具体的事实,能够从中得出这些人有着准备恐怖袭击的可能性。概言之,杜塞尔多夫高等法院将可能性门槛降低,放弃了立法者明确要求的具体危险标准,因此其扫描式追缉命令损害到宪法诉愿人的信息自决权。

涉及的重大理论问题

“扫描式追缉案”是德国联邦宪法法院对国家在安全领域扩展干预权限的又一次回应和设限。之所以说“又一次”,是因为2006年2月联邦宪法法院刚刚认定授权军队直接使用武器击落用于威胁民众生命航空器的条款与《德国基本法》第1条第1款的人性尊严不相容。① “扫描式追缉案”则涉及被警方和安全机关长期使用的扫描式追缉措施的合宪性问题,该裁定一经作出就被南德意志报认为是“灯塔裁判”,称将会对国内安全立法产生不可低估的影响。②

本案中,联邦宪法法院首先分析授权基础的合宪性,最后分析普通法院裁定的合宪性。在授权基础的合宪性部分,联邦宪法法院采用经典的“保护范围—干预—正当化”审查步骤,论证焦点集中在扫描式追缉干预强度的确定和法治要求。在核心结论部分,联邦宪法法院认为扫描式追缉措施对个人信息自决权构成明显强度的干预,随之将此种措施的应用限定在“具体危险”情形之上,恐怖袭击等空洞可能性(bloße Möglichkeit)不能被认定为具体危险。

一、干预强度的确定

在扫描式追缉对个人信息自决权干预强度的问题上,无论是过往文献还是司法裁判都有论证,但存在较大争议。德国联邦宪法法院内部对此也有分歧,多数意见认为这种措施有着明显的干预强度,但哈斯法官认为干预强度较小。哈斯法官首先强调:“1990年

---

① 参见李忠夏:《航空安全法案》,载张翔主编:《德国宪法案例选释》第1辑,法律出版社2012年版,第237页。

② Vgl. Heribert Prantl, Die Raster der Hysterie, in: Süddeutsche Zeitung V. 24. 5. 2006.

《德国北威州警察法》第31条第1款允许调取和筛选的数据都是受影响人已经公开且在数据库存储的数据。而且性别、住址、父母关系、专业对于每个人来说是显而易见的。每个人都可以通过观察或者询问周围人了解到这些特征和生活境况。”德国联邦宪法法院多数意见虽然承认这一点，却坚持数据在汇集之时能够拼凑出“完整的人格图像”，因此构成“特别强烈的基本权干预”。继而多数意见花费大量篇幅论证扫描式追缉不仅可能给受影响人带来不利后果，而且措施的隐秘性和大规模针对非妨碍人采取措施都能证成其较高的干预强度。

哈斯法官对上述论点提出反驳：“审判庭多数意见认定的按照宗教归属进行数据筛选会给受影响人带来耻辱感，这其实并不存在，因为扫描式追缉并不是公开进行的，公众并不知情。”而且凡是官方调查都可能引发拥有特定宗教信仰当事人的耻辱感。况且这种耻辱感并不是来自扫描式追缉，而是在于纽约、伦敦或者马德里的恐怖袭击发动者均为来自阿拉伯国家的穆斯林男子这一事实。[①] 多数意见甚至存在自我矛盾：一方面，认为扫描式追缉对数据调取具有隐秘性，减少了当事人获得救济的可能性，使干预强度提升；另一方面，却认为此种措施公开后可能给民众带来寒蝉效应。难道扫描式追缉措施的公开和透明不应当反而减少其干预强度吗？[②]

针对多数意见中提到的“大规模针对非妨碍人采取措施”论点，哈斯法官认为：“不能因为许多人数据被调取和筛选就由此认定干预特别强烈。干预涉及的总是个人……是否有更多人受影响并

---

① Vgl. Uwe Volkmann, Die Verabschiedung der Rasterfahndung als Mittel der vorbeugenden Verbrechensbekämpfung, JURA 2007, S. 133 f.

② Vgl. Hans-Heinrich Trute, Grenzen des präventionsorientierten Polizeirechts in der Rechtsprechung des Bundesverfassungsgerichts, Die Verwaltung 42 (2009), S. 85, 98.

不减少或者提升个人的负担程度。海量筛选数据对于受影响人来说甚至是有利的,这使其在具名调取后事实上保持匿名。只要扫描式追缉保持特别大的广泛性,就不能认定为严重干预。"德国联邦宪法法院提到的大规模扫描式追缉引发寒蝉效应,实际上也没有得到任何科学研究的佐证,只是其自"人口普查第二案"以来的一种推定。①

回到扫描式追缉本身,其由数据调取和数据筛选组成:首先从公立机构和私立机构调取能够用于追缉的个人相关数据;其次按照特定标准对这些数据进行比对,不满足标准的被筛选掉,符合标准的则进入下一步调查程序之中。扫描式追缉的关键步骤在于筛选,筛选目的并非找到嫌疑人,而是将可疑之处展现出来。② 因此,扫描式追缉又被称为嫌疑获取型干预,作为前置措施,它不能也无法取代后续的传统型调查方式,只是让后续调查更加快捷和成为可能。在判断扫描式追缉合法性时必须考虑到这一点。③ 由此再来看德国联邦宪法法院多数意见则会发现,多数意见将原本不属于扫描式追缉的后续调查措施当作扫描式追缉较强干预强度的理由,但对于后续调查措施来说,一般法已经为此提供了权利救济方式,其合法性可以得到单独的审查。多数意见的这个论点同样值得商榷。

综上所述,德国联邦宪法法院在裁定中对扫描式追缉干预强度的认定总体上无法成立,如果考虑上述反驳理由完全可以得出不同结论。④ 不过这里不只是对德国联邦宪法法院多数意见提出的判断

---

① Vgl. Maryam Kamil Abdulsalam, Die Stunde der Exekutive: Ein Wendepunkt im Umgang mit Tatsachen?, Jahrbuch des öffentlichen Rechts 69 (2021), S. 487, 493.

② Vgl. Christoph Gusy, Rasterfahndung nach Polizeirecht? KritV 2002, S. 474, 482.

③ Vgl. Christoph Gusy, Rasterfahndung nach Polizeirecht? KritV 2002, S. 474, 483.

④ 因此,哈斯法官在不同意见中认为这种干预是"轻微的"(geringfügig)。

标准进行批判,本意其实是表明法院在论证干预强度时不应该对干预可能产生的效果进行过度推测,从而使对干预强度的认定沦为纯粹忧虑、缺乏事实支撑的写作。预测未来的法律实践固然困难,但一味地主观臆测、累加判断标准并不会让裁判更具有说服力。[①] 对扫描式追缉干预强度的认定也直接导致此种措施的前提条件限定在具体危险。

二、具体危险的要求

在认定扫描式追缉具有较高干预强度后,德国联邦宪法法院多数意见认为只有存在具体危险时才能采取该措施,之后认定1990年《德国北威州警察法》第31条第1款中"当前危险"的规定虽合宪但干预门槛过高。

1. 具体危险:损害发生有着充分可能性

在对扫描式追缉的干预门槛提出要求之前,德国联邦宪法法院强调国家必须在遵守法治原则前提下维护国家安全,继而要求立法者在国家安全和自由之间寻找到均衡点。延续自身之前的裁判,德国联邦宪法法院认为,即将发生的权利损害越严重,对基本权利干预越轻,得出即将发生或者已经发生法益损害结论的可能性就可以越小,疑虑的事实基础就可以越单薄。不过,德国联邦宪法法院警告立法者不能恣意地降低要求,导致对干预基本权的调查"漫无边际",最后得出"只有在要求对法益形成具体危险时,才能合乎宪法"的结论。根据之前对扫描式追缉干预强度的认定,具体危险成为此类措施的干预门槛。危险概念由此承担了限制干预和保障基

① Vgl. Hans-Heinrich Trute, Grenzen des präventionsorientierten Polizeirechts in der Rechtsprechung des Bundesverfassungsgerichts, Die Verwaltung 42 (2009), S. 85, 101.

本权的功能。①

危险概念的使用历史悠久,在公法领域的具体化可以追溯到普鲁士高等行政法院的裁判,该裁判将“含有损害的明显客观可能性的状态”认定为1795年《普鲁士普通邦法》中的“危险”。根据主流警察法教科书,危险概念有两个要素:对公共安全或者秩序造成损害以及此类损害发生有着充分可能性。损害是指由外力导致的法益减损,由于警察法的保护法益明确易分,损害的判断也相对确定。损害发生的充分可能性来自行政机关的预测。困难之处在于判断何时构成充分可能性,抑或损害发生只是具有空洞可能性。通说为充分可能性程度的判断发展出了“越……越……公式”:所欲保护的法益越是重要,或者可能发生的损害越大,对损害发生的可能性要求就越低。② 换言之,所欲保护的法益或者可能发生的损害越小,就需要更高的发生可能性才能认定存在危险。从两个要素之间的对比关系来看,危险概念本身其实也是比例原则的体现和要求。

哈斯法官在不同意见中采用了上述公式:“所担心的损害越大,因此对损害发生可能性的要求也就越低,警方就可以采取行动……以此使警方在犯罪行为的前置阶段可以为了避免发生犯罪行为进行风险预防,这也正被《基本法》赋予了很高地位。”德国联邦宪法法院多数意见则在上述公式基础之上增加了“法律结果”,将扫描式追缉给受影响人造成的妨碍严重度纳入可能性等级的判断之中。但正如上面提到的,扫描式追缉的干预强度自身都存在严重的分歧;从传统两要素的考量增加到三方要素的权衡,这造成权衡结果更加不确定。

---

① Vgl. Dieter Kugelmann, Der polizeiliche Gefahrenbegriff in Gefahr? -Anforderungen an die Voraussetzungen polizeilicher Eingriffsbefugnisse?, DÖV 2003, S. 781, 782.

② Vgl. Volkmar Götz, Allgemeines Polizei-und Ordnungsrecht, 15. Aufl. 2013, S. 41.

德国联邦宪法法院多数意见在考察授权基础合宪性时，除了增加危险发生可能性的权衡要素，还额外要求“受影响人与防御威胁的密切关系”。哈斯法官认为，这种要求没有宪法根据，也不具有体系一致性（systemgerecht），对于损害发生可能性问题的判断，这个标准并无助益：“扫描式追缉的典型应用场景就是尚不知晓可能的犯罪行为人。正是要借助扫描式追缉来澄清受影响人与威胁或者潜在犯罪行为人之间的关系。”

哈斯法官由此认为，“9·11”事件以来各种事实线索能够表明存在危险，如多数意见没有提到两名参与“9·11”事件的恐怖分子曾经在北威州居住过，而且北威州内有42人被认为是本·拉登的支持者；然而这些都被多数意见认为尚不构成危险。这里显现出对危险认定的困难和分歧之处，而这并非少见。例如，通过特定犬类的归属能否得出其具有更高危险性的问题上，德国联邦行政法院2002年的裁判认为根据现有科学和认知无法认定其存在危险，[①]德国联邦宪法法院2003年的裁判则认为综合多方因素完全可以认定危险的存在。[②]

2. 危险概念：限制干预功能的丧失

除了危险概念本身的不确定性，在预防理念主导下，危险概念本身也不断地丧失原有被赋予的限制干预的功能。“9·11”事件发生后，警察机关和安全机关的权限在“有效打击恐怖组织，维护国家安全”的旗号下不断扩张。这种权限扩张集中于行政机关调取和加工数据方面，如2001年德国联邦刑事警察局被赋予打击数据网络犯罪的权限。信息干预已经成为近20年来警察干预行政最为明显

① Vgl. BVerwG, Urteil vom 3.7.2002 – 6 CN 8/01.

② Vgl. BVerfGE 110, 141.

的发展趋势。[①] 与此同时,德国警察法在修订时也逐渐放弃危险的干预门槛,转而使用“可能发生的危险”来表达。紧随科技和环境法的脚步,警察法也从危险防御走上了风险预防的道路。[②]

对于这种风险“横行”的社会、以预防理念为主导的警察法,德国联邦宪法法院借助“扫描式追缉案”作出了回应,明确强调危险概念的限制干预功能,即使是扫描式追缉也不能例外。联邦宪法法院释放的上述信号其实为学界所期待:在风险预防理念下,个人自由的行使反而成为国家安全的最大风险。[③] 但这并不意味着德国联邦宪法法院多数意见回归到“具体危险”的做法无懈可击:恐怖袭击的可能时刻存在,却又无迹可寻。这也是警察权限不断地转移至危险防御的前置阶段、采用更为新颖调查方式的原因所在。在反恐局面下,回归到经典的干预门槛并不合适:扫描式追缉需要时间——本案中花费两年时间,如果要求具备具体危险前提条件才能采取措施,对于危险防御来说已经太晚了。[④]

后续影响

作为对预防国家发展趋势的回应,“扫描式追缉案”被称赞为

① 参见赵宏:《行刑交叉案件的实体法问题》,载《国家检察官学院学报》2021年第4期。

② Vgl. Dieter Kugelmann, Der polizeiliche Gefahrenbegriff in Gefahr? -Anforderungen an die Voraussetzungen polizeilicher Eingriffsbefugnisse? DÖV 2003, S. 781, 789.

③ Vgl. Uwe Volkmann, Anmerkung zu BVerfG Präventive polizeiliche Rasterfahndung, JZ 2006, S. 918, 919.

④ Vgl. Uwe Volkmann, Die Verabschiedung der Rasterfahndung als Mittel der vorbeugenden Verbrechensbekämpfung, JURA 2007, S. 133, 137.

扫描式追缉措施设定界限,"让经常被引用的信息自决权再次复苏"①。从多数意见对采用法治手段维护国家安全必要性的论述上来看,联邦宪法法院在推动国家安全策略法治化上用心良苦:毕竟在本案中,1990 年《德国北威州警察法》第 31 条第 1 款的"当前危险"合宪性争议不大,也为持少数意见的哈斯法官所承认,争议点仅在于杜塞尔多夫高等法院对"危险"的具体适用层面。德国联邦宪法法院显然不满足对具体适用层面的讨论,而是积极对授权基础进行合宪性审查,明确提醒立法者承担起构建干预前提条件的责任,释放出对过去 20 年警察法发展趋势的不信任信号。通过强调"宪法不允许干预基本权的调查'漫无边际'",多数意见试图将警察干预措施从所谓的风险预防拉回到原有的危险防御模式,以此重建警察法的法治化。

德国联邦宪法法院多数意见本意虽好,但在裁判说理方面不仅严重忽视扫描式追缉措施的特性,而且将警察干预措施严格地设定在具体危险门槛之上,俨然成为"安全立法者"。② 哈斯法官在少数意见中明确指出:"基于宪法将传统警察法概念具体危险也作为危险探究和风险预防的干预门槛,本案中作为预防性扫描式追缉的干预门槛,审判庭多数意见会导致国家和社会在基本权保护领域无力自卫,因为(一般)立法者无法为了保障生存基本权在低于具体危险的门槛下规定前置澄清措施。个人认为,联邦宪法法院面对立法权应当保持克制('司法谦抑')。"但从 2016 年"《联邦刑事调查局法》案"来看,这一问题并没有被德国联邦宪法法院所重视。③

---

① Ivo Geis/Esther Geis, Anmerkung zu BVerfG Präventive polizeiliche Rasterfahndung, MMR 2006, S. 540 f.

② Vgl. Markus Möstl, Staatsaufgabe Sicherheit in Zeiten des Terrorismus: der rechtsstaatliche Rahmen, in: Andreas Kulick/Michael Goldhammer (Hrsg.), Der Terrorist als Feind?: Personalisierung im Polizei-und Völkerrecht, 2020, S. 67, 72.

③ 详情参见本书中的"《联邦刑事调查局法》案"。

通话设备窃听案

王玉成

案例名称 通话设备窃听案（Mithörvorrichtung, BVerfGE 106, 28, 2002年10月9日）

关 键 词 一般人格权 法人的基本权利保护 通信秘密 自我表达权

案 情

本判决涉及两个案例，均是民事法庭在审理案件中对证人证言的采用问题。这些证人证言是关于对电话通信内容的陈述，但该通信内容是在说话人不知情的情况下被证人“窃听”到的。

在案例一中，诉愿人(卖方)于1995年2月向一审原告(买方)以4800马克的价格出售了一辆汽车并完成了交付。随后，一审原告以汽车有缺陷为由与诉愿人开始了多次谈判。在庭外和解失败后，一审原告诉至地方基层法院，要求解除该汽车买卖合同。一审原告主张，在1995年2月18日的电话沟通中，双方已经就解除该合同达成了合意。为此，一审原告向法院申请他的母亲作为证人，因为他的手机声音很大，所以他的母亲也听到了他们的电话内容。

地方基层法院并未采信来自一审原告母亲的证人证言，并驳回了一审原告的诉讼请求。在事实上诉审中，州法院再次将一审原告的母亲作为证人进行询问，之后修改了一审的判决结果，支持了一审原告的诉讼主张。州法院认为,通过窃听而得到的证人证言是否能够被采纳为证据,需要这样衡量:谈话内容本身是否具有秘密的性质,或者该电话内容对于打电话的人是否有明显的保密价值。本案中,汽车存在物之瑕疵并不具有保密性质,因为双方已经进行过沟通;而诉愿人也应当预估到,他的通话会被窃听,因为刚开始接电话的就是一审原告的母亲,即证人。这说明一审原告接电话时所在的空间可能不只存在一个人,并且每一部电话都配备了免提听筒。另外,一审原告也不是恶意地想让第三人听到这段对话,以备将来在法庭上作为证据出示。

诉愿人就本案上诉至联邦宪法法院,主张州法院的判决侵犯了其受《基本法》第 2 条第 1 款以及第 1 条第 1 款保护的一般人格权。诉愿人认为,自我表达权应当保护说话人自己能够决定表达对象的范围的自由。因此,这个重要的通话是否被第三人听到并不是无所谓的。尤其是,当诉愿人发现第一个接电话的人是一审原告的母亲时,就立刻明确表达了想要与一审原告通话的意愿。

在案例二中,诉愿人甲(承租人)——一家有限责任公司——租用了一审原告(出租人)的一处商业住宅。诉愿人甲搬出后,一审原告就诉愿人甲对租赁物的改建提出索赔。诉愿人乙(甲的雇员)与一审原告对此进行了协商,也包括通过电话沟通。庭外和解无果后,一审原告起诉至州法院,要求诉愿人甲支付 34,500 马克的赔偿。他援引了 1995 年 10 月 5 日的通话内容,双方在该通话中协商一致,由诉愿人甲支付相同金额钱款给一审原告。作为证据,一审原告提供了他女儿的证人证言,他的女儿通过手机的免提设备窃听了这段通话。

州法院驳回了一审原告的诉讼请求。州法院认为,一审原告女儿的证人证言并不能支持一审原告所主张的双方合意。

在一审原告提起的事实上诉审中,州高等法院通过询问一审原告的女儿重新取证,撤销了一审判决,并判令诉愿人甲依诉讼请求支付一审原告相应价款。州高等法院认为,在商业活动中,被他人听到电话的通话内容是一件很普遍的事情。一个通话参与人,若他不想自己的通话内容被第三人窃听到,一个合理的做法是,应当明确地向通话相对人表达他的想法。因此,该证人证言不应当被排除。

随后,诉愿人甲和乙对此判决提起了宪法诉讼。他们认为该判决违反了《基本法》第2条第1款及第1条第1款(一般人格权)和第10条第1款,除此之外诉愿人甲还提出该判决违反了《基本法》第2条第1款(商业活动自由)。

诉愿人甲、乙均认为自己的自我表达权被损害了。该基本权依其性质符合《基本法》第19条第3款的规定,可适用于诉愿人甲(私法法人)。州高等法院认为,电话内容被窃听是一个普遍现象,但他没有意识到,反过来说,这意味着相关人不仅知道被窃听,而且同意被窃听。其中便存在侵害。这一侵害是否合理,需要权衡案涉争议的人格权所指向的证人证言的司法适用和举证责任人的利益。该判决缺少这一讨论。知道会被窃听不意味着同意被窃听。相反,若通话一方使用了外放设备,应当告知另一方。若每个人都不得不考虑到他的通话会被不确定的第三人窃听,这将极大地妨碍交流自由。

上述诉愿人认为,他们通信秘密应受保护的权利也被侵犯了。该权利保护通过电信技术手段传输的所有通信的秘密性。《基本法》第10条第1款的保护范围涵盖了所有通话参与人。若只有一人同意,不代表其他参与人也同意。

本案涉及的主要条款包括：

《基本法》第1条第1款和第3款规定：

(1)人的尊严不容侵犯。尊重和保护人的尊严是所有国家权力的义务。

……

(3)下列基本权利作为可直接适用的法，以约束立法权、行政权和司法权。

《基本法》第2条第1款规定：

每个人享有自由发展其人格的权利，只要不侵犯他人的权利，不违反合宪性秩序和道德法则。

《基本法》第10条第1款规定：

书信秘密、邮件秘密和电信秘密不可侵犯。

《基本法》第19条第3款规定：

基本权利也可适用于国内法人，但以依其性质得适用为限。

《基本法》第20条第3款规定：

立法权应当受宪法秩序之约束，行政权和司法权应当受立法权和法律之约束。

《基本法》第87f条规定：

(1)依据由联邦议会批准的联邦法律之规定，联邦应保障覆盖全境范围的、适当且充足的邮政和电信服务。

(2)第1款所指服务，应由联邦邮政局之特别财产所成立的公司和由私人供应商作为私营经济活动而提供。邮政和电信领域的主权任务,应由联邦行政部门执行。

(3)涉及以联邦邮政局之特别财产而成立的公司的个别任务,在不违反第2款第2句的情况下,依据联邦法律,联邦应以联邦直属公法人的法律形式执行。

《基本法》第103条第1款规定:

被诉于法院之人,有请求公平审判之权。

《刑法典》第201条第1款规定:

私自为下列行为者,处三年以下有期徒刑或罚金:(1)以录音设备记录他人非公开之言论;(2)对该录音加以利用或予第三人得以使用。

《民法典》第133条规定:

对意思表示的解释应当探究真实意愿,而不能拘泥于字面意思之表述。

《民法典》第157条规定:

合同必须依诚实信用原则,同时考虑到交易习惯,进行解释。

裁判要旨

1. 对通信秘密的保护(《基本法》第10条第1款)应延伸至由私人经营的通信设施。

2.《基本法》第10条第1款表明了公民对国家获悉电信通信的内容和详情的防御权,并规定了一项国家在私人第三方能够接触通信内容时对说话人的保护任务。

3. 对自我表达权的保障作为《基本法》第 2 条第 1 款的一般人格权的一部分，与《基本法》第 1 条第 1 款相结合，是为了防止一个对话参与人向未参与对话的第三人提供使用窃听设备。《基本法》第 10 条第 1 款不包含这种保护。

4. 私法上的法人也可以援引自我表达权。

5. 关于在民事诉讼中，使用以第三人违法窃听通话内容为基础的证人证言。

裁判理由与论证

一、先前相关判例总结

德国联邦宪法法院的判决于 2002 年 10 月作出，法官首先列举了先前相关法院判例中的观点。

在 1982 年的民事法院判决中，法官认为，基于技术发展，人们应当预估到在私人通话中，该通信设备是可能被连接到监听设备里的；在 1985 年的民事法院判决中，法官认为，若通话内容不具保密性质且通话参与人并没有很重视保密性的价值，则使用监听设备就不损害一般人格权。但民事法庭均未直接回答“仅通过监听设备所获得的证人证言是否可以作为证据被采纳”这一问题。但有些判决仍涉及了“通过书面或磁带而秘密地固定了通话内容”这一情况，这便与是否侵害私法法人的一般人格权有关。

与民事法院相比，劳动法院的观点更为清晰。在 1995 年的劳动法院判决中，劳动法院认为，是否侵害了雇员的自我表达权要依个案利益而定；在 1997 年的劳动法院判决中，法官认为，秘密监听雇员和雇主之间的电话交谈一般是不被允许的，因为它侵犯了一般人格权。因此,以这种方式获得的证据要受到证据排除规则的限制。

二、联邦宪法法院对管辖权的审查

案例二中的诉愿人乙并不是适格的宪法诉讼诉愿人。针对普通法院判决而提起的宪法诉讼,其当事人适格的前提是,诉愿人在法律上直接与案涉普通法院判决有关联。而案例二中的诉愿人乙,并不是原民事判决中的当事人,即并未直接受该民事判决法律效果的影响。案例一中的诉愿人和案例二中的诉愿人甲是适格且正确的诉愿人。

三、第三人对通话内容的窃听并不属于通信秘密的保护范围

案涉法院判决并未侵犯《基本法》第10条第1款保护的诉愿人的通信秘密,但对诉愿人一般人格权中自我表达权的讨论不足。因此,联邦宪法法院法官从通信秘密保护和一般人格权之口头交流自由这两个角度来论证民事法院对证人证言的采纳是否违宪。

1. 获取证人所陈述的内容并未违反通信秘密之保护

从《基本法》第10条第1款的角度来看,该证人证言不应被排除。“通信秘密基本权用于保护所有借助电信设施而进行的信息交流能够自由的开展,其内容以及其是私人、商业或政治性质都在所不问。这种保护包括所有通过电信技术而进行的信息传输,其传输方式(有线、无线或数字信号)和表达形式(语音、图像、声音、符号)都不对这种保护构成影响。”在使用电信设备时,通常面临信息沟通可能被第三方探知的危险,而且通信谈话的一方无法独自确定双方交谈的场合,也无法亲自监督另一方的行为。由于沟通双方之间客观上存在物理距离,因而产生了一个通信传输过程,且该传输过程不受某一方专属支配范围的影响。《基本法》第10条第1款旨在防止在这一传输过程中,消息的机密性受到威胁,也包括由未知传递

人对这一传输过程的介入而产生的威胁。

“《基本法》第 10 条第 1 款为公民设立了一个针对国家探知信息交流内容和细节的防御权，并为国家设定了一个任务，即在私人第三方获得通信的情况下也要提供保护。”在基于《基本法》第 87f 条实现电信自由化之后，该保护任务也包括私人运营的电信设施。这一点在《电信法》第 85 条中也有特别规定，其要求提供或参与提供商业电信服务的供应商，有保护通信秘密的特殊义务。

2.《基本法》第 10 条第 1 款并不保护使用由另一通话参与方提供给第三人的窃听设备

《基本法》第 10 条第 1 款的保障范围，主要涵盖通过使用相应的设备和与之相关的第三方服务而利用电信技术实现的通信传输过程。该保护指向的是，防止对通过电信设备传输的通信信号进行侵扰。“被保护的是，为了传输信息而使用的技术媒介的保密性，但不是通话双方之间的信任。因此，不是由第三人造成的电信传输风险，而是由通信一方的影响范围和责任范围造成的风险，不属于基本权保护范围。”《基本法》第 10 条第 1 款保护的是信息传输媒介的机密性。“如果谈话一方在自己的影响和责任范围内使第三人成功进入通信设备，则该保障范围并不受到侵害。”本案的证人是通过与电话设备相连接的听筒进行监听的，而对这一监听设备的使用，是属于一审原告的控制范围和责任范围的。这一监听行为，可能损害的双方之间的信任，但并未损害《基本法》第 10 条第 1 款的保护范围。

四、民事法院询问并采纳证人窃听的内容侵害了另一方的自我表达权

1.《基本法》始终将保护公民的基本权利作为最高位阶的国家任务

这一点从该法的写作顺序中便能看出。需要承认，公民生活是复杂且不断发展的,因而《基本法》不仅在第一章中对公民典型的基本权利进行了列举,而且在列举出的基本权利之前概括性地确认了国家对于未明文列举的公民基本权利的保护任务。一般人格权便是联邦宪法法院依据《基本法》第2条第1款和第1条第1款的结合,从判例中发展而来的,用以应对不断变化的对人格权的威胁,且这些威胁是立法者在制定宪法时没有意识到或者不可能意识到的。

尽管一般人格权中的具体权利并未在基本法文本中被明确列出,但这并不使基本法对他们的保护稍有逊色。尤其是在科学和技术进步高速发展的今天,对人格权的新型威胁层出不穷,这种对立法空白的填补尤为重要。“因此,应当首先根据案件具体情况对人格权的威胁进行区分,并将法律保护的具体要求分配给人格权的不同方面。”

“在联邦宪法法院的判例中,人们意识到,基本法不仅保护自己的形象权,也保护说话的权利。这保证了自己在与人交流时,对他人进行表述的自决权。这种保护涵盖了在交流中根据评估而采取适当行为的可能性和选择谈话对象的可能性。该基本权利包括有权自行决定谈话内容由某个人、某一群体或者不确定的公众而接收。”因此,该自决权自然而然延伸到了接收谈话内容的人。

作为一种自我表达的权利,该自决权体现在个人有权单独决定,自己的言语是否能够被录制从而被第三方获取,自己的声音是否能够脱离交谈对象并以第三人可获得的形式存在。“人们的交谈应当受到《基本法》的保护,以防他不经意的话语、不节制的表述,以及在某一展开的谈话中临时的观点或只在某一特定情况下才作出的表达,在另一场合或另一背景下被提到。因此,《基本法》保护谈话不被秘密记录,也保护未经说话人同意或甚至违反其意愿的情况下不被使用。”法律一直很重视这方面的保护，如《刑法典》第 201 条第 1 款第 1 项就规定，秘密录制他人言论应受刑事处罚。

自决权不仅保护个人言论未经同意不被固定，还保护由说话人自己决定，谁可以接触到谈话内容。如果说话人的行为方式使他的话轻易就能够被他人听到，如说话人忽略了身旁的人，或者错误地判断了自己说话的音量，那么第三方对谈话内容的知晓就应归因于说话人自己。

自我表达权并不等同于对一般人格权中的隐私权的保护。在私人领域里发生的谈话，由于该谈话对于说话人是有值得保护的利益的，因此保护的范围涵盖了谈话对象不应将在私人领域发生的谈话透露给第三方。“隐私权在这里赋予公民一个私人领域，在这个领域，公民的行为应当不会被第三人注意到，其行为举止也不用顾忌第三人。与隐私权不同，对自我表达权的保护不限于具体内容和地点，而是涉及关于第三人能否直接参与谈话的自决权。对自我表达权的保护，既不取决于交流的信息是不是个人通信内容或个人数据，也不与签署的谈话保密协议有关。”

“在多数情况下，对话的双方可能无法预见谈话内容的走向。比如，最初不涉密的业务谈话，可能变成私人聊天；又或者，最初的私人聊天后来可能变成包含敏感信息的业务谈话。能够给一段谈话一个方向，同时在谈话中又不失自我公正（die eigene Unbefangenheit），这是包含在谈话人的自决权中的。这种自决权也使说话人能够应对谈话可能带来的后果。”如本案中，如果诉愿人在通话时意识到自己的言论将来会被当作一种证据而被呈交法庭，那么诉愿人就可以不发表对裁判后果有影响的言辞，或更谨慎地表达可能被当作证据的言辞。“如果不能由说话人自己决定，谁能够直接感知这些通信内容，那么说话人想根据谈话对象而做调整的可能性以及以适合自己谈话利益的方式而行事的可能性就被剥夺了。”

2. 私法法人也可以援引自我表达权

案例二中的诉愿人甲便是一家有限责任公司。联邦宪法法院尚未全面且完整地澄清私法法人关于一般人格权的适用问题,目前的宪法诉讼中仅涉及自我表达权。

《基本法》第19条第3款规定,基本权也可适用于国内法人,但以依其性质得适用为限。因此,需要审查自我表达权是否依其性质能够适用于法人。依判例法,基本权利是否能够扩大适用于法人,需要审查该基本权的特征、表现形式或其联系,是否只与自然人的本质特征有关。相反,若基本权利也能够以团体法人的形式行使,则该基本权利的保护范围就应当包括法人。例如,有限合伙企业就享有《基本法》第13条第1款的住宅不受侵犯的保护,因为它可以像一个人一样,可以合法地占有住宅。《基本法》第13条第1款起初是为了保护个人权利,是基于一个人的尊严和他自由发展的利益,而给予这个人基本的生活空间。这并不妨碍将其保护范围延伸至法人。

同样,《基本法》第10条第1款保护的通信秘密也是如此。法人也会使用电信设施传输媒介,这与自然人一样,也会处于典型基本权的危险境地。并且,如前文所述,通信秘密所保护的内容只与使用某一传输媒介有关,而无须涉及与某一特殊的个人领域相关的通信内容。

一般人格权依其起源来看,便是一项保障自由发展人格的个人权利,这也是在保护人的尊严,法人适用自我表达权并不与其相矛盾。自我表达权只是一般人格权的表达形式,对这一权利的保护并不取决于某一特定主体的通信内容,而是要看谈话参与人在通信中是否能够自主决定并采取合适的方式行事。在这方面,一个通过自然人进行沟通的法人也会陷于典型基本权利的危险境况。这种基本权利所保护的宪法基础不在《基本法》第1条第1款的人的尊严，而是在第2条第1款。

3. 初审程序中法院对证人证言的搜集使用侵害了自我表达权

两案的诉愿人均行使了对通话对象的自决权，该对话都不是面对不特定人群的。诉愿人均想跟合同相对人谈话，以澄清有关合同履行的重要事项。与他们对话的另一方却在他们不知情的情况下让第三方窃听了他们的谈话内容，这就是对他们行使的自决权的无视。“若诉愿人同意了证人的窃听行为，那么就不是对自我表达权的侵犯。因为通话参与人是基于自己的决定而作出选择的，那么就可以通过同意而停止对秘密的保护。这是符合《基本法》第2条第1款的要求的。”很明显，在本案中，没有明示的同意，而默示的同意也经不起宪法审查。

首先，法官对普通法院对本案的管辖权和联邦宪法法院对本案的审查权进行了澄清。“诉讼程序的组织、案件事实的确定和评估、对一般法的解释及其个案的适用均属于普通法院的管辖范围。联邦宪法法院对法院判决的审查权仅限于侵害宪法权利的情况。如果普通法院在解释或适用一般法时忽略了对基本权利的遵守，使基本权利的保护范围没有被正确或者充分地考虑到，或没有正确衡量基本权利在案件中的分量，那么相关判决就可能涉嫌违宪。”

其次，联邦宪法法院法官认为，民事法院的判决并没有在根本上误判基本法上的人格权在本案中的重要性，但对普通法院的论证进行了两部分的驳斥。在案例一中，州法院认为，因为是一审原告的母亲首先接了电话，所以诉愿人就应当预估到自己的谈话已经被窃听。这样的判断在宪法上是不可行的。在案例二中，州高等法院认为，因为电话普遍有可让他人窃听的设备，因此应当假设窃听行为是普遍的,而诉愿人甲并未提出明确反对,便是以默示的方式表示了同意。这一说辞在宪法上也无法被接受。宪法法院的驳斥内容具体如下。

第一,在人格权受到侵犯时,同意不仅可以通过明示的方式,也可以通过默示的方式表达。"根据专门法院的观点,如果某一具体行为在某种程度上是习惯性的和不言而喻的,那么以《民法典》第157条诚实信用原则和考虑相关的交易习惯为出发点,可以推定相关人表示了同意,但应当以其未明确表示反对为限。"[①]若普通法院要将默示同意应用到窃听行为中,则必须充分考虑对话参与人的受宪法保护的自决权。"受有不利影响的人的默示同意,不应该仅从某一实际行为的传播和缺乏事先否定的情况下推断出来。[②] 如此,也许还有必要确认一下,在相关的交易习惯中,是否'不作反对'就是通过'默示同意'来表达的。"第二,不能仅因为通信设备普遍都装了可窃听设备这一事实,就来证明它们通常会被第三人用于窃听。附在电话上的扬声器有着不同用途,如在打电话时解放双手以做笔记或翻阅文件。该设备是否经常在通话对象不知情的情况下被第三人用于窃听,一审法院并未明确。某人意识到有可能被窃听,也不意味着他在事实上会预料到自己被窃听并且还表示了默许;这也适用于某一对话先向第三人表达而后由该第三人向真正的谈话参与人传递。"对于默示同意的假设,考虑到宪法对自决权的保护,必须确定,在社会、商业或私人通信行为的特定条件下,如果这一行为没有被预先地表示反对,那么窃听在技术上可能的用途会

① 参见联邦法院关于病人默示同意医生披露其个人资料的前提条件的案例法,BGHZ 115, 123 (126 ff.); 116, 268 (273 ff.); BGH, NJW 1992, S. 2348 (2349)。

② 参见关于电话广告默示同意问题的判例法, BGH, NJW 1989, S. 2820; JZ 1990, S. 251; OLG Köln, NJW-RR 1993, S. 753。

被理解为,可以允许第三人在无所有与谈人同意的情况下秘密窃听对话。然而,并没有这样的结论。”

由于专门法院没有给默示同意进行合宪解释,因此不能排除证人的窃听是在忽视一般人格权的情况下进行的。在缺少无法律瑕疵的同意时,进行证人证言的搜集利用构成了对诉愿人自我表达权的侵犯。“在司法程序中,法官是以直接行使国家权力的方式面对诉讼各方。因此依据《基本法》第1条第3款,法官在作判决时应当受相关基本权利的约束,并有义务组织符合法治国原则的诉讼程序。基于法治国原则,应当以证据法和证据规则进行公平的举证、质证。并且诸如《基本法》第2条第1款的实质基本权利也对司法程序提出了要求。取证中会涉及公开并利用一些生活事实,这些生活事实又受基本权保护,以不被第三人知晓。因此,若法院在搜集证据和使用证据的过程中涉及了磁带录音的事项,应当考虑审查使用这种证据与受磁带录音影响的人的一般人格权的协调性。”

4. 对诉愿人一般人格权侵犯的正当性需要进行利益衡量

对一般人格权的保障不是无限制的。根据《基本法》第2条第1款的规定,这种保护还受到宪法秩序的约束。对人格权的侵犯是否合理,需要进行衡量:一方面是案涉反对使用该证据的一般人格权,另一方面是支持使用该证据所保护的法益。

“《基本法》,尤其是其中的第20条第3款所述的法治国原则,十分重视有效司法救济的需求。在涉及权利和法律地位的私法法律关系的民事诉讼中,维护可靠运转的司法救济和争取实质正义的判决是公众的重要关切。因此,为了调查真相,若某一事实诉求是重要且需要被证明的,则法院在原则上就应当考虑当事人提供的证据。这也符合《基本法》第103条第1款规定的请求公平审判的类基本权的要求。”

但仅有民事司法救济之程序运转利益,仍不能与作为基本权利的一般人格权相抗衡。相反,还需要从其他方面证明,尽管侵害了一般人格权,但搜集证据带来的利益仍值得保护。“例如,在刑事诉讼中,为了澄清非常严重的犯罪行为;在民事诉讼中,也可能存在这样的情况:搜集证据的利益,超越了‘纯’证据利益,而对于实现一方的法律利益十分重要。”例如,对一段通话进行秘密录音,其目的是锁定匿名电话人的身份,以防止他以他人之名肆无忌惮地进行诽谤。

在被诉的判决中,没有任何关于这种特殊情况的结论。特别是诉愿人的通信对象显然不处于这样一种紧急状况,而能够成为侵害一般人格权的正当理由。“相反,诉愿人的通信对象只能为他的行为援引一般的证据利益,即使有了民事法庭统一的观点作为正当性基础也不足够。”

不允许询问证人和使用他们的证人证言,并没有使一审诉讼中的原告完全没有证据。如果没有其他的证据,双方可以组织一场听证或审讯。或者,他们也可以尝试通过法律上的无瑕疵行为提供进一步的证据,如通过书面协议的确认。

涉及的重大理论问题

一、法人的基本权保护

宪法案例分析通常分为可诉性(Zulässigkeit)和有理性(Begründetheit)两个部分。可诉性,是指该宪法诉愿是否成立以及是否应诉于联邦宪法法院。在本案中,值得关注的可诉性问题是案例二中公司法人及其雇员的当事人适格问题。根据《基本法》第93条第1款第4项之一和《联邦宪法法院法》的相关规定,任何人的基本权利受到了公权力侵害,都可以在一个月内向宪法法院提起诉愿。这里的人,当然是指自然人(案例二中的雇员)和法人(案例二中的有限责任公司)。但还应当审查的是普通法院的判决作为一种公权力行为,其法律效果是直接作用在哪个主体,即哪个主体直接承受了该公权力行为带来的侵害结果。在本案中,公司法人通过自然人行使了打电话的自我表达权,而普通法院作出的不利判决,实际上也是由公司法人直接承受的。因此,适格的诉愿人应当是公司法人,而排除仅起到工具作用的雇员。

在本判决中,有理性方面值得关注的是两个问题:基本权的保护范围和侵害行为的正当性。

对基本权的保护范围的分析,一般分为对物的保护范围分析和对人的保护范围分析。对人的分析中,需要关注的问题是,此案中的公司法人如何能够落入基本权利的保护范围。根据《基本法》第19条第3款的规定可以确认,法人作为一种自然人的结合形式,也会受到基本权的保护。从应受保护的利益范围来看,只要基本权利保护的内容、形式、特征并非自然人本质属性之独有,那么保护自然人的基本权利就能够扩张到法人主体。如判决中的举例,法人与自然人一样,需要一个固定、安全的私有空间,自由地发展利益,因此法人也享有住宅不受侵犯的权利。从可能受侵害的危险境况来看,法人的行为在生活中不可避免地也需要由自然人行使,若法人被侵犯后所受不利之情势,与相关自然人被侵犯后所处危险之境地相同,那么也有必要对法人进行保护。如判决中的举例,法人也会使用电信设施,若该设施的保密性遭到破坏,那么法人的秘密也会被披露,这与自然人私人信息因电信传输媒介而泄露所面临的危险也是相同的。

二、通信秘密的保护范围

此处基本权的保护范围分析主要讨论对物的保护范围。本案涉及的两个重要的基本权保护便是对“通信秘密”的保护和对“一般人格权”的保护。证人偷听当事人之间通话内容的行为,究竟是违反了通信秘密之保护还是违反了对一般人格权的保护,需要对其保护范围进行区分。

“通信秘密”之保护源于《魏玛宪法》第117条——“书信秘密以及邮件、电报和长途通信秘密不可侵犯”,立法者在草拟《基本法》时,将“电报和长途通信秘密”合并表述为“通信秘密”。经过时代发展,《基本法》第10条第1款的用词“通信秘密”(Fernmeldegeheimnis)在宪法层面也可以表述为“通信电信秘密”(Telekommunikationsgeheimnis)。[①]“受保护的内容是通过电信手段将信息无体化地传输给个人接收者。由于其发展的开放性,基本权利包括任何电磁和其他无体的传输形式,无论是通过电缆或无线电,还是通过模拟或数字切换,抑或通过光学或声学信号。就技术而言,电话、电传、电报和电传通信都包括在内。这同样适用于计算机网络,当然也包括互联网以及电子邮件和短信。这种保护也延伸到终端设备,只要该终端设备的服务与传输过程密不可分,并且产生的具体危险已经损害了该基本权利保护的自由。”[②]简言之,通信秘密侧重的是,公民通过技术手段传输信息时的交流自由。它防止人们的通信内容在传输过程中被截获、探知和记录,也保护该记录不被评估或使用。“相比之下,与具体交流无关的、应与交流情况相区别的、仅仅使下游交流得以进行的一般情况不属于第10条的保护范围,而可能属于一般人格权或信息自决权的保护范围。”[③]

---

① Vgl. BVerfGE 125, 260/309; 130, 151/179.

② Hans D. Jarass/Bodo Pieroth, GG, 16. Aufl. 2020, GG Art. 10.

③ Wolfgang Durner, in: Günter Dürig/Roman Herzog/Rupert Scholz(Hrsg.), GG, 96. Aufl. 2021, GG Art. 10 Rn. 83.

本案法官认为,在电话双方的无线通信过程中,并未发生通信信号被拦截、窃听的情况;证人听到通话内容所借助的设备,也并非附着在通信终端上的监听设备,而是通过旨在方便语音交流的、电话普遍自带的扩音设备。因此,通话内容已经安全地经过信息传输过程到达了通信参与人的一方,通信参与人所能影响的并不是提高了通信传输过程的外泄危险性,而是在信息传输过程完成之后,落入自己专属控制范围内信息内容应当如何处理或披露。接受信息的一方如何利用该信息,属于信息披露方和信息接收方的自决范围,该范围并不涉及对信息传输过程安全性的威胁。因此,本案的窃听行为并未侵犯通信秘密的保护范围。

三、自我表达权

一般人格权源于《基本法》第 2 条第 1 款结合第 1 条第 1 款,这一兜底性的规定让基本权的内涵在判例法的发展下,能够不断填补列举的典型基本权的不足,让基本权对公民的保护可以适应社会的发展。个人自决权以"自由发展"为法理基础,属于一般人格权的一个表现形式。其不仅保护每个人自由选择、自由决定的权利,而且当然赋予个人对自己行为负责的义务,即责任自负。

自我表达权脱胎于一般人格权中的个人自决权,是对个人非公开言论的一种保护,也是对该内容如何自如地处置的权利。具体来说,个人在交流中的自我决定,即由自己决定谈话或书面文件的内容,是否应该只让对话者或收件人、某个群体或公众看到。一个人的自我表达权包括所有的交流,不限于私人领域。它保护个人能够采取适当方式与他人沟通的权利:每个人不仅有权利决定自己的说话对象,而且能够自行决定自己在非公开场合的言论是否能够告知第三方。它保护人们不受虚假的引用或伪造的、歪曲的其他复制形式的影响。一个人应该能够自由地、坦率地进行对话,而不需要考虑交流的媒介。“对一般人格权的保护也不受秘密录音的侵犯,原则上,每个人都可以自己决定是否将自己的口语记录在声音载体上,以及是否和在谁面前播放这种录音。”[①]若不能让公民不受干扰地与他人交流,那么他就不得不为他私下交谈的内容、不经意间的表述、临时的观点时刻抱有忧虑,因为不知道什么时候这些表述就会被记录下来并被公布或加以利用。因此,对公民个人保留其非公开言论的自决处置权十分重要。

本案中,在利用通信技术传输信息的过程中涉及的自我表达权对通信秘密保护有着补充的作用。“此时自我表达权所涉及的隐私范围,仅指狭义的隐私,即根据个案分析,尤其是根据通信内容,它是否只是针对通信参与人的,或者任何一方通信参与人是否对第三人窃听行为的介入是不在乎的。”[②]在狭义的隐私之外,如商业交易中普遍意义上的商业信息、订单往来,在这种环境中,信息的流动是最重要的,可以客观地认为通话参与人对其言论是否被听到或记录是无所谓的,这种记录被视为商业惯例,并不涉及对基本权利的侵犯。

对自我表达权的讨论,于本案的论证而言,实际上是对侵害行为的正当性进行论证。侵害行为的正当性,主要考察的是宪法层面的正当性。在这部分的审查中,主要涉及比例原则角度的利益衡量。“对自我表达权的保护,就像对整个人格权的保护一样,并不是绝对的,而是要对个案进行综合权衡。特别是要权衡言论的内容和

---

① Ingrid Schmidt, in: Erfurter Kommentar zum Arbeitsrecht, 22. Aufl. 2022, GG Art. 2 Rn. 40.

② Udo Di Fabio, in: Günter Dürig/Roman Herzog/Rupert Scholz (Hrsg.), GG, 96. Aufl. 2021, GG Art. 2 Abs. 1 Rn. 197.

公众的信息利益。”[1]交流作为公民共同生活的一种基本生活方式，即使有了技术进步的加持，所应改变的是交流的便利与互信，而不应当是增加人们的担心，成为高昂的生活成本。如本案法官所述：“如果人们不得不生活在这样的意识中，即私密的话语，甚至是不经意的和不受约束的话语或因某种情况而产生的临时意见，被公权力机构秘密记录和保存，或——如果是私人记录的——在国家诉讼中使用，那么人类交流的公正性将受到干扰。”“私人谈话必须能够进行，而不必怀疑和担心其秘密记录会在未经说话者同意甚至违背其宣布的意愿的情况下被使用。”[2]联邦宪法法院的观点，不仅对司法机关的裁判有参考意义，对公民社会生活亦有重要的指导意义。从法经济学的角度分析，民事法庭在诉讼中通过证人证言追求的，不过是当事人在某时某刻的真实意思表示，以保护交易安全。法院可以通过个案分析、搜集其他辅助材料、专业的审查与评估等，来判断当事人真实意愿的内容以追求公平的效果，而不必仅通过一个由窃听来的证人证言；与此相对应的是，若联邦宪法法院支持了采信窃听内容为司法审判证人证言的做法，无疑会让人们生活在一个有被窃听之虞的社会中，普通人对于自己所处谈话之境况、言论之范围、表意之法律效果无法像法官一样作出全面且专业的判断，也无法对自己在任何场合所作之言论有独立的处置之权和恰当的处理态度，这会大大地增加公民的交流成本、抑制交易开展，并不符合现代法律所追求的“兴利”之目标。

在本案之外，自我表达权的保护范围还包括防止他人错误地引用自己的话，即防止他人将某人并未说过的话肆意、强行安置在某

---

① Louisa Specht-Riemenschneider, in: Vgl. BeckOGK, 1.3.2022, BGB § 823 Rn. 1190.

② BVerfGE 34, 328.

人嘴里,损害他的原有之意。“因此,自我表达权的内容和范围,还取决于基本权利人的自我定义。特别是在公开的言论中,被扭曲了的言论很有可能会导致当事人被用作不利于自己的证人。”①

后续影响

本案判决的两个重要标准是对自我表达权的讨论和违反该权利时便排除民事证据的使用。在1973年联邦宪法法院的判决中,自我表达权被法院具体化为宪法上一般人格权的保护领域,起初是为了将秘密录制的他人非公开谈话纳入一般人格权的保护范围,由于存在滥用这种录音的危险,这种保护被认可,且该行为也会受到《刑法典》第201条第1款第1项的刑事处罚。随后在2002年作出的本判决中,“将该权利上升为基本权利上的自我表达权,并增加了对电话谈话的保护,而不考虑是否该谈话内容借助了《刑法典》第201条所述的窃听设备被拦截了,也不考虑它是否源于私人领域,或依据法律或私人协议是否有保密期待”②。“保密期待”,是指通信任何一方能够合理期待或预估,双方的谈话不会轻易被未知第三人探知。这也是自我表达权的保护前提。对于他人的窃听行为,可以通过明示或者暗示的方式表示同意,而暗示的方式则需要根据个案分析并通过《民法典》第133条和第135条来解释。

联邦宪法法院于2002年作出本案判决,其确认的裁判标准和论证理由在后来的普通法院和专门法院的裁判中得到了贯彻。在2003年的一项民事判决中,有法院接纳了本判决对自我表达权的

---

① Udo Di Fabio, in: Günter Dürig/Roman Herzog/Rupert Scholz (Hrsg.), GG, 96. Aufl. 2021, GG Art. 2 Abs. 1 Rn. 196.

② AP-Anmerkung zu BAG vom 23.4.2009 – 6 AZR 189/08: Beweisverwertungsverbot nach Mithören am Telefon, S. 3.

界定:“一般人格权中的自我表达权,保护说话人自行决定交流内容是否只让对话者、某类人或公众接触的权利;法院同时认为,如果法院对证人偷听到的电话内容进行询问,是对说话人的一般人格权侵犯,应排除该证人证言在民事诉讼中的使用。”[①]在利益衡量方面,法院同样认为,仅为了确保民事赔偿的证据利益,并不能够成为侵犯另一方一般人格权的正当理由。

本案判决确立的更重要的一条标准是,在证人证言是在由第三人通过窃听有私密属性的谈话内容而得来的情况下,可以适用证据排除规则。需要注意的是,虽然窃听侵犯了一般人格权,但不代表窃听来的证人证言直接就被排除适用,而仍要进行价值衡量。在2009年联邦劳动法院作出的一项判决中,除了上述价值衡量,法官还认为,若诉讼参与人明确引导、故意诱导第三人窃听到了通话内容,那么第三人所作的证人证言也应当排除适用。在判决中,法官同时提出了一项新的论证:“若第三人在非故意的情况下意外听到了通话内容,则不构成对民事上一般人格权的侵犯,因此可以不适用证据排除。”[②]但这一观点显然是混淆了私人第三人窃听行为的不法与民事法院采信窃听而来的证人证言的不法,前者与侵权人和民事一般人格权有关,而后者与公权力对公民基本权利的侵害有关。因此,从联邦宪法法院的角度来看,依据本案确认的裁判原则,普通法院的上述采信证人证言的公权行为,仍有可能违宪。

---

① BGH, Recht am gesprochenen Wort-Mithören eines Telefonats, NJW 2003, S. 1727.

② BAG, Urteil vom 23.04.2009, 6 AZR 189/08.

海关刑事局案

谭莺莺

案例名称　海关刑事局案（Zollkriminalamt，BVerfGE 110，33，2004年3月3日）

关 键 词　规范审查程序　联邦专属立法权　通信秘密保护　规范明确性　规范清晰性

案　情

为了有效地打击和预防犯罪，德国《对外贸易法》赋予了海关刑事局（前身为海关刑事机构）开拆、查阅、监视以及记录相关邮件和远程通信内容的权限。授权规范主要为《对外贸易法》第39条、第40条和第41条。法条原文表述如下：

《对外贸易法》第39条规定：

(1)为预防《对外贸易法》或《战争武器管制法》中规定的犯罪行为，海关刑事局有权开拆、查阅受通信秘密保护的邮件、通信内容，并可依据生效指令（第40条）对通信网络中的储存数据进行监视和记载。通信秘密基本权（《基本法》第10条）因此受到限制。

(2)第1款规定的限制只能针对以下对象作出：

a.有事实证明计划实施本法第34条第1～6款和第35条第1款，或《战争武器管制法》第19条第1～3款、第20条第1款和第2

款，以及第21条或第22a条第1款第4项、第5项、第7项所规定之重大犯罪行为的人；

b. 自然人、法人或组织，当第1项所列人员为其工作，且第1项所列措施不足以（达到预防目的）时；

c. 其他人员，当有确定事实表明其为第1项所列人员接收或传递特定的或源自前列人员的消息，或者前列人员正在使用其线路。

只有经事实证明，此人参与了自然人、法人或组织的通信来往或使用了其远程通信线路，方可实施第2项所列措施。

（3）仅当利用其他方式无法或确有实质困难查明事实，且该措施与所要查明事实之重要性相称时，方可准予上述指令。即使第三方不可避免地受其影响，也可实施上述措施。

（4）申请上述措施前应通知检察机关。同时还应向其告知法官裁决内容，或在紧急情形下，向其告知联邦财政部长所作决定的内容以及申请措施的实施结果。

（5）鉴于德国联邦邮政以及其他公共远程通信运营商的义务，措施实施应参照适用G10第1条第2款的规定。

《对外贸易法》第40条规定：

（1）第39条第1款所设限制须征得联邦财政部长同意后，由机关负责人或其职务代理人（Stellvertreter）提交书面申请，并就所申请措施的种类、范围和时限进行说理。申请应满足第39条第3款第1句所列条件。

（2）指令应由州法院发出，紧急情况由联邦财政部长发出。如果州法院在3天内未对后者的指令进行确认，则联邦财政部长下达的指令无效。

（3）管辖法院为海关刑事局所在地的州法院。程序应符合《自愿管辖事务法》的相关规定。

(4)指令应书面颁发。指令应包含指令指向人员的姓名和地址。指令应明确措施的种类、范围和时限。在监视通信时,还应注明被监视号码或被监视通信线路的其他标识。指令最长时效为3个月。如果满足第39条所列条件,指令可延长,延期不得超过3个月。

《对外贸易法》第41条规定:

(1)依据第39条第1款作出的指令措施由海关刑事局负责,并由具备审判职权的人员进行监督。G10第11条第2款和第3款的规定同样适用。

(2)通过措施收集的个人相关数据,除用于预防或澄清第39条第1款所列犯罪行为外,仅可由联邦公共机构用于预防或澄清G10第3条第1款以及第7条第1~4款所列犯罪行为。数据仅能在评估事件事实时用于证明前述犯罪行为会发生、正发生或已发生。

(3)通过措施获取的有关通信和远程通信参与人的资料,如果对第2款所列目的而言非必要,则应在第1款所列人员的监督下,即刻销毁。销毁应记录在案。为了确保销毁过程合乎规定,应定期进行审核。

(4)如果告知行为不会危及措施目的,海关刑事机构应告知措施相对人。如果基于同一事实,对其启动刑事侦查程序,由检察院决定告知的时间点。

(5)联邦财政部长应在6个月内向由9位联邦议员组成的委员会告知依据本法第39~43条所作措施的实施情况。

莱茵兰—普法尔茨州政府认为上述授权规范违宪,并向联邦宪法法院提出了规范审查申请。州政府提出了三项确认请求:(1)作为海关刑事局的授权规范,《对外贸易法》第 39 条第 1 款第 1 句因与《基本法》第 83 条、第 87 条不符而无效;(2)《对外贸易法》第 39 条第 1 款和第 2 款因违背宪法的规范明确性原则以及过度禁止原则无效;(3)《对外贸易法》第 41 条第 2 款因违背宪法的规范明确性原则无效。

莱茵兰—普法尔茨州政府认为违宪理由主要有两点:首先,《对外贸易法》第 39 条第 1 款违背了《基本法》第 83 条、第 87 条有关联邦与各州的分权规则。州政府认为,监视授权涉及犯罪预防领域,属于实质的警察权,由各州执行。只有当《基本法》赋予联邦此项任务的执行权(Vollziehungskompetenz)时,联邦方可拥有执法权(Gesetzesvollziehung)。《基本法》第 87 条第 1 款第 1 句和第 2 句并未赋予联邦此类事务的执法权。《基本法》第 87 条第 3 款第 1 句因其次要特征不适用于本案情形。其次,《对外贸易法》第 39 条第 1 款和第 2 款触犯了《基本法》第 10 条第 1 款的通信秘密权。因为授权规范不明确且缺乏有效的限制要件,以确保监视措施为侵犯基本权的最后手段(ultima ratio)。鉴于监视措施发生在犯罪预备阶段,规范应该对引发监视的动因和行为尽可能具体地加以界定,以保证侵害在事前得以控制和限制。《对外贸易法》第 39 条第 1 款和第 2 款却采用了大量不确定法律概念,加剧了规范的理解难度。这使《对外贸易法》第 40 条第 2 款设置的法官保留程序(Richtervorbehalt)无法对监视措施形成实质性限制,因为《对外贸易法》第 39 条第 1 款和第 2 款规定的行为标准很模糊,无法为法院提供清晰的审查标准。另外,州政府认为《对外贸易法》第 41 条第 2 款有关所获数据的处理规定也不满足明确性要求。依据宪法,数据处理权限应由法律授权,并且尽可能明确收集和使用目的。《对外贸易法》第 41 条第 2 款仅规定,所获数据的使用和处理由“联邦公共机构”负责。

联邦政府针对州政府的诉愿进行了答辩。联邦经济部长认为，《对外贸易法》第39条及后续法条在形式上和实质上均符合宪法要求。首先，为了阻止危险技术的国际交易，联邦不仅需要依靠事后手段，更应在预备阶段及时发现危险。目前，可采取的措施手段无法满足此目的。《对外贸易法》第39条的监视授权并没有违反宪法赋予联邦的权限规定。在对外贸易领域，联邦拥有专属立法权，依法可以设立独立的联邦高等行政机关来处理联邦立法权限内的事务。其次，争议法条并未违背明确性要求。依据《对外贸易法》第39条第2款第1句第1项以及第3款，足以确定何时可以实施监视措施。正如法条表述的那样，只有存在“事实”或者“事实依据”，且足以证明行为人计划实施《对外贸易法》或《战争武器管制法》里的重大犯罪行为(Straftaten von erheblicher Bedeutung)或者使用了特定的远程线路，方可启动监视措施。前述事实依据源自国外线索或者联邦情报局的国外侦查活动，并非海关刑事局通过监视措施获得。监视措施不会“盲目地”或“仅基于怀疑”得以启动。而且，法官可以提前介入，对措施的合法性进行审查，特别是不确定法律概念是否适用准确。

本案为典型的抽象规范审查，不牵涉个案纠纷。联邦宪法法院仅就争议法条是否满足宪法要求进行抽象审查。审查对象为《对外贸易法》第39条、第40条以及第41条。关键争议点集中于以下两点:(1)《对外贸易法》的监视授权是否违背了联邦和州的分权规则?(2)授权规范是否触犯了《基本法》第10条有关通信秘密的保障内容?

《基本法》第10条规定:

(1)书信秘密、邮件秘密和电信秘密不可侵犯。

(2)对前款的限制必须以法律为基础。如果该限制是为了保护自由民主基本秩序或联邦和州的存续与安全,法律可规定不告知相对人该限制,并由人民代表所确定的机关及辅助组织的核查代替法律途径。

裁判要旨

1.《对外贸易法》的授权并未违背联邦与州的分权规则。联邦可以在《基本法》第 87 条第 1 款第 2 句规定的中央机构设置权和《基本法》第 87 条第 3 款第 1 句规定的独立联邦高等机关设置权之间进行选择。

2.《对外贸易法》第 39 条、第 40 条和第 41 条与《基本法》第 10 条相抵触。在预防犯罪领域,针对《基本法》第 10 条第 1 款的限制规范与危险预防领域和追索犯罪领域的授权规范一样,受到法治国原则的同等约束。限制规范应满足规范明确性和规范清晰性的双重要求。《对外贸易法》第 39 条第 1 款、第 2 款为预防犯罪作出的监视书信、邮件和远程通信之授权,以及该法第 41 条第 2 款作出的处理、传递因其他目的获得的与个人相关数据之授权,并不符合前述宪法要求。

裁判理由与论证

一、授权争议

争议一牵涉两个小问题:(1)在对外贸易领域,联邦是否拥有预防犯罪的行政管理权?(2)联邦能否为此设立单独的联邦高等机关?

1. 授权权限

州政府认为,《对外贸易法》第39条授予海关刑事局的监视权涉及实质警察权。此规定触及了各州在刑事执法领域的一般权限。联邦政府则认为,此权限属于联邦的专属立法权事务。

针对此争议,联邦宪法法院首先依据《基本法》第73条第5款,明确了联邦在外贸和外贸支付领域的专属立法权(ausschließliche Gesetzgebung)。基于外贸交易过程的整体性和两者的事实关联,联邦宪法法院认为,联邦也当然享有对外贸易的管理权限(参见《对外贸易法》第18条及以下相关法条)。如果排除此项事务的管理权,将必然导致联邦无法有效管理被授予的事务。因此,联邦介入各州的权限领域也是不可避免的(unerlässlich)。[①] 本案中,对外贸易领域内的商品、服务和资本的交易往来层层相联,单独制定规范并不利于《对外贸易法》立法目的的实现。依据《对外贸易法》第7条第1款,合法限制对外贸易往来有助于联邦德国的安全保障,使人民的和平生活以及联邦德国的对外关系免遭破坏。如果由不同的行政机构分别管理商品贸易和服务往来,将会造成巨大的效率损失。

另外,《基本法》第73条第5款的立法权限,也包含了对外贸易中的预防性警察措施,以及为了预防《对外贸易法》第39条所指刑事犯罪的特别规范。[②] 这些规范没有触及各州在警察法和刑事执法领域所享有的一般权限。立法者也充分考虑了联邦和各州之间的权限分配不会因为联邦专属权的解释而遭到破坏。[③]《对外贸易法》第39条第1款赋予海关刑事局的职权范围只是《对外贸易法》

① Vgl. BVerfGE 98, 265 (299).

② Vgl. BVerfGE 33, 52 (63 f.); BVerfGE 8, 143 (149); 97, 198 (222).

③ Vgl. BVerfGE 100, 313 (368).

和《战争武器管制法》直接管辖的领域。此外,《对外贸易法》第 39 条第 2 款第 1 句第 1 项提到的,联邦依据《战争武器管制法》享有打击犯罪的权限源于《基本法》第 26 条第 2 款。

2. 授权方式

联邦宪法法院认为,《对外贸易法》第 39 条的授权方式也并不违宪。

首先,《基本法》第 87 条第 3 款第 1 句蕴含了一项权限规则,赋予了联邦额外的行政权限,即《基本法》第 83 条意义上的"授权他人"。① 据此,联邦可以授权海关刑事局作为独立的联邦高等机关承担《对外贸易法》第 39 条第 1 款所涉任务。《财政法》(1992 年版)第 1 条第 2 款将海关刑事局列为联邦财政部下属的、独立的联邦高等机关。此类行政机关的设立是为了管理整个联邦领土范围内的事务。联邦高等机关通常没有中间机关和次级机关,也无须求助于各州行政机关——纯粹的行政协助除外。《基本法》第 87 条第 3 款第 1 句为联邦创设此类行政机关设置了限制,因为只有某些事务适合集中管理。②

《对外贸易法》第 39 条第 1 款授予海关刑事局的权限范围满足《基本法》第 87 条第 3 款第 1 句的要求。依据《对外贸易法》,为了防止刑事犯罪,可以独立地对通信进行集中监控。各州现有的行政权限不会因此被取代。根据《财政法》(1992 年版)第 5a 条的规定,海关刑事局的设立是为了支持各海关调查局的工作。它的职责在于协调和指导他们的调查,同时不影响各州的行动。有限的指令权限并不等同于创建行政下级机关或设立分支机关。只有当海关调查办公室无法独立完成《税法》第 386 条第 2 款所涉调查时,海关刑

① Vgl. BVerfGE 14, 197 (210); 104, 238 (247).

② Vgl. BVerfGE 14, 197 (211).

事局方有权发布专业指令。它并不享有监督权。由于有限的指导权,海关刑事局事实上并未纳入联邦财政机关的建制中。此类指令权限与联邦高等机关的概念界定并不天然矛盾。指令并非定义海关刑事局活动的关键特征,而只是它在个案中实施职权的一种手段。本案不存在取代各州权限的危险,也不存在通过创设事实上的下属机关来规避《基本法》第87条第3款第1句的限制效果。

其次,依据《基本法》第87条第1款第2句,联邦享有一定的创设选择权。设立中央机构只是选择之一。与《基本法》第八章的其他规定一样,在保证各州权限的同时,《基本法》第87条旨在保障联邦法律的有效实施以及联邦行政机构的有效建设。《基本法》第87条不仅要确保各州的权限利益得以遵守,而且应确保联邦政府合法的机构建制得以有效实现。为此,《基本法》第87条为联邦提供了不同的设立选项。如果承认《基本法》第87条第3款第1句相对于第87条第1款的从属性,[①]那么联邦的选择权将受到限缩。第3款中“此外”一词的使用无法推导出此结论。[②]“此外”一词与《基本法》第87条前两款所列情形一样,涉及联邦的自行管理事务(bundeseigene Verwaltung)。[③] 这并不意味着联邦需要穷尽其他选

---

① 《基本法》第87条至第91条规定了联邦的直接行政事务。联邦可以在此权限范围通过自设的行政机关或直属公法机构和组织执行法律。《基本法》第87条赋予了联邦不同的创设选择权。本案中,州政府认为,因为“此外”一词的表述,《基本法》第87条第3款在第87条的规范体系中具有从属特征。应穷尽前两款选择,方可适用第3款。部分学者也持同样观点。Vgl. Armin Dittmann, Die Bundesverwaltung, 1983, S. 252 f.; Georg Hermes, in: Horst Dreier (Hrsg.), Grundgesetz, Band Ⅲ, 2000, Art. 87 Rn. 72; Peter Lerche, in: Theodor Maunz/Günter Dürig (Hrsg.), Grundgesetz, 1992, Art. 87 Rn. 170, 175; Michael Sachs, in: Michael Sachs (Hrsg.), Grundgesetz, 3. Aufl., 2003, Art. 87 Rn. 78.

② Vgl. Peter Lerche, in: Theodor Maunz/Günter Dürig (Hrsg.), Grundgesetz, 1992, Rn. 170.

③ Vgl. BVerfGE 14, 197 (210).

择方可适用第 3 款。如果为了有效地履行职责,比起《基本法》第 87 条第 1 款的规定,联邦更倾向于选择《基本法》第 87 条第 3 款第 1 句提到的组织形式,此做法并不违宪。

因此,联邦不必局限于《基本法》第 87 条第 1 款第 2 句的规定,将海关刑事局设置为中央机构。如果设立仅承担协调职责的中央机构无法满足任务需求,联邦可以依据《基本法》第 87 条第 3 款第 1 句选择设立独立的联邦高等机关。为了防止对外贸易中的刑事犯罪并进一步保障德国安全,设立一个不限于协调任务的联邦机关不合时宜的说法既不存在也非显而易见。

联邦宪法法院还认为,从法条的发展历史来看,尤其是 1949 年 4 月 14 日西方盟军总督的“警察信函”一案,[①]《基本法》第 87 条第 3 款第 1 句所包含的权限并未被排除在联邦的警察权限范围之外。法条诞生时的历史背景已不复存在,由此也只能推断,联邦的警察权应明确限制在有利于各州的范围内。但仅凭这一点,并不能确定《基本法》第 87 条第 1 款第 2 句是否限制了《基本法》第 87 条第 3 款的适用。

此外,联邦宪法法院还审查了授权是否符合联邦忠诚原则(Das Grundsatz der Bundestreue)。[②] 依据此原则,联邦在行使职权时,有义务将各州纳入考量。但是,联邦行使基本法授权的行为本身并不必然违背此项义务;除非他滥用了授权。[③] 此行为原则在本质上处于附属地位,只有在具体的法律关系或者具体的法律义务中方能发

---

① Vgl. Eckart Werthebach/Bernadette Droste, in: Bonner Kommentar Grundgesetz, 1998, Art. 73 Nr. 10 Rn. 10.

② 这一原则要求联邦和各州采取行动时应维护国家的整体利益,要求其在行使权力时考虑其他参与者的合法利益。此项原则旨在避免联邦和州向公民提出相互矛盾的要求。

③ Vgl. BVerfGE 104, 249 (269 f.); 106, 1 (27).

挥作用。[①] 因此,需要明确各州的具体法律地位,才能从联邦忠诚原则中推导出法律后果。[②] 本案不存在此类情形。

二、通信秘密的基本权保障

争议二是本案的论证核心,即《对外贸易法》第39条等法条是否触犯了《基本法》第10条的通信秘密权?联邦宪法法院重点审查了《对外贸易法》第39条和第41条。其论证思路主要围绕一个问题:授权规范是否明确清晰?

1. 保护范围

联邦宪法法院首先明确了《基本法》第10条的保护范围。《基本法》第10条第1款设置了一项防御权,以防止通信被拆开检阅,[③] 通信内容被监听、获悉和展示,通信环境被调查,内容被评估,以及个人数据被搜集使用。[④]《基本法》第10条第1款的保护内容排除了《基本法》第2条第1款一般基本权利的适用。[⑤]《基本法》第10条第1款保障公民通过不公开的私人交流,自由地发展自我人格,由此进一步保障人格尊严。[⑥] 获取和监听通信内容会对该项权利造成侵害。侵害的严重性还体现在,由于指令程序(Anordnungsverfahren)的保密性,相关人无法参与其中。

《对外贸易法》第39条等法条授予了海关刑事局一定的监视权限。这无疑侵犯了《基本法》第10条有关通信秘密的保护范围。但授权本身并不必然导致授权违宪。此处存在犯罪预防和基本权利保障的法益冲突权衡。因此,合宪性审查的关键点在于:侵害措施

① Vgl. BVerfGE 104, 238 (247 f.).
② Vgl. BVerfGE 95, 250 (266); 103, 81 (88); 104, 238 (248).
③ Vgl. BVerfGE 67, 157 (171 f.).
④ Vgl. BVerfGE 100, 313 (358 ff.); 106, 28 (37).
⑤ Vgl. BVerfGE 67, 157 (171); 100, 313 (358).
⑥ Vgl. BVerfGE 67, 157 (171).

是否受到合法限制。

2. 审查标准

与涉及个案的具体宪法诉愿不同，本案针对的是抽象规范的违宪审查，因此审查标准也与前者有所区别。对此，联邦宪法法院从法治国原则中推导出了规范明确性和规范清晰性的双重原则。换言之，规范是否合宪，关键是考查规范内容本身是否明确、清晰。在对具体法条进行审查之前，联邦宪法法院先从四个层面明确了审查方向。

（1）规范的明确性和清晰性要求

判决中，联邦宪法法院就规范明确性和清晰性要求进行了详尽解释，这是本案的核心。何种程度的规范是明确、清晰的？如何将抽象原则具化为可操作的审查标准？这些问题是联邦宪法法院在此案中需要面对的难点。对此，联邦宪法法院认为，在“人口普查第二案”中发展起来的《基本法》第 2 条第 1 款和第 1 条第 1 款的标准规则，[①]原则上也可用于第 10 条的特别保障。侵害的动机、目的以及界限必须在授权中以特定、精确和标准化的方式呈现。[②] 这是为了确保：①相关公民能够据此调整自我行为；②执法机构能够发现调整和限制其活动的行为标准；③法院能够依此标准实施司法审查。由此，联邦宪法法院分别从相关人、行政机关和法院的角度对明确性和清晰性要求的目的导向进行了阐释。

第一，公民的可预测性。明确性和清晰性要求意味着相关人能够依据法律规定识别相应法律情形，并依此调整自己的行为。联邦宪法法院认为，如果法律状况评估的不确定性会阻碍基本权利的实现，立法者理应提高规范的明确性和清晰性要求。如果规范的实际

---

① Vgl. BVerfGE 65, 1 (44 ff., 54).

② Vgl. BVerfGE 100, 313 (359 et seq., 372).

意义需要结合不同规范领域的法条进行理解,立法者也必须确保在规范交互影响的过程中法条内容的清晰性和法律后果的可预测性。[①] 在本案中,明确性要求意味着相关人依据法条足以识别,因何种原因以及在何种条件下,他将面临被监视的风险。监视要件的明确性——以及限制要件的明确性——应便于对具体行为要件不熟悉的相对人理解。对于非相对人和会被偶然影响的第三人而言,只要法条能以基本的、可理解的方式描述监视要件即可。

第二,行政机关的行为标准。明确性和清晰性要求也旨在约束行政机关,并从内容、目的和范围方面限制其行为。[②] 规范应为裁量决定提供足够清晰的标准。有关公民自由的限制决定不得由行政机关单方面自行裁量。[③] 法律可以对行政机关的权衡空间起到限制功能,以保证国家的行为合法,从而保护公民的自由免受国家侵害。对于行政机关的约束在监视措施中尤为重要,因为相关人通常未意识到被监视。这尤其适用于对国家监视不知情并因此无法保护自己私人领域免受窥探的无关第三人。

第三,法院的审查标准。规范的明确性和清晰性也有助于法院根据法定标准对行政机关进行审查。这对于公民保障尤为重要。当公民因为措施的保密性被排除在外,无法维护自身权利时,法院也能在措施实施之前或措施执行过程中对其进行审核。

(2)过度禁止原则

如果规范不够明确清晰,也会违背宪法上的过度禁止原则(Übermaßverbot,也译作合比例原则)。法律对规范目的和实际适用情形的要求描述得越模糊,就越难评估监视措施的适宜性和必要

① Vgl. BVerfGE 108, 52 (75).

② Vgl. BVerfGE 56, 1 (12).

③ Vgl. BVerfGE 78, 214 (226).

性。更关键的是,事实要件的不确定性将会产生一定风险,造成公共利益追求和公民利益损害之间的比例失衡。在权衡过程中,法益受到威胁的危险程度评估至关重要。评估的前提不仅要求明确哪类法益会受到威胁,还要求明确哪些危险行为会造成威胁。

(3)目的无法单独正当化侵害措施

授权明确且清晰的具体要求取决于侵害的类型和程度。这依赖于规定措施的类型及其对公民产生的影响。措施基于何种目的,是危险预防或是危险避免,不影响有关措施侵害范围的判断。立法者拥有不同的选择,依据待履行的任务来正当化侵害要件和侵害实施。在追索犯罪时,他可以基于对已实施犯罪行为的怀疑;或者在危险预防(Gefahrenabwehr)情形中基于危险(Gefahr);或者基于破坏性结果即将发生的推断事实。如果立法者致力于预防犯罪或为了追索未来可能会发生的犯罪而采取预防措施,则前述的关联可能性将不再适用。然而,仅凭这一点并不能阻止立法者在执行此类任务时,对《基本法》第10条第1款的基本权利形成侵害。但授权规范应满足明确性要求。这类授权需要包含行动界限的要件特征,从而为侵害设置可预测以及可审查的标准,以满足危险预防和追索犯罪应遵循的法治国原则。

(4)不确定法律概念的使用

为防止犯罪,监视授权可能与犯罪的预备事实相关联。原则上,宪法并没有禁止立法者在描述动机和犯罪预防的前提条件时,使用不确定法律概念。此类概念的解释必要性与明确性要求并不冲突,只要解释可以运用法学方法得以完成,①并且概念适用产生的不确定性没有对行政行为的可预测性和可诉性造成威胁即可。②

---

① Vgl. BVerfGE 31, 255 (264); 83, 130 (145).

② Vgl. BVerfGE 21, 73 (79 f.).

只要规范整体符合法治国原则中的清晰性以及可诉性要求，立法者也可以在关联法条中使用更多的不确定法律概念。[①] 如果一项措施须援引多条包含不确定法律概念的法条，明确性要求的保护力不能因为此类概念的聚合而得以弱化。

从前述分析可以得知，规范的合宪性审查主要考查争议法条是否明确清晰。本案中，联邦宪法法院的论证以法条的理解难易度为出发点，围绕规范构成要件、限制要件、规范技术等多个审查点展开。由于《对外贸易法》第39条和第41条涉及不同的侵害措施，因此，联邦宪法法院对前述法条分别进行了审查论证。

三、《对外贸易法》第39条的违宪审查

《对外贸易法》第39条第1款规定海关刑事局可根据《对外贸易法》和《战争武器管制法》打击犯罪，并可基于此目的对通信往来进行监控。《对外贸易法》第39条第2款第1句规定，当禁令所涉人员计划实施明确的、重大犯罪行为时，海关刑事局可发布相应指令。此项措施也可能包含第三人。[②]

联邦宪法法院认为，《对外贸易法》第39条规定的监视措施对《基本法》第10条第1款的基本权造成了严重的、有针对性的人身性侵害。因为侵害发生在犯罪预备阶段，此时并不存在已完成的或已实现的犯罪行为。这引发了巨大的正当性风险。监视措施也可能牵涉在事后证明并不违法的行为。但是，《对外贸易法》第39条并没有以符合法治国原则的方式消除此风险。不同要件特征的相互作用、其他法条的大量援引以及立法者所选择的规范技术使争议法条不够明确、清晰。“重大犯罪行为”的限制要件也没有解决前述问题。

---

① Vgl. BVerfGE 31, 255 (264).

② 参见《对外贸易法》第39条第2款第1句第2项、第3项以及第3款第2句。

1. 预备要件

监视措施实施于犯罪预备阶段,法条应明确预备的开始和结束。但是,《对外贸易法》第 39 条对此规定得很模糊,导致海关刑事局的工作陷入极大的不确定性中。

第一,预备开始的确认。在事实要件方面,犯罪预防的授权明显区别于《刑事诉讼法典》(StPO)第 100a 款的授权。后者以犯罪行为的发生、犯罪未遂、犯罪准备以及在过去已经发生或至少已经部分发生的事实行为为前提。本案授权则不一定针对已经发生的事件,存在预备行为即可。监视措施并不需要基于确信的预备事实,“假设”(Annahme)足矣。由此,《对外贸易法》第 39 条第 2 款第 1 句第 1 项仅要求海关刑事局对未来发展有一定的预测。事件本质上还只存在于潜在罪犯的想象世界里。对于追索犯罪,犯罪构成要件所描述的行为要件至关重要。当侵害在预备阶段提前介入时,行政机关通常只能通过混乱的线索、难以理解的细节去认识可能发生的犯罪。在此阶段,很难用犯罪构成要件去界定重大事实,从中推断出预备犯罪的证据。事实的确认和预测与预判相关联。预判既牵涉后续发展情况,也牵涉确认事实尚未发生的刑法意义。《对外贸易法》中的危险要件和准备要件牵涉甚广。这使后续发展的确认变得十分困难。从事实和法律层面来看,侵害很可能转移到行为的叠加领域。在此领域,行为可能会发展为违法行为,也可能不会。

海关刑事局可以通过获得的信息,依据案件情形得出下列假设,即预备可能牵涉明确的犯罪行为,也可能有多种其他发展可能。这些可能性满足多样的、不同的犯罪构成要件。这也扩展了与犯罪预备假设相关的实际事件的范围。由于单个事实要件的特征尚未实现,事实情况中单个行为状态的意义通常会高度矛盾。观察到的活动可能没有危害,也可能成为犯罪过程的开端。因此,作为调查机关的海关刑事局必须在相当大的不确定性下工作。这些不确定性比治安机关通常的工作情况更复杂。尽管前述机关的工作人员具备专业知识和专业经验,但这种不确定性也无法得以消除。在这种困境中,海关刑事局要么会忽视重要事实,从而无法完成职责;要么会依据过弱的证据实施监视措施,而这些证据尚不足以正当化监视措施造成的基本权侵害。

第二,预备结束的确认。相比之下,预备阶段何时结束的问题更易回答。规范的目的在于防止犯罪。只要预备尚未结束,就有预防的理由。这意味着,《对外贸易法》第 39 条的预防措施和犯罪追索措施之间可能存在重叠,以至于"预备"已经转化成犯罪行为,但针对合法权益的侵害尚未结束,因此预防措施可能继续有意义。这并不构成任何明确性的问题。

2. 授权的限缩

规范应限缩监视措施的授权。联邦宪法法院认为,犯罪尚处于预备阶段,刑法设置的犯罪构成要件对前述行为的限制很小。规范理应限缩授权以弥补这一缺失,从而将错判风险控制在基本权利可以接受的范围。《对外贸易法》第 39 条并没有就预备要件进行明确的限缩。

第一,预备定义的限缩。《对外贸易法》第 39 条第 1 款和第 2 款中的预备定义没有明确包含限缩。然而,限缩仍可以在解释过程中获悉,只要对事实基础的安全性以及基本权利侵害强度的正当化所需的概率程度提出要求。犯罪预备牵涉的法益越重要,可能受到的损害越严重,犯罪预备的可能性推断就越低,怀疑的事实基础就越不可靠。[①] 立法者在《对外贸易法》第 39 条第 3 款第 1 句采纳了

① Vgl. BVerfGE 100, 313 (392).

前述观点,并规定该措施须与需要澄清的事实的重要性相称。但是,在提及比例原则时,立法者并没有作出进一步的规定,该法条因而没有产生额外的限缩作用。

第二,事实要件。争议法条还要求,犯罪预备的假设应基于"事实"(Tatsachen)。这一事实要求说明,单纯的猜测是不够的。事实还须进一步证明,预备犯罪的假设是合理的。这要求参照一定的经验法则,而这些经验法则足以证明监视措施的启动可能性。

第三,事实依据要件。依据《对外贸易法》第 39 条第 2 款第 1 句第 2 项,海关刑事局也可以对个人或嫌疑人所服务的组织采取措施。前提是"有事实依据证明嫌疑人参与了通信往来或者使用了通信联系"①。法院判决有时认为"事实依据"(tatsächlichen Anhaltspunkte)的要件标准不如"事实"严格。② 在本案并不存在这样的区分理解。对于《对外贸易法》第 39 条第 2 款第 1 句第 2 项以及第 2 句规定的第三人要求,猜测或意义不大的事实依据是不够的。因此,只有当事实能够得出足够可靠的结论,证明嫌疑人参与了第三方的通信往来或者使用了他的通信线路,《对外贸易法》第 39 条第 2 款第 2 句才满足宪法要求。这种限制可以通过解释实现,因此,在这方面不会产生针对明确性的疑虑。

3. 规范技术

立法者选择的规范技术也导致了法条的不确定性。《对外贸易法》采用了自我援引和转引刑法规范的立法技巧,使所涉事实要件分散程度高,且需要交叉适用。行政机关和法院可以提取大量不同的事实要件,部分要件可以适用于不同的情况,这影响了规范的清晰度。因为,这些要件涉及预备阶段的犯罪行为及其要件特征,行

---

① 《对外贸易法》第 39 条第 2 款第 2 句。

② Vgl. SächsVerfGH, LKV 1996, S. 273 (284).

为要件存在多种的、多可能的不同组合,这将加剧法条适用的错误风险。

第一,援引和转引。《对外贸易法》第39条第2款援引了《对外贸易法》和《战争武器管制法》的规定,这些被引用规定又进一步援引了刑法规范、治安违法要件、欧盟条例附件和许可要件。《对外贸易法》第39条第2款第1句第1项援引了本法第34条第2款,此引用还牵涉本法第33条第1款、第4款、第5款内容。其中,第33条第1款以及第34条第2款所列举的前提条件还与《对外贸易条例》中的违法要件相关。《对外贸易法》第33条第1款指向了本法第2~7条以及《对外贸易条例》第70条第1款的规定,后者还涉及同一条例中的其他规定。《对外贸易法》第33条第4款与《对外贸易条例》第70条下列多个条款相关,甚至还进一步牵涉欧盟法规的大量规定。此外,《对外贸易法》第34条第4款未明确引用的本法的禁止性规定,依据前法颁布的欧盟条例以及欧盟法律行为均牵涉其中,只要它们旨在实施联合国安理会通过的经济制裁措施,并已在联邦法律公报或者联邦报纸上公布。《对外贸易法》第33条第5款涉及本法以及《对外贸易条例》中有关许可要求的不同规定,并进一步关联本法第26条、第26a条和《对外贸易条例》第70条第4款、第5款、第6款以及其他规定。《对外贸易法》第44条和第46条第1~3款中有关制裁的询问义务和进一步的合作义务也得以援引。

前述援引技术增加了识别相关犯罪事实以及明确定位事实要件的难度。在预备阶段实施监视措施,特别是在时间压力下采取行动,缺失清晰的规范会造成极大的风险。行为人无法充分证明观察到的证据是否会指向具体的犯罪要件。更难以确定的还有规范要件中的事实依据,如果该规范既援引了治安违法要件,又进一步要求该行为须满足刑事犯罪的要求(《对外贸易法》第34条第2款)。

规范模糊也和引用的法律依据相关。一些被援引法条自身的内容就难以掌握，如引用附件、许可或是部分欧盟法规。举个例子，《对外贸易条例》第70条第5e款援引了欧盟委员会于2000年5月22日颁布的欧盟条例第1081/2000号（ABEG No. L 122 S. 29）中有关缅甸进出口的禁令。此条例在第4条授权欧盟委员会可以修改条例的附件Ⅱ。该附件列出了被冻结账户的持有人姓名。因此，不同的立法者均可以对此规范基础进行修改。援引联合国决议也会产生同样效果（《对外贸易法》第34条第4款）。例如，《对外贸易条例》第69g条援引了联合国安理会1997年10月8日第1132（1997）号和1998年6月4日第1171（1998）号决议。

第二，引用链。在复杂的规范上下文中，比起在侵害规范中列出所有的侵害前提，引用链可能更为可取。单一规范的归纳并不必然会提升规范的清晰度。但是，却有利于辨识哪些要件更为重要。然而，如果立法者只是通过——就像本案一样——更长的、跨越多阶层的、不同的、可变的引用链来锁定规范内容，而且这些引用链还会在同时间产生分支，呈现级联式特征，相关法律基础的实际识别会更加困难，审查过程因此会更易出错。在紧急情形中，行政机关和法院作出错误决策的危险也会增加。

第三，相对人的认识角度。对于作为规范相对人的公民而言，深层次的法条援引也不便于识别侵害措施的法律依据。部分学者认为，明确的规范须保证相关人能独自从侵害规范中获知，他的信息自决权原则上可能会受到哪些侵害。① 宪法虽然没有采取如此严

① Vgl. Johann Bizer, Forschungsfreiheit und informationelle Selbstbestimmung, 1992, S. 174 f.; Erhard Denninger, in: Helmut Bäumler (Hrsg.), Polizei und Datenschutz, 1999, S. 16 f.; Christoph Gusy, Polizeiarbeit zwischen Gefahrenabwehr und Strafverfolgung, StV 1993, S. 269 (274).

格的要求,但是,如果借助援引技术——像本案一样——专家也可能耗费合理努力才能识别侵害的所有前提条件,那么,这些会影响公民权利的规范就尚未达到明确性要求。

4. 援引类型

另外,规范的明确性也会因为单独的引用类型受损。争议法条援引的部分刑法规范还牵涉未经批准行为(ungenehmigtes Handeln)。比如,《对外贸易法》第33条第1款(第34条第2款)、第34条第1款、第4款和第8款,《战争武器管制法》第22a条第1款第4项、第5项、第7项,《对外贸易法》以及《对外贸易条例》第70条。干预条款(Eingriffsnorm)在很大程度上间接具备行政依赖性(verwaltungsakzessorisch)。[①]

如果法律或条例充分规定了行政批准的颁发要求,那么从明确性要求来看,刑罚依赖于行政批准前提的做法也无可厚非。[②] 但是,批准的颁发却存在可预见的判断余地和裁量空间,特别是在《对外贸易法》第3条第1款和第2款的情形中。海关刑事局通常不会知晓批准是否存在。因为批准机关拥有巨大的判断余地,海关刑事局只能以极度不确定的方式判断一项活动是否可以获得批准,并且是否最终获得批准。这将导致一个特殊问题:出口满足批准条件,但批准——无论出于何种原因——尚未通过。主流观点认为,这不会导致任何刑罚豁免效果。[③]

《对外贸易法》第34条第8款也可能导致规范的不清晰性。依据该条款,任何以不正当方式获得批准的人可以在未经批准的情况

---

① Vgl. Klaus John, in: Harald Hohmann/Klaus John, Ausfuhrrecht, 2002, § 34 AWG Rn. 122.

② Vgl. BVerfGE 75, 329 (343 ff.); 78, 374 (383 ff., 387).

③ Vgl. Klaus John, in: Harald Hohmann/Klaus John, Ausfuhrrecht, 2002, § 34 AWG Rn. 144.

下采取行动。这使个案中的监视决定可能依赖于额外的判断因素。

5.“重大犯罪行为”

此外,《对外贸易法》第39条第2款第1句第1项设置的“重大犯罪行为”要件,并没有消除或减缓前期调查授权的不明确性。

“重大犯罪行为”要件——就其各自的背景而言——在联邦宪法法院判决中,萨克森州宪法法院判决中以及勃兰登堡州宪法法院判决中被认为是充分明确的。[①] 此要件常见于大量的警察法规定和刑事诉讼法规定。[②] 然而,该要件在《对外贸易法》第39条第2款第1句第1项中的适用却不同于警察法和刑事诉讼法的通常做法。通常,此要件会附带范例(Regelbeispiele)说明或作为枚举展示的犯罪构成的上位概念出现。[③] 相比之下,《对外贸易法》第39条第2款第1句第1项只补充了封闭式的犯罪目录,没有使用范例对该要件进行进一步的说明。在描述相关犯罪时,“重大犯罪行为”会对干预前提形成额外的限制作用。但是,前述要件无益于引用链的进一步明确,因此也无法弥补援引技术的不足。

6. 界定标准

重大犯罪行为要件需要对具体的预备行为进行评估。此处更应追问的是,该以何种标准去界定“重大”？除参考各州警察法

---

① 参见联邦宪法法院判决:BVerfGE 107, 299 (321 f.); BVerfG, 3. Kammer des Zweiten Senats, BVerfGE 103, 21 (33 f.); NJW 2001, S. 2320 (2321); 萨克森宪法法院判决:LKV 1996, S. 273 (283 f.), zu §36 Abs. 1, §39 Abs. 1 Nr. 2 Buchstabe a SächsPolG; 勃兰登堡州宪法法院判决:LKV 1999, S. 450 (452), zu §33 Abs. 1 Satz 1 Nr. 2 BbgPolG。

② Vgl. Michael Lindemann, Die Straftat von erheblicher Bedeutung, KJ 2000, S. 86.

③ 参见《巴伐利亚州警察任务、职权法》(Gesetz Über die Aufgaben und Befugnisse der Bagerischen Polizei)第30条第5款;《德国北威州警察法》第8条第3款;《刑事诉讼法典》第81g条第1款和第100g条第1款第1句;《汉堡警方数据处理法》第1条第4款。

外,立法论证并没有提及如何理解前述要件特征;[①]它仅指出严重性构成“监视措施的事实前提”(tatbestandliche Voraussetzung der Überwachungsmaßnahme)。这表明了一种自我限制的功能。法律评鉴称此为要件特征的独立意义。[②] 简单法(das einfache Recht)认为前述要件特征具有限制侵害的独立意义。

然而,该要件仅能对预备阶段的侵害措施形成有限的限制,因为初始行为的事实基础十分薄弱,据此无法对具体的预备犯罪的严重性进行持续可靠的判断。规范仅要求事实证明相关的假设是正确的。因此,推定证据足矣。这些推定证据必须证明具体犯罪行为的严重性,从而限缩诱因行为的范围。但是,争议法条却没有对推定证据提出要求。

7. 不确定的要件要素

授权规范还可能违背规范明确性要求,因为它使用了不确定的要件要素。争议法条对此也没有提供更为详尽的解释。例如,《对外贸易法》第39条第2款第1句引用了本法第34条第2款,后者又通过本法第33条援引了《对外贸易条例》。该条例规定,当联邦德国的外部安全、人民的和平共处或联邦德国的外交关系受到严重威胁时,该措施是适当的。此时,只要满足违法性要件(Ordnungswidrigkeitentatbeständen)即可。

无论如何,使用外交关系受到严重威胁的措辞在宪法上是有问题的。从语义来看,这一说法涵盖内容广泛,并且包括所有对联邦德国与他国或政府间组织之间的关系而言,特别是对外交政策制定

① Vgl. BTDrucks 12/1134, S. 10.

② Vgl. Ernst Hocke u. a., Außenwirtschaftsrecht, 1998, § 39 AWG Anm. 3; Klaus Ricke, in: Klaus Bieneck (Hrsg.), Handbuch des Außenwirtschaftsrechts, 1998, § 25 AWG Rn. 17; vgl. auch Hund: Überwachungsstaat auf dem Vormarsch-Rechtsstaat auf dem Rückzug, NJW 1992, S. 2118 (2121).

而言,相当重要的事实。[①] 从一般语义理解,在特定的规定背景下,这些事实可能也包括政治的、经济的以及文化的交流。[②] 尽管前述表达集中于联邦层面,《对外贸易法》第 34 条第 2 款第 3 项框架中的要件在实际中却由此扩展到众多无法想象的关系领域。这样一来,监视措施的动因也可能变得无穷无尽。

8. 程序保障

《对外贸易法》第 39 条第 4 款、第 40 条的程序性保障也未能弥补规范本身的明确性缺陷。如果存在一个规范化的、可诉的、可审查的司法程序就关键性决策因素和法律概念的适用进行审核,也可以弥补实体规范的法治缺陷。[③] 但是程序保障,特别是司法保障,无法让总体模糊的规范变得清晰。目前尚不清楚,本案中立法者规定的程序保障应如何在可预测性缺陷和可诉性之间进行平衡。

《对外贸易法》第 40 条第 2 款和第 3 款规定了法官的审查权和决策权。虽然法官的专业知识可以简化法条援引技术的难度,但是,如果监视仅依据单纯的预备行为作出,法官也无法确定审查标准。法院的审查受到法条的主宰,州法院的信息只源于海关刑事局,法院的任务集中于结论审查。审查必须容忍海关刑事局无法评估的事实部分。由此,前述规范缺陷也可能延伸至司法审查阶段。

四、《对外贸易法》第 41 条的违宪审查

《对外贸易法》第 41 条第 2 款进一步规定了监视数据的使用和处理。据此,海关刑事局可基于预防或调查其他犯罪之目的,再度使用数据,并有权传送给《联邦数据保护法》(Das deutsche Bundesdatenschutzgesetz,BDSG)第 2 条第 1 款和第 2 款规定的公共

---

① Vgl. BVerfGE 100, 313 (368), zu Art. 73 Nr. 1 GG.

② Vgl. Ernst Hocke u. a., Außenwirtschaftsrecht, 2002, § 7 AWG Anm. 11.

③ Vgl. BVerfGE 33, 303 (341).

机构。联邦宪法法院认为,《基本法》第10条的保护范围可扩展至前述行为。目的改变需要法律授权。只有公共利益高于基本权利所保护之法益时,前述行为方可得以实施。新的使用目的必须符合数据接收机关的任务和权限,并尽量清晰地加以规定。此外,调查目的和新的使用目的不得相互矛盾。[①]《对外贸易法》第41条第2款并未满足上述要求。

1. 规范明确性审查

联邦宪法法院认为,数据传递和再度使用对《基本法》第10条的基本权利造成了额外侵害,[②]因此,数据传送也应符合宪法要求。[③] 授权规范必须明确侵害目的,遵守禁止过度原则,并保障程序合法。[④] 规范应特别明确数据处理的范围和使用目的。涉及嫌疑人或未预备犯罪第三方的数据处理更应遵守前述要求。此外,规范还应让相关人知晓数据收集的影响后果。[⑤]

首先,接收机构的明确性。规范需要明确指出或至少可以推导出接收机构的范围,并将数据传送限定在接受机构各自特定的职权领域中。联邦宪法法院认为,数据传送扩大了针对通信秘密的侵害强度。因为,新的机构介入导入了新的使用环境,从而扩大了侵害范围。海关刑事局的收集权限源于联邦在对外贸易领域的专属立法权,受到基本法的严格限制。但前述限制并不适用于作为接收者的其他联邦机构和各州机构。数据的使用目的发生了变化,也不再局限于对外贸易领域。因此,需要对此进行特别关注并通过明确清晰的规定,避免数据传送过程中可能对相关人权利造成的进一步侵

① Vgl. BVerfGE 65, 1 (46 ff., 61 f.); 100, 313 (360); 109, 279 (375 f.).

② Vgl. BVerfGE 100, 313 (360, 384).

③ Vgl. BVerfGE 100, 313 (359 f.).

④ Vgl. BVerfGE 65, 1 (46); 100, 313 (359 f., 389).

⑤ Vgl. BVerfGE 65, 1 (44), 62 f., 65.

害。对此,《对外贸易法》第 41 条第 2 款的规定并不清晰。刑法规范类别的限制以及怀疑事实的审查不足以达到使用目的清晰化、使用领域特定化之效果。况且,该法条也并未明确接收机构的范围。

其次,援引规范的明确性。《对外贸易法》第 41 条第 2 款援引本法第 39 条第 1 款以及 G10 第 3 条第 1 款和第 7 条第 1 ~4 款所述犯罪的做法导致了法条的不明确性。

第一,援引 G10。为了说明数据还可以额外用于哪些犯罪行为,《对外贸易法》第 41 条第 2 款援引了 G10 第 3 条第 1 款和第 7 条第 1 ~4 款。然而,G10 第 7 条第 1 款未提及任何刑法条款,只提到该法第 5 条第 1 款第 3 句所述的危险要件。此要件与《联邦情报局法》(Das Gesetz über den Bundesnachrichtendienst, BNDG) 第 12 条的报告义务相关,还牵涉一系列犯罪行为。对此,《对外贸易法》第 41 条第 2 款并没有作出进一步说明。G10 第 7 条第 2 款的情况类似。该条款就事实要件进行了描述,但没有列出相应的犯罪行为。G10 第 7 条第 2 款第 1 项还进一步援引了《联邦宪法保护法》(Gesetz über die Zusammenarbeit des Bundes und der Länder in Angelegenheiten des Verfassungsschutzes und über das Bundesamt für Verfassungsschutz, BVerfSchG) 第 3 条第 1 款第 1 项、第 3 项和第 4 项。犯罪行为在前述引用中仅处于次要地位。G10 第 7 条第 3 款在第 1 项中提到了对外贸易往来的合条例性(ordnungsrechtliche Aspekte),在第 2 项提到了出口许可的前提条件。由此来看,违反法律规定或者违反对外贸易条例——就《对外贸易法》第 34 条第 2 款而言——也可能构成犯罪。但具体指向何种犯罪,争议法条却缺乏清晰的内容表述。这些含糊不清的援引措辞使《对外贸易法》第 41 条第 2 款尚不足以达到明确性要求。

第二,援引《对外贸易法》第 39 条第 1 款。《对外贸易法》第 41

条第2款对第39条第1款的援引偏离了第39条的授权目的。《对外贸易法》第39条的数据收集权限必须同时满足第1款和第2款,因此第39条第2款第1句第1项提及的犯罪目录至关重要。相比之下,第41条第2款依照措辞只涉及第39条第1款,因此概括性地指向《对外贸易法》或《战争武器管制法》提及的所有犯罪行为。这使犯罪行为的范围非常广泛。有学者批评这一援引不够确定,提出应对此进行限制性解释(eine einschränkende Auslegung),将"援引本法第39条第1款"解读为"援引本法第39条第2款第1句第1项"。[①] 然而,这一解释显然与法律措辞相矛盾,也无法从立法材料中获得合理论证。[②]

此外,即使采用前述限制性解释,也不会令规范更为清晰。援引《对外贸易法》第39条第2款第1句第1项的犯罪目录会造成新的理解混乱。例如,在《对外贸易法》第39条第2款第1句第1项引用第34条第1~6款之际,G10第7条第4款第1句第1项b条目还额外援引了第34条第8款。虽然此处只涉及对"未经批准"(ohne Genehmigung)这一要件的法律阐释,但引用的非一致性却会导致不同的法律适用效果。再如,G10第7条第4款第1句第1项b条目概括引用了《战争武器管制法》第19~21条;相对地,《对外贸易法》第39条第2款第1句第1项仅援引了《战争武器管制法》第19条第1~3款以及第20条第1款和第2款内容。这一做法既未涵盖《战争武器管制法》第19条第4款和第5款以及第20条第3款中有关疏忽大意的情形,也未涵盖《战争武器管制法》第19条第6款和第20条第4款中的例外情形。

---

① Vgl. Ernst Hocke u. a., Außenwirtschaftsrecht, 2002, § 41 AWG Anm. 2; offenbar auch Fehn, a. a. O., Ausfuhrrecht, 2002, § 41 AWG Rn. 6.

② Vgl. BTDrucks 12/1134, S. 11.

综上所述，规范编排的不精准加剧了争议法条的模糊性，导致了援引与明确性要求不兼容的后果。针对法条缺陷进行的平衡性阐释很可能与所引用的法条意思大相径庭，以至于解释不再符合明确性的要求。

2. 传送目的与最初的收集目的不符

联邦宪法法院还认为，《对外贸易法》第 41 条第 2 款也没有确保数据传送目的与最初的收集目的保持一致。

依照宪法，数据的再次使用目的应足以作为初始收集目的的正当化理由。[①]《对外贸易法》第 41 条第 2 款设置的再使用目的与数据收集的原初目的未能保持一致，因为犯罪目录整体在持续性扩充。[②] 立法者并未注意到，海关刑事局的事前调查仅能依据对外贸易这一特殊事实得以正当化。基于《对外贸易法》第 39 条第 2 款第 1 句第 1 项的事实基础以及第 2 项和第 3 项确立的相对人范围，《对外贸易法》第 41 条第 2 款援引的众多犯罪活动都无法成为数据收集的动因。换言之，数据传输扩大了数据收集的初始范围，超出了先前设置的目的。

3. 过度禁止原则审查

此外，联邦宪法法院认为《对外贸易法》第 41 条第 2 款也触犯了过度禁止原则。

第一，数据传送措施的合目的性和必要性。由于接收机构的职责范围不确定，因此无法判断海关刑事局的数据传输行为对预设目的而言是否适合和必要。首先，在立法层面，没有法条规定海关刑事局的措施拥有优先权。其次，在预防犯罪时，海关刑事局可以依据《海关调查人员法》第 3 条第 5 款、第 4 条，在外贸相关的重要领

---

① Vgl. BVerfGE 100, 313 (360, 389); 109, 279 (375 f.).

② Vgl. BVerfGE 100, 313 (360).

域,影响海关缉私局的行动,并独立进行调查。此类措施应采用较为温和的手段,以防止扩大相关数据的知悉范围。由于数据传送不限于接收机构的职权范围,因此无法确定接收者的范围应保持多大,以及在此情形中是否存在更为温和的方法。

第二,数据传送措施的适当性和合理性。在适当性和合理性方面,规范也不够完善。立法者必须对启动传送程序的、正在进行或预备进行的犯罪行为进行界定,以确保措施所保护的法益足够重要,且足以证明继续监视的正当性。接收机构应在多大授权范围内使用数据?哪些数据是在犯罪预备阶段收集的?为了打击犯罪预备,哪些数据可以在接收机构的职范围内重新使用?规范对这些问题都缺乏明确的规定。

此外,规范也未区分嫌疑人的个人数据(《对外贸易法》第39条第2款第1句第1项)和第三人的个人数据(《对外贸易法》第39条第2款第1句第2项和第3项以及第3款第2句)。依据《对外贸易法》第39条第3款第2句,即使措施不可避免地会影响到第三方,海关刑事局也可以实施收集措施。根据法条措辞,这些牵涉第三方的个人数据也可在《对外贸易法》第41条第2款规定的目的框架内用于第四方,并可依此目的被进一步处理和传送。

第三,程序的合法性。从程序保障角度来看,争议法条没有就传送数据的标记义务(eine Pflicht zur Kennzeichnung)进行规范,[①] 也没有明确传送程序的记录义务,[②]记录仅存在于销毁阶段(《对外贸易法》第41条第3款第2句)。争议法条也未指定特定机构或法院对数据传送进行审查。这使法治国原则所要求的监督机制无法发挥必要的作用。

① Vgl. BVerfGE 100, 313 (360 f.).

② Vgl. BVerfGE 100, 313 (395 et seq.).

涉及的重大理论问题

一、规范审查程序

规范审查程序(Normenkontrollverfahren,或译作抽象规范审查程序)是德国特有的违宪审查程序之一。有学者认为,规范审查程序的制度成因主要源于德国联邦制、法官审查权以及宪法法院的规范集中审查权。① 借此程序,联邦宪法法院将审查争议法条与基本法的一致性问题。与牵涉个案的具体审查程序不同,规范审查程序关注法律体系内的客观规范秩序,以保障宪法秩序的统一性。下位法是否遵循了上位法规定,是联邦宪法法院的考量核心。根据导向结果的不同,审查主要分为两种形式:一是在个案中附带审查所涉法条的可适用性;二是直接审查争议法条的一般效力性。本案属于后者。

规范审查程序的法律依据为《基本法》第93条第1款第2项和第2a项以及《联邦宪法法院法》第13条第6项和第76~79条。相较于其他程序设置,规范审查程序主要有以下特征。

1. 启动前提

规范审查程序的启动不以个案存在为前提。这意味着,申请主体与争议并无直接的利害关系。《联邦宪法法院法》确立的申请主体为联邦政府、州政府以及1/4以上的联邦众议院议员。前述范围是封闭且固定的,不得以类推方式予以扩充。② 此界限设置旨在限定规范审查程序的受案范围,以避免累讼现象。

2. 审查对象

规范审查程序的审查对象为普遍适用的法律规范。空间上,审

---

① 参见柳健龙:《德国联邦宪法法院的抽象规范审查程序》,载《环球法律评论》2017年第5期。

② Vgl. BVerfGE 21, 52, Rn. 4.

查对象主要涵盖联邦法和州法。[①] 时间上,审查对象也不限于基本法实施之后的法律。法律的制定时间不影响其可审查性。

3. 审查理由

在个案情境中,宪法诉讼的可受理性(Zulässigkeit)通常指向基本权利的受损可能性(möglicher Eingriff des Grundrechts)。通常,联邦宪法法院会审查申请人是否为公权行为的相对人或受其负面影响的第三人,以及公权行为是否是需要正当化依据的侵害行为。与此不同,规范审查程序的可受理性主要体现在客观利益的释明(Klarstellung der objektiven Interessen),即客观上是否存在针对争议法条与宪法一致性问题的澄清必要。[②] 所谓的必要解释性并不以申请人的诉愿为准,而仅考量争议是否牵涉公共利益。如在本案中,联邦宪法法院认为,《对外贸易法》第39条等法条的监视授权可能造成《基本法》第10条的通信秘密基本权受损,因此,需要对此权限瑕疵提前进行审查。虽然州政府在后续诉讼程序中,撤回了针对《对外贸易法》第41条的违宪审查申请,联邦宪法法院仍旧将其纳入了审查范围。因为,个人数据的收集条款和使用条款存在紧密联系。数据收集因为之后的数据使用方获意义。[③] 如果不审查使用规定,会使收集的目的指向不明,也无法判断收集行为与收集目的之间是否遵循了比例原则。初始诉愿中提及的法条是无法分割的整体。因此,基于审查程序的整体性考虑,联邦宪法法院依旧连带审

① 关于宪法规范本身是否应纳入审查范围,通说认为,在区分原始宪法和从属宪法的前提下,后者也可以作为违宪审查的对象,一般包括旨在修改《基本法》的联邦制定法。参见柳健龙:《德国联邦宪法法院的抽象规范审查程序》,载《环球法律评论》2017年第5期。

② 法律依据参见《基本法》第93条第1款第2项和《联邦宪法法院法》第76条。有关客观利益的释明必要性解释参见 BVerfGE 79, 311 (326 f.); 88, 203 (334 ff.); 100, 249 (257)。

③ Vgl. BVerfGE 100, 313 (384); 109, 279 (374 f.).

查了《对外贸易法》第 41 条。在这里,联邦宪法法院重申了申请主体仅拥有程序启动权的观点。州政府的撤回行为并不能影响规范审查程序的实施和进行。

4. 审查依据

根据《基本法》第 93 条第 1 款第 2 项和《联邦宪法法院法》第 13 条第 6 项的规定,联邦法的审查依据为基本法,州法的审查依据为基本法和其他联邦法。这里的基本法不限于其文本,也包括基本法内在的基本原则。比如,《基本法》第 20 条确立的民主原则、联邦制原则和法治国原则,还有联邦宪法法院通过一系列判决发展起来的非成文原则,如法的安定性追求、实体正义理念、过度禁止(比例原则)、罪刑法定、程序正当,以及本案运用的明确性要求。[①]

5. 判决类型

在判决中,联邦宪法法院会就争议法条与基本法的一致性问题作出回答。根据法律后果的不同,理论上,判决类型分为四类:自始无效判决、部分无效判决、提醒判决(Appellentscheidung)和合宪性解释。原则上,违宪的争议法条无效且自始无效。[②] 联邦宪法法院确认无效的效力可溯及至争议法条生效之时。这意味着,争议法条不再具备生效的法律外观(Rechtsschein der Gültigkeit),也不再具有一般拘束力。[③] 但是,适用此原则将会导致先前依此规范作出的公权行为丧失正当性基础,面临被撤销风险,从而破坏法的稳定性。对此,联邦宪法法院也进行了一定程度的区分处理。根据《联邦宪法法院法》第 79 条第 1 款的规定,依据争议法条作出的生效刑事判

---

① 有关此原则的具体理论将在下一节展开。

② 参见《联邦宪法法院法》第 95 条第 3 款第 1 句、第 78 条第 1 句。

③ 参见柳健龙:《德国联邦宪法法院的抽象规范审查程序》,载《环球法律评论》2017 年第 5 期。

决可予以撤销。除此之外,依据该法第95条第2款或者其他特别规定而无法撤销的判决不受无效确认的影响。但无效宣告之后,此类判决不再具有强制执行力。基于争议法条提出的不当得利请求也不予支持。①

实践中,联邦宪法法院对无效判决的作出相当审慎,很少直接作出争议法条无效的确认判决。他们通常会作出相对软化的提醒判决,不直接宣告无效,而是在判决理由中指出争议法条有违宪之虞,从而呼吁立法机关采取有效措施改变现有状态,防止违宪情形的出现。如在本案中,联邦宪法法院没有直接宣告《对外贸易法》第39条等法条无效,而仅在论证中确认了争议法条与基本法的非一致性。在判决最后,联邦宪法法院提请立法机关运用其创设裁量权来消除上述违宪状态。如果立法机关决定在新的法律基础上采取监视措施以预防对外贸易中的刑事犯罪,那么它应在新规范中遵守联邦宪法法院于1999年7月14日和2004年3月3日判决中设立的基本原则。② 尤其要确保所有相关人员在数据收集和进一步使用过程中获得充分保护。销毁数据和标记数据时也应遵循前述原则。

二、规范明确性和清晰性原则

本案的核心论证围绕《对外贸易法》第39条的监视授权是否违背了《基本法》第10条有关通信秘密的保护规定展开。在论证理由中,联邦宪法法院着重通过规范明确性和清晰性的原则要求,确认了争议法条的违宪性。

---

① 参见《联邦宪法法院法》第79条第2款第1句。

② Vgl. BVerfGE 100, 313. BVerfGE 109, 1.

1. 明确性原则的价值追求

规范明确性和清晰性原则脱胎于法治国原则,表达了法律对于公权力,特别是行政权恣意的天然警惕。这一理念要求立法者在制定法律时,应用语明确清晰,易于理解,从而形成可预测、可遵守、可审查的规范秩序。其核心价值追求是期望通过确定的法律指引来引导公权力的行使,为其提供规范化的行为标准。明确性原则是德国通过长期司法实践逐步发展起来的一项重要违宪审查原则。本案中,联邦宪法法院从三个角度重申了明确性原则的价值导向:一是为民众提供可预测的行动指南;二是为行政机关提供合法规范化的行为标准;三是为法院提供可操作的审查标准。从中,我们可以提炼出明确性原则审查的三大核心标准:可预测性、法律保留和可审查性。

2. 明确性原则的审查标准

(1) 可预测性

可预测性标准着眼于相对人视野,要求规范内容能被一般民众理解,并可以据此预见其行为的法律后果。可预测性指向法律的规则告知功能。理论争议点通常出现在理解的标准上,存在"一般人标准"和"法律人标准"两种观点的争执。前者认为应以一般人的认知为标准;后者则认为,如果一般人能够借助专业的法律咨询理解法条内容,即可满足可预见性要求。两种观点均有利弊,显然,"一般人标准"的保护力度比"法律人标准"更深。因为前者对专业知识的要求更低;反之,对法律可预测性的要求就更高。法律必须以尽可能通俗、便于一般人理解的语言来表达规则,这无疑对立法者提出了更加严格的要求。但是,面对浩瀚无垠的社会现实,法律需要借助大量的、抽象的、概括性的语言来满足法的一般性要求,这不但为法律解释留存了空间,也提高了法对社会未来发展的适应力。

本案中,联邦宪法法院在解释可预测性标准时,采用了“一般人标准”。其认为,在监视授权的情形中,规范必须足以让相关人认识到,在何种场合以及何种条件下,其活动会存在被监视的风险。监视行为构成对通信秘密的侵害,法条评估的不确定性会阻碍基本权利的行使,因此,对于规范的明确性和清晰性要求也需要相应提高。这种论证与德国宪法上的“重要性理论”(Wesentlichkeitstheorie)有所关联。根据该理论,只要牵涉基本权利的实现就属于重要性事项,应由立法者规范,不得将其授权给行政机关自行判断。[①] 根据此价值导向,只有立法者的表述足够明确、清晰,才能满足前述将基本权交由立法机关规范的法律保留之目的。因此,当规定事项和基本权的关联程度越紧密,立法的规范明确性要求也就越高。所以,在本案中,联邦宪法法院将规范的可预测性标准提高到了“一般人标准”。[②] 这意味着,监视要件及其限制要件的明确性理解应有利于不熟悉行为要件的相对人。此外,可预测性也不仅限于授权规范本身,其标准也同样扩展至规范所采用的援引技术上。如果规范的实际意义需要借助不同规范领域的法条进行理解,立法者也必须确保在此过程中法条内容的清晰性和法条适用后果的可预测性。另外,联邦宪法法院还进一步区分了相对人和非相对人(如会被偶然影响的第三人)情形。在非相对人情形中,只要法条能以基本可被理解的方式描述监视措施的要件即可。这也再次说明了侵害行为与基本权利的疏密程度会影响可预测性的要求层级。

---

① 参见赵宏:《约瑟夫·穆岑巴赫尔案》,载张翔主编:《德国宪法案例选释》第2辑,法律出版社2016年版,第166~168页。

② 不过,联邦宪法法院在本案判决中也表明了宪法并没有确立如此严苛的要求。但是,本案的争议法条就连更为宽松的“法律人标准”也不满足。因为,混乱的援引规则也会让专家耗费合理的努力才能得以识别。

(2)法律保留

第一,法律保留对明确性原则的影响。法律优先和法律保留是依法行政原则的两大基石。法律保留着眼于法律的限权功能,旨在约束行政机关。明确的授权规范不仅能为行政机关提供清晰的行动准则,还能从内容、目的和范围对其行为进行限制,尤其是在牵涉行政裁量时。法律保留要求行政权的实施必须以法律授权为前提。上一节提到的重要性理论,则进一步划定了法律保留的范围——涉及基本权利的重要事务必须通过法律进行授权规范,而不能交由行政机关自行决定。本案中,联邦宪法法院重申了这一价值取向。其认为,有关公民自由的限制决定不得由行政机关单方面自行裁量。法律应对行政机关的权衡空间起到限制作用,以保证行政措施合法化,从而保护公民的自由免受国家的不当侵害。对于行政机关的约束在监视措施中尤为重要,因为相关人通常未意识到正处于监视。这尤其适用于对国家监视不知情并因此无法保护自己私人领域免受窥探的无关第三人。可见,监视措施的秘密性和持久性特征会形成行政恣意的巨大空间。这也就论证了规范审查的必要性。

但是,明确性原则在此仍会遭遇不确定法律概念(unbestimmter Rechtsbegriff)的挑战。正如在可预测性标准中提及的那样,为尽可能涵盖更广泛的社会事实,法律必须保持一般性和抽象性。因此,法律规范中充斥着大量的不确定法律概念,诸如“公共利益”“公共安全”“重大事由”等。这些概念组成了有关行为构成要件的重要描述。因此,在审查规范是否明确时,关键就在于,如何去理解这些定义不够精准的不确定法律概念。本案中,联邦宪法法院的论证就主要围绕《对外贸易法》第39条包含的几个核心不确定法律概念进行解释,如“犯罪预备”“事实”“事实依据”“重大犯罪行为”等。

第二,不确定法律概念和明确性原则。原则上,不确定法律概念的使用不必然导致违背明确性原则,但其适用会受到司法的全面审查。本案中,联邦宪法法院重申了这一原则。其提到,在描述动机和犯罪预防的前提条件时,立法者可以使用不确定法律概念。此类概念的解释必要性与明确性原则并不冲突,只要解释可以通过法学方法的适用得以完成,并且具体适用的不确定性并没有对行政行为的可预测性和可诉性造成威胁。而且,只要规范整体符合法治国原则中的清晰性以及可诉性要求,立法者也可以在关联法条中使用更多的不确定法律概念。

全面审查原则可追溯至19世纪末期的奥地利法学家特茨纳(F. Tezner),他认为,如果对行政法中"公共利益""危险"等概念排除法院的审查,就等于放弃了对行政的法律拘束,因此主张对不确定法律概念进行全面审查。[①] 依据前述理论,行政机关仅适用法律,没有法律解释的最终决定权。只有法院对此享有终局的决定权。将此理念导入明确性原则中就意味着,授权规范应足以对行政恣意的空间形成有效限制。因此,单靠目的正当无法构成授权措施的正当化理由,措施的动机、目的以及界限都必须在授权中以特定、精确和标准化的方式呈现。

本案中,因为监视措施通常发生在犯罪预备阶段。这意味着,在犯罪尚未发生时,公权力就提前介入基本权保障的私人领域中。这很可能导致错误预判的情形。在德国历史上,有关犯罪预防(Gefahrenabwehr)的法律授权起初并没有受到重视,即使没有法律的特别授权,治安机关和警察也会在危险来临之前收集信息,以便对法益进行预防性保护或便利之后的犯罪追索。在很长一段时间内,此类监视和信息处理措施并未被归为对基本权利的侵犯。然

---

① 参见[德]米歇尔·施托莱斯:《德国公法史:国家法学说和行政学(1800—1914)》,雷勇译,法律出版社2007年版,第559页。

而,在认识到大量此类措施的侵害性之后,联邦宪法法院确定了一项规则,即行政机关的此类侵害也应同样置于法治国原则的限制之下。授权规范也应满足明确性要求。① 这一规则主要适用于《基本法》第10条所涉的监视措施。如果立法者出于犯罪预防之目的拟定了此类措施,那么其也必须在界定引发这些措施的犯罪行为以及可疑事实时,将错误预测的风险保持在宪法可以容忍的范围内。这要求,监视授权不仅需要包含行动的要件特征,还应该包含行动界限的要件特征,从而为侵害设置可预测以及可审查的标准。依据前述论证思路,联邦宪法法院对争议法条的构成要件进行了拆解,并从多角度进一步细化了明确性原则的具体要求,如对不确定法律概念的必要限缩、援引体系的一致性、程序保障的必要性等。当措施变更时,立法者应重新考虑新的适用情形,以确保变更后的目的和初始目的保持一致,不得因目的的变更对基本权造成新的侵害。

(3)可审查性

可审查性是明确性原则在司法层面展开的标准,也是全面审查不确定法律概念原则的延续。其背后体现了立法先决和唯一正解理论,即规范的明确性可以通过法律解释获得唯一的正确结论。因此,不确定法律概念的解释终局权应掌握在法院手中,而不是交由行政机关。但现代行政任务的飞速扩张,使前述理论受到了相当大的挑战。这里主要牵涉的是行政机关的裁量问题。第二次世界大战后,德国始终对行政权保持极大的不信任感。这使德国法对行政裁量中内含的行政恣意危险也保持高度警惕。原则上,德国仅承认行政机关在法律后果层面的裁量权和特定专业领域中部分事实要

① Vgl. BVerfGE 65, 1 (44 ff.).

件的判断余地。[①] 在本案中,联邦宪法法院并没有提及前述裁量空间的存在。这说明,犯罪预防领域适用全面审查的一般原则。

后续影响

本案可以视为G10系列判决的延伸。[②] G10是德国联邦为了预防恐怖袭击、生化战争、国际军火交易、跨国洗钱、跨国货币造假等一系列威胁德国国家安全的重大事件,针对《基本法》第10条通信秘密进行专门限制的法律。该法律授予了德国联邦情报局一系列权限,在特定情形中,对公民的通信往来进行监视、标记、评估以及将收集到的数据传送给其他机构。法律颁布后,不断遭遇着宪法拷问。联邦宪法法院通过相关判决,逐步建立起针对犯罪预防措施的合宪性审查标准。本案是联邦宪法法院对这一问题的继续拓展。判决的意义在于进一步细化了明确性原则在立法层面的要求。

---

① 此外,联邦宪法法院还在判决中发展了规划裁量(Plannungsermessen)和规制裁量(Regulierungsermessen)。两者分别发展于规划法和通信法。在教义学上,作为特例(Sonderfall)独立于裁量和判断余地的两分法。

② Vgl. BVerfGE 30, 1; 100, 313.

通信连接数据案

尹　磊

案例名称　通信连接数据案（Kommunikationsverbindungsdaten Urteil, BVerfGE 115, 166, 2006 年 3 月 2 日）

关 键 词　电信秘密　信息自决权　住宅不受侵犯　刑事侦查措施

案　情

诉愿人 B 女士是 H 地区初级法院的法官。自 2002 年 7 月中旬起，H 地区警察局与州刑事警察局、联邦刑事警察局以及美国警察机关合作，以涉嫌策划恐怖袭击为由对 P 和 E 展开调查。2002 年 9 月 5 日，在对 2 人的住宅进行搜查时，发现了可用于制造钢管炸弹的物品、奥萨马·本·拉登的海报以及与伊斯兰教和“圣战”有关的书籍。2002 年 9 月 6 日上午，B 女士作为该案的侦查法官对犯罪嫌疑人 E 进行了讯问。在官方未披露的情况下，当天下午即有数家媒体获知了此案的部分信息，其中包括任职于明镜杂志社的记者 K。检察院以可能存在泄露公务秘密（《刑法典》第 353b 条第 1 款）的情形为由展开调查。在得知 B 女士与 K 私下认识后，检察院将 B 女士列为怀疑对象。在此期间，检察院对 B 女士在法院、办案警察在警察局使用的电信线路的连接数据进行了检查，未发现与 K 的通信记录；对 B 女士手机连接数据进行的检查也因数据已删除而落空。同时，检察院对除 B 女士之外的相关人员进行了讯问并排除了他们的嫌疑。

2002年12月2日,初级法院驳回了检察院对B女士的办公室和住宅进行搜查的申请。检察院向州法院提起上诉。2003年1月28日,在案件发生近5个月后,州法院作出裁定,下令检察院搜查B女士的办公室和住宅,扣押其电脑、侦查案卷内的影印资料以及手机内的通信连接记录(Einzelverbindungsnachweise)。2003年2月5日,检察院实施了搜查并对被保全的手机进行了内存分析。结果显示,在涉案时间段内不存在任何通话数据。

之后,B女士对搜查命令的合法性提出异议。2003年8月8日,州法院作出裁定,确认搜查命令合法,驳回B女士的诉讼请求。2004年2月5日,德国联邦宪法法院第二审判庭第三审查庭认为州法院未保障B女士的听审权(《基本法》第103条第1款),撤销该裁定,将案件发回重审。2004年10月12日,州法院作出裁定,再次确认搜查命令合法,驳回B女士的诉讼请求。B女士提起宪法诉愿,主张州法院于2003年1月28日和2004年10月12日作出的两项裁定,侵犯了其依据《基本法》第13条第1款和第2款、第2条第1款、第3条第1款、第10条第1款以及第103条第1款结合第19条第4款享有的权利。

本案涉及的主要条款包括:

《基本法》第1条第1款规定:

人的尊严不容侵犯。尊重和保护人的尊严是所有国家权力的义务。

《基本法》第2条第1款规定:

每个人都享有自由发展其人格的权利,只要不侵犯他人的权利,不违反合宪性秩序和道德法则。

《基本法》第 10 条第 1 款规定：

书信秘密、邮件秘密和电信秘密不可侵犯。

《基本法》第 13 条第 1 款和第 2 款规定：

(1)住宅不可侵犯。

(2)对住宅进行搜查的命令只可由法官,在紧急情况下亦可由法律规定的其他机构以法律规定的形式作出。

《刑法典》第 353b 条第 1 款规定：

以下人员:(1)公职人员,(2)对公共服务负有特殊义务的人,或(3)根据人事代表法履行任务和职能的人,因受托或者以其他方式知悉公务秘密,擅自将其披露而危害重大公共利益的,处 5 年以下有期徒刑或罚金。因过失而危害重大公共利益的,处 1 年以下有期徒刑或罚金。

《刑事诉讼法典》第 94 条、第 100a 条、第 100b 条、第 100g 条、第 100h 条、第 102 条等(条文内容略)。

裁判要旨

1. 通信过程结束后储存于通信参与者支配领域之内的连接数据,不受《基本法》第 10 条第 1 款,而受信息自决权(《基本法》第 2 条第 1 款结合第 1 条第 1 款)的保护,并在特定情况下受《基本法》第 13 条第 1 款的保护。

2.《刑事诉讼法典》第 94 条和第 102 条在保全与扣押数据载体及其上存储的数据方面,亦符合宪法的要求,并符合适用于信息自决权的要求,即立法者在对所获取数据的使用目的进行规定时必须限定其范围,且规定明确、能够被当事人理解。当所有的措施都被严格限定于侦查目的时,此要求即获满足。①

3. 在取得储存于当事人处的连接数据时,需要考虑该类数据具有较高的保护价值。在进行是否合乎比例原则的审查时,需要注意所涉及的数据分为处于当事人私人领域之外而受电信秘密特别保护的数据,与处于当事人支配领域之内由信息自决权给予补充保护的数据。

裁判理由与论证

诉愿人主张自身受《基本法》保护的多项基本权利受到州法院裁定的侵害。从案件事实来看,主要可能涉及《基本法》第10条保护的书信秘密、邮件秘密和电信秘密,第13条保护的住宅不受侵犯以及第2条第1款结合第1条第1款保护的信息自决权。联邦宪法法院首先要根据各项基本权利的保护范围,依次审查其是否受到干预。若确认系争裁定构成对某项基本权利的干预,则须进一步判断干预行为是否因具有合宪性理由而可以被正当化。论证过程如下。

一、系争裁定是否构成对电信秘密的干预

要判断公权力行为是否构成对基本权利的干预,首先需要明确该项基本权利的保护范围。《基本法》第10条第1款规定:“书信秘密、邮件秘密和电信秘密不可侵犯。”该规定“通过保障私人之间不为公众所知悉的信息交换来保障人格的自由发展,因此同时保护了

① Vgl. BVerfGE 113, 29.

人的尊严"①。此种类型的言论表达与信息交换,由于当事人空间上的距离而有赖于第三人的传输,进而产生了第三人(包括国家机关)通过特殊方式获取信息的可能。书信、邮件和电信秘密首要保障远程信息交换的私密性(Vertraulichkeit),第三人未经授权不可得知通信内容。基于这样的立法目的,联邦宪法法院对本案所涉电信秘密的保护范围进行了阐释,分为两个方面。

1. 电信秘密保护的内容范畴

联邦宪法法院认为,"电信秘密保护通过电信通信方式向个人传输非实体形式的信息"②。与书信秘密和邮件秘密相比,电信秘密的区别主要在于所使用的通信媒介。在这一点上,该项基本权利的内容是开放的,不仅包括立法时已知的信息传输方式,还包括使用新型通信技术进行的信息传输,如电缆、无线电、模拟、数字传输等。在信息的表现形式上,电信秘密也未被限制,语言、图像、声音、符号和其他数据都在其列。作为《基本法》第10条第1款保护的三项基本权利之一,电信秘密同样保障个人通信内容的私密性。另外,作为数字化技术运用的结果,每次使用通信设备后都会留下与个人相关的、可被储存和分析的痕迹。这些有关通信过程的详细情况(nähere Umstände des Kommunikationsvorgangs),特别是关于是否、何时、多久、在哪些人或哪些设备之间发生或尝试发生电信通信的信息,本身即具有一定的说明力,可以帮助分析当事人的通信和行动模式。呼叫或通信的频率、时间、时长等能够展现通信参与者之间的关系类型和亲密程度,进而得出与通信内容有关的结论。因此,电信秘密不仅保护通信内容的私密性,也保护通信详情的私

① BVerfGE 67, 157 (171); 106, 28 (35); 110, 33 (53); Günter Dürig, in: Theodor Maunz/Günter Dürig(Hrsg.), Grundgesetz, 1973, Art. 10 Rn. 1.

② BVerfGE 67, 157 (172); 106, 28 (35 f.).

密性。

2. 电信秘密保护的时间范畴

除内容外,联邦宪法法院还对保护的时间范围进行了限定:“当信息到达接收者、通信过程结束时,电信秘密的保护即告终止。”此时储存于通信参与者支配领域之内的通信内容和通信详情不再受到《基本法》第10条第1款的保护。理由在于,《基本法》第10条第1款对书信秘密、邮件秘密和电信秘密的特别保护是基于通信过程由于第三人介入而产生特殊的泄露风险。在通信过程结束、信息到达接收者之后,一方面,信息已处于接收者的支配领域(Herrschaftsbereich)之内,第三人通常已经无法隐秘地获取这些信息;另一方面,此时接收者可自行采取措施防止信息泄露,如删除或编辑信息、利用密码或软件对信息加密,甚至销毁数据载体等。尽管由于技术的复杂性和发展性,设备用户并非总能按照其意愿对信息进行适当的处置,如仅靠按下删除键往往并不能将信息彻底删除,但这一点对于确定电信秘密的保护范围并无影响。“起决定性作用的是,这些信息与处于用户私人领域内的其他信息,如用户自行在电话上建立的电话簿或者在电脑硬盘上存储的数据,具有可比性(Vergleichbarkeit)。”相较于处在通信过程中而无法作出任何应对的状态,此时用户所面临的情况已完全不同。

由此,联邦宪法法院总结道:“《基本法》第10条对电信秘密的特别保护,旨在对电信用户使用第三人提供的设施所必然导致的对隐私领域的失去掌控(Verlust an Beherrschbarkeit der Privatsphäre)给予补偿。《基本法》第10条为防止第三人使用电信技术轻易获得通信信息而设置了特殊的门槛。对于仍可被个人所掌控的隐私领域,则由其他基本权利,特别是《基本法》第13条第1款和信息自决权(《基本法》第2条第1款结合第1条第1款),给予保护。”

通过以上论述,似乎还可以得出这样的结论:若侦查机关从电信用户的终端设备上获取信息,因设备处于个人掌控之下,故该行为不属于对电信秘密的干预。对此,联邦宪法法院强调:"对电信秘密的保护并非必然终结于电信终端设备。"[①]对电信秘密的威胁同样可以经由终端设备产生,如在终端设备上安装窃听器或"木马"等。侦查机关从何处获得通信信息,只是一个技术问题,不影响"传输过程的整体性"[②](Einheitlichkeit des Übermittlungsvorgangs)。《基本法》第 10 条第 1 款是否提供针对特定手段的保护,"应根据保障自由的目的,考虑其所应对的特殊风险状况(spezifische Gefährdungslage)而定"[③]。因此,对正在进行的通信过程进行监听,即使信息的获取是在终端设备上完成的,也构成对电信秘密的干预。反之,若通信过程已经结束,此时储存在通信参与者处的通信信息,因其不再处于同样的风险状况之中,获取信息不构成对电信秘密的干预。

到这里,联邦宪法法院确认了系争裁定不涉及诉愿人的电信秘密。接下来,还需要进一步审查系争裁定是否干预了诉愿人的信息自决权和住宅不受侵犯权。信息自决权的依据是《基本法》第 2 条第 1 款结合第 1 条第 1 款。通常情况下,特别自由权条款——如此处的住宅不受侵犯权——应当优先于一般人格权适用。那么,本案中是否应当优先适用《基本法》第 13 条第 1 款的住宅不受侵犯权呢?对此,联邦宪法法院表示:"当一般人格权——包括它表现为信息自决权时——与其他特别自由权的保护范围仅部分重合,或者当一个独立且拥有明确轮廓的自由领域已形成时,一般人格权的适用

① BVerfGE 106, 28 (37).

② BVerfGE 106, 28 (38).

③ BVerfGE 106, 28 (37).

不受抑制。”[①]本案即这种情形。系争裁定命令对住宅进行搜查,其目的不仅仅在于突破私人领域的空间界限,而更多在于保全储存有连接数据的设备或手机,进而获取有关通信过程的信息。这种与电信秘密保护内容的紧密关联,使搜查命令在住宅不受侵犯权之外,还涉及一般人格权中对电信秘密进行补充保护的特殊内容。因此,本案中不存在优先适用的问题,联邦宪法法院须依次审查诉愿人的信息自决权和住宅不受侵犯权是否受到干预和侵害。

二、系争裁定是否构成对信息自决权的干预

1. 信息自决权的保护范围

联邦宪法法院认为,“在现代社会的信息处理背景之下,个人人格自由发展以保护个人信息不被无限制地收集、储存、使用和传输为前提”。由《基本法》第2条第1款结合第1条第1款推导出的信息自决权“保障个人原则上拥有决定自身信息的披露与使用的权利”。对个人来说,信息自决权还具有防止寒蝉效应(Einschüchterungseffekt)的作用。若个人无法得知自身的哪些信息被谁、在何时、于何种情况下知悉,在行使其他基本权利时也会心存顾虑,个人的自由与自我决定(Selbstbestimmung)就无从谈起。这种阻吓作用甚至会损害公共福祉,因为建立在公众参与基础上的现代民主国家,其有效运行也依赖于公民自我决定的能力。

所谓个人信息,是指与一个已识别或者可识别的自然人相关联的任何信息。[②] 通信连接数据在建立和维持电信连接时自动生成,

---

① Rupert Scholz, Das Grundrecht der freien Entfaltung der Persönlichkeit in der Rechtsprechung des Bundesverfassungsgerichts(1. Teil) AöR 100 (1975), S. 80 (116 ff.); Dietrich Murswiek, in: Michael Sachs (Hrsg.), Grundgesetz, 3. Aufl. 2003, Art. 2 Rn. 138.

② Vgl. Art. 3 Abs. 1 Bundesdatenschutzgesetz in der Fassung der Bekanntmachung vom 14.01.2003 (BGBl. I S. 66).

可以借此识别通信参与者的身份，因此也属于个人信息。联邦宪法法院认为，在对通信连接数据的保护上，电信秘密与信息自决权之间是一种补充关系（Ergänzungsverhältnis）：若案件事实处于《基本法》第 10 条的适用范围内，该规定为电信通信提供了一种特别保护，优先于信息自决权的一般保护。当对电信秘密的干预同时涉及对个人信息的获取，联邦宪法法院在“人口普查第二案”中确立的针对信息自决权的保护标准必须同时得到遵守。若案件事实不适用《基本法》第 10 条，储存在当事人支配领域内的属于个人信息的连接数据则受到信息自决权的保护。在这样的建构下，通信连接数据的特别保护价值得到了体现，即使在通信过程结束后，电信通信的私密性也得到了保障。

2. 干预信息自决权的法律依据的合宪性

不难看出，系争裁定在违背当事人意愿的情况下获取其个人信息，构成对信息自决权的干预。下一步，联邦宪法法院需要审查这种干预是否因具有合宪性理由而可被正当化。由于系争裁定是对一般法律（此处为《刑事诉讼法典》第 94 条及第 102 条）的适用，合宪性审查须分两个层次进行：首先是在立法层面审查干预行为的法律依据的合宪性，即立法者在制定抽象的规定时是否遵循了宪法的要求。若立法者制定的法律依据符合宪法的要求，接着在法律适用的层面，审查该法律依据在当前的案件中是否以合宪的方式被适用。

合宪的法律规定必须在形式上和实质上都符合宪法的要求。本案涉及实质上的合宪性判断，主要有两个要求：一是符合规范明确性要求，即法律规定中对基本权利限制的条件和范围必须清晰、可被民众理解；二是符合比例原则，即法律规定对基本权利的限制必须追求一个正当的目的（目的正当性），对于达成目的是适当的

(适当性)和必要的(必要性),且限制对基本权利主体造成的损害与达成目的获得的收益合乎比例(均衡性)。就刑事侦查而言,国家进行刑事追诉的收益大小通常取决于涉嫌犯罪的严重程度和嫌疑人的嫌疑程度,因此均衡性要求侦查措施对基本权利的干预强度与嫌疑人的嫌疑程度、涉嫌犯罪的严重程度符合比例。

本案中,联邦宪法法院认为《刑事诉讼法典》第94条及第102条具有合宪性。宪法法院首先指出,其在过去的裁定中已经确认了《刑事诉讼法典》第94条对于保全和扣押数据载体及以上储存的数据来说,亦符合宪法的要求。[①] 保护信息自决权要求"立法者在规定所获取信息的使用目的时,必须限定其范围,且规定明确、能够被当事人理解"。《刑事诉讼法典》第94条将相关措施的使用严格限定于案件侦查,特别是查明犯罪行为的目的,因此满足对信息自决权的保护要求。[②] 紧接着,联邦宪法法院表示,这一论断同样适用于《刑事诉讼法典》第102条授权侦查机关在特定条件下可以进行搜查的规定。因为根据第94条的规定,侦查机关原则上可以保全和扣押数据载体或复制其上储存的数据,那么为了实施保全和扣押所必需的搜查也应当被允许。

在结束了规范明确性的考察之后,还要解决是否符合比例原则的问题。在这里,联邦宪法法院在简单阐述了有效的刑事追诉(wirksame Strafverfolgung)作为正当目的的重要性之后,似认为《刑事诉讼法典》相关规定的适当性与必要性无须赘言,而主要针对均衡性展开论述。

---

① Vgl. BVerfG, Beschluss vom 12. April 2005 – 2 BvR 1027/02 –, NJW 2005, S. 1917 (1919 f.).

② Vgl. BVerfG, Beschluss vom 12. April 2005 – 2 BvR 1027/02 –, NJW 2005, S. 1917 (1920).

一方面,联邦宪法法院认为,在衡量时应当考虑到通信连接数据具有特别的保护价值。由于数字设备的使用,电信通信会在服务提供商和用户的终端设备中留下各种各样的连接数据。包括手机和个人电脑在内的终端设备不仅被用于私人通信,还越来越多地被用来完成购物、支付账单、获取和发布资讯、获取各类服务等日常事务,越来越多的生活领域被现代通信手段重塑。这一发展趋势不仅使被储存的连接数据的数量大大增加,其所能反映的内容(Aussagegehalt)也愈加丰富。在数据准确且充足的情况下,可以据此推断通信参与者之间的关系类型和亲密程度、当事人的兴趣、习惯和喜好,甚至可以推导出通信内容。根据数据的类型和范围,通过分析还可以获知当事人的性格特征,达到对其进行性格侧写(Persönlichkeitsprofil)的效果。此外,对通信连接数据的获取和分析还有可能涉及非涉案人员的信息自决权,使干预的强度进一步加大。

另一方面,侦查措施所追求的目的——刑事追诉的有效性——同样具有重大意义。本案中,诉愿人提出,依据《刑事诉讼法典》第94条和第98条获取通信连接数据时,应当额外满足《刑事诉讼法典》第100a条、第100b条、第100g条和第100h条规定的适用条件。[①] 对此,联邦宪法法院认为,即使考虑到储存在当事人终端设备

---

① 《刑事诉讼法典》第100a条规定,只有在针对特定的严重犯罪时,才能监听通信;第100g条规定,只有在针对较重的犯罪(Straftaten von erheblicher Bedeutung),或使用通信终端设备实施的犯罪时,才能令电信服务提供者或协助者提交通信连接数据;而第94条和第98条没有对扣押措施(包括扣押通信连接数据)附加类似的严格的适用条件。此处参见 BVerfG, Beschluss vom 04.02.2005 – 2 BvR 308/04 – , NJW 2005, 1637 ff。在这个略早的裁定中,联邦宪法法院第二审判庭第三审查庭(3. Kammer des zweiten Senats)认为,侦查机关为获取通信连接数据而扣押手机时,应当额外满足《刑事诉讼法典》第100g条和第100h条的适用条件,否则会导致这些规定中针对获取连接数据而设置的严格的适用条件被规避。本案中,联邦宪法法院第二审判庭显然采取了不同的立场。

中的连接数据具有特别的保护价值以及信息自决权对保护电信秘密的补充作用,比例原则也不要求侦查机关在依据《刑事诉讼法典》第94条和第102条扣押通信连接数据时必须满足额外的条件。理由如下:电子及数字通信手段的广泛运用以及它们在几乎所有生活领域的普及,给刑事案件侦查带来了越来越多的困难,现代通信技术也为各种犯罪活动的实施提供了大量便利,刑事侦查手段必须与时俱进。如果此时立法者设置额外的限制条件,要求只有在对具有特别意义的犯罪(Straftaten von besonderer Bedeutung)进行侦查时,才能扣押处于当事人控制之下的通信连接数据,将会对刑事追诉的有效性造成不合理的妨害。

在此,联邦宪法法院进一步解释了为何不能参照《刑事诉讼法典》第100a条和第100g条,将相关措施的使用限定于具有特别意义的犯罪:《刑事诉讼法典》第100a条和第100g条规定的侦查措施是在当事人不知情的情况下实施的,这种隐秘性使干预的强度明显增大,而第94条和第102条应对的则是当事人知情的情况,相应措施的实施具有公开性。《刑事诉讼法典》更特别设置了相应的条款来保障这种公开性,如第106条第1款规定在对住宅或物品进行搜查时当事人应当在场,若当事人无法在场则应邀请其亲属或邻居作为代理人到场;第105条第2款规定,实施搜查时若法官或检察官不在场,在可能的情况下应邀请当地1名市政官员或2名市镇居民到场。

与隐秘实施的措施不同,对于公开实施的侦查措施,当事人可根据具体情况作出适当应对:当法定条件不满足时,当事人原则上可以阻止该措施的实施,必要时还可以寻求律师的帮助;当事人可以对侦查措施的执行过程进行监督,防止侦查人员肆意扩大执行范围;当事人可以及时地寻求法律保护,不会因不知情而延误。此外,获取处于当事人支配领域内的通信连接数据可以避免对电信服务提供者造成影响。电信服务提供者因此可以免于履行采取预防措施的义务,不必因协助侦查机关的工作而承受人力和物力上的负担,也避免了与客户之间的利益冲突。此处可以参考《刑事诉讼法典》第 102 条和第 103 条的内容。根据这两条规定,针对犯罪嫌疑人实施搜查所需要满足的条件要低于针对第三人实施搜查的条件。最后,如前所述,在被扣押之前通信连接数据处于当事人的支配之下,当事人拥有对其进行编辑、备份和删除的可能性。

可以看出,对于《刑事诉讼法典》第 94 条以下和第 102 条以下在扣押当事人设备中连接数据的问题上是否符合均衡性的要求,联邦宪法法院并未从正面进行衡量、给出结论,而是通过比较这一措施和《刑事诉讼法典》第 100a 条、第 100g 条规定措施的干预强度来进行反向论证:因为后者对基本权利的干预强度大于前者,所以不能对前者提出与后者相同的限制条件。基于这一理由,宪法法院进一步表示,即使被扣押的是储存于当事人设备中的通信内容信息,也不能套用第 100a 条和第 100b 条规定的条件。

综上,联邦宪法法院认为,《刑事诉讼法典》第 94 条和第 102 条对信息自决权的干预符合比例原则的要求,具有合宪性。

三、系争裁定是否构成对住宅不可侵犯权的干预

在确认了干预信息自决权的法律依据具有合宪性之后,联邦宪法法院没有接着论证该法律依据在本案中是否以合宪的方式被适用,而是先确认了系争裁定同时构成对住宅不可侵犯权的干预。“《基本法》第 13 条第 1 款规定住宅不受侵犯,通过保障个人最基本的生活空间来保障其人格尊严与人格的自由发展。在自己的住宅内,个人拥有不受打扰的权利。《基本法》第 13 条第 1 款保障个人维护空间上的私人领域的防御权,使得私人生活免受干扰。”在违背

当事人意愿的情况下进入其住宅并在内逗留,显然属于对住宅不可侵犯权的干预。

那么,这种干预的法律依据是否具有合宪性呢?这一点毋庸置疑。除《刑事诉讼法典》相关规定外,州法院作出搜查命令在宪法上也有直接依据。《基本法》第 13 条第 2 款为住宅搜查确立了法官保留原则:"对住宅进行搜查的命令只可由法官作出,在紧急情况下亦可由法律规定的其他机构以法律规定的形式作出。"因为"法官基于其人身和事务上的独立性,且因其受到法律的严格约束(《基本法》第 97 条),能够在具体案件中最大限度地保障当事人的权利"[①]。法官必须对拟实施的措施进行独立审查,保证其符合宪法和法律的要求。联邦宪法法院还强调道:法官在作出搜查命令时必须注意,在具有可实施性和可预测性的前提下(im Rahmen des Möglichen und Zumutbaren),搜查对基本权利的干预必须是可测量(messbar)和可控制的(kontrollierbar)。[②]

四、系争裁定对信息自决权和住宅不受侵犯权的干预可否被正当化

在确认了系争裁定对信息自决权和住宅不受侵犯权构成干预,且拥有合宪的法律依据之后,审查的最后一个环节是这些法律依据在本案中是否以合宪的方式被适用。

联邦宪法法院申明,其无权对系争裁定进行全面的合法性审查,而只能审查其中是否存在明显的错误,且这种错误必须是基于如下理由产生:对于某项基本权利的意义——尤其是对于其保护范围——的认识错误,或者根据对《基本法》基础理念的正确理解在

① BVerfGE 77, 1 (51); 103, 142 (151).

② Vgl. BVerfGE 103, 142 (151).

法律适用中存在错误。本案属于第二种情况。联邦宪法法院认为，州法院在适用法律作出搜查命令时违反了比例原则的要求，具体论述如下。

对于搜查措施来说，比例原则要求其与涉嫌犯罪的严重程度以及嫌疑人的嫌疑程度之间具有均衡性。法官不能仅考虑搜查可能获得的证据对于刑事诉讼程序的重要性而作出决定，还应当评估搜查发现证据的可能性。通过搜查达到命令所追求的目的必须是有相当成功希望的。① 仅当存在针对嫌疑人的有具体描述的犯罪指控（konkret zu beschreibender Tatvorwurf），而非仅基于模糊的线索或猜测时，才能对其住宅进行搜查。②

对于获取储存于当事人处的通信连接数据来说，需要考虑到这些数据具有较高的保护价值。在进行比例原则的考察时，要明确所欲获取的信息是处于当事人支配领域之外受电信秘密保护的信息，还是处于当事人支配领域之内受信息自决权保护的信息。除了可能发现的连接数据对于刑事诉讼程序的作用，法官还应当将发现的可能性纳入衡量。在个案中，若仅涉嫌轻微犯罪、待扣押的连接数据仅具有微弱的证明力，或发现数据仅具有模糊的希望，都可能导致搜查命令不被允许。此外，在不危害调查目的的前提下，根据案件的实际情况，法官在作出搜查命令时应当将获取数据的范围限定在必要的程度，如限定搜查特定时间段或使用特定通信方式所产生的数据。③ 仅为了获取通信连接数据，而不加甄别地对电脑硬盘或信息处理设备上的所有数据进行扣押，通常不符合必要性的要求。

---

① Vgl. BVerfGE 42, 212 (220); 96, 44 (51).

② Vgl. BVerfGE 44, 353 (371 f.).

③ Vgl. BVerfG, Beschluss vom 12. April 2005 – 2 BvR 1027/02 –, NJW 2005, S. 1917 (1919 f.).

根据以上标准,本案存在下列问题:

一是诉愿人不具有足够的嫌疑。尽管州法院在裁定中对于如何实施搜查表达得足够准确,并且将获取数据的范围限定在可能的作案时间段内,但是,即便现存的事实可以支撑当事人具有嫌疑这一结论,这种嫌疑也非常微小。本案中,具有嫌疑的人员数量众多,部分人员之所以被排除嫌疑仅仅是基于其自身的陈述;之所以将诉愿人作为侦查对象,也只是因为她在其他场合表明了自己与记者K相识。对于部分证人陈述之间的矛盾,州法院也没有进一步地查明。州法院作出决定的依据是"根据当前的事实,无法排除诉愿人的嫌疑",这显然不满足需要具有足够嫌疑的条件。

此处还有一个问题。诉愿人被怀疑犯有泄露公务秘密罪,其法律依据是《刑法典》第353b条第1款。按照这条规定,构成该项犯罪要求泄露公务秘密的行为"对重大公共利益造成危害"。州法院在裁定中表示:由于侦查活动细节的泄露,原本针对犯罪嫌疑人的一名友人的监视不得不被终止,从而对重大公共利益造成危害。但无论是从警方的侦查报告还是从警方在侦查过程中的行为来看,并不存在所谓"原本计划的监视"。州法院显然只是不假思索地采纳了警方的说法,而未尽到审查的职责。虽然对重大公共利益的危害也可以是间接的,如损害了公众对公共行政的信赖,使公众对公共行政的公正性、廉洁性和有效性产生怀疑。但如果州法院欲以这个理由来支持其结论,必须在对案情进行整体考量的基础上作出有说服力的论证。①

鉴于诉愿人具有嫌疑的薄弱程度、受到干预的基本权利的重要性以及其特殊的职业身份,州法院在作出搜查命令之前,应当通过

---

① Vgl. BGH, NStZ 2000, S. 596 (598); Herbert Tröndle/Thomas Fischer, StGB, 53. Aufl. 2006, § 353 b Rn. 13a m. w. N.

调阅初始案件的案卷,对案件事实进行进一步的查证。诉愿人已在之前的程序中指出,媒体报道的部分案件信息并未包含在讯问当天呈交给她的侦查案卷中,足以说明她并非媒体的信息来源。州法院则表示其在作出搜查命令时,虽然确未调阅最初针对P和E的侦查案卷,但这并不影响搜查命令的合法性,因为“现有材料不存在任何相互矛盾之处”。联邦宪法法院认为州法院的主张不能成立,“现有材料不存在任何相互矛盾之处”不能成为免除法官审查职责的理由。且针对诉愿人的侦查程序已持续数月,显然也不存在所谓的紧急情况致使其无暇调阅案卷。事实上,通过比较最初呈交给诉愿人的案卷材料和媒体报道可以看出,后者包含的部分信息在前者中并无体现,显然并非源于前者,因而不可能为诉愿人所知悉。相反,这些信息存在于呈交给州法院的一份警方内部机密报告中。

二是即使诉愿人具有足够的嫌疑,通过搜查获得证据的希望也十分渺茫。搜查距离案件发生已经过去将近5个月,此时是否还能通过搜查取得证据存在极大的疑问。侦查人员在诉愿人的工作环境内进行了大量的侦查,因此,虽然自身未被讯问,但诉愿人对侦查活动应当有所察觉。在这种情况下,即使目标证据确实存在,也极大可能已被销毁。如果州法院认为通过搜查获得目标证据仍具有相当的可能性,则应当在裁定中进行充分的说理。

三是搜查措施对诉愿人的职业身份影响重大。州法院在作出搜查命令时,亦未考虑到诉愿人特殊的职业身份。指控一名侦查法官具有泄露公务秘密的嫌疑,仅此一点就应当加倍审慎,以避免诉愿人被污名化。在此之后,检察院和法院决定进行搜查,即向外界传达了诉愿人的嫌疑被进一步确认的信号,这使嫌疑指控对诉愿人的影响更加重大。诉愿人在之前的程序中已向州法院强调,住宅搜查严重影响了其作为侦查法官的职业身份,而州法院未予以考虑。

四是州法院在作出决定时,未认识到信息自决权的重要意义,未将受到信息自决权保护的通信连接数据的重要性纳入衡量。

综上,本案中,相较于侦查措施的干预强度来说,诉愿人的嫌疑程度、侦查措施的适当程度都存在极大的疑问,州法院在进行具体衡量时未满足比例原则的要求,系争裁定侵害了诉愿人的信息自决权和住宅不受侵犯权。

涉及的重大理论问题

现代通信技术的发展为刑事案件的侦查带来了极大的挑战。一方面,犯罪分子运用各种现代通信手段来策划和实施犯罪,大大增加了侦查的难度。另一方面,民众大量使用通信设备处理各种事务,日常生活越来越数字化。这使电信服务提供者与用户的终端设备中都存有大量的个人数据。当侦查机关需要通过获取这些数据来辅助案件侦查时,必然引发民众对于自身信息泄露的强烈担忧。立法和司法必须对以下问题作出回应:如何在保证刑事侦查有效性的同时,对公民的人格和隐私进行保护。本案是联邦宪法法院在现代通信技术发展的背景下,针对刑事案件侦查中获取通信连接数据的系列裁判之一。

一、电信秘密与信息自决权保护范围的界限

本案主要涉及电信秘密和信息自决权保护范围的界定。根据联邦宪法法院的一贯意见,通信连接数据,即在建立和维持电信连接时自动产生、反映主叫、被叫,以及通信的时间、时长、频率与通信设备所在地等一系列详细情况的信息,属于能够提供有关通信内容的线索的个人信息。这种双重属性,使通信连接数据受到电信秘密(《基本法》第10条)和信息自决权(《基本法》第2条第1款结合第

1 条第 1 款)的双重保护:当通信连接数据处于电信秘密的保护范围之内时,由《基本法》第 10 条提供特别保护,同时还需要满足对信息自决权的保护标准;当通信连接数据处于电信秘密的保护范围之外时,则获得信息自决权的一般保护。这一构建使对通信连接数据的保护处于一种“无漏洞”的状态,体现出较高的保护强度。[①] 对于并非由于电信服务提供者介入所产生的风险而导致的信息泄露,则不属于电信秘密的保护范围。因此,对正在进行的通信过程进行监听,无论相关数据最终是由电信服务提供者提交还是从通信参与者的终端设备上获取的,都属于电信秘密的保护范围;而对于已经结束的通信,若数据是由电信服务提供者提供的,这种结果恰好是《基本法》第 10 条所欲防范的,依然属于电信秘密的保护范围。但是,若此时数据是从通信参与者的终端设备上获取的,对于其是否仍属于电信秘密的保护范围,则存在争议。一方面,从性质上看,这些数据是能够辅助推导通信内容,进而干扰通信内容私密性的信息;另一方面,这些数据的泄露却并非由于《基本法》第 10 条意在应对的特殊风险状况导致。联邦宪法法院在本案中对这一问题进行了澄清:通信过程结束后,储存于当事人支配领域之内的通信连接数据,不属于电信秘密,而属于信息自决权的保护范围。显然,联邦宪法法院认为,界定《基本法》第 10 条保护范围的关键在于通信信息(包括通信内容和通信详情)是因何种风险的实现而被他人获取,信息本身是否反映了电信通信的内容则不予考虑。

二、信息的“可控制性”标准

为了论证这一观点,联邦宪法法院提出了信息的“可控制性”

---

① Vgl. Wolfgang Durner, in: Günter Dürig/Roman Herzog/Rupert Scholz (Hrsg.), Grundgesetz, 95. EL 2021, Art. 10 Rn. 79.

(Beherrschbarkeit)论据。联邦宪法法院认为,第三人介入通信过程,导致通信参与者无法控制通信信息是否被他人获取,是《基本法》第10条对电信秘密进行特别保护的前提。通信过程结束后储存于当事人终端设备上的信息则处于当事人的控制之下,当事人完全可以对其进行编辑、加密、删除等操作以防止信息泄露。在论证过程中,联邦宪法法院也承认,由于相关技术的复杂性和发展性,并非所有人都能按照自己的意愿对信息进行有效的处置。但其指出,这些信息与处于当事人支配领域内的其他信息具有可比性。也就是说,如果后者不属于电信秘密的保护范围,那么前者也不应受到电信秘密的保护。显然,这里的"可比性"也并非指两类信息在内容上具有可比性,而是指其所处的风险状态具有可比性。

需要指出的是,普通人通常并不具备对信息进行适当处置的能力。从数据载体上删除的数据往往可以通过技术手段恢复,被加密的数据也可以进行解密。比如,储存在手机SIM卡上的通信信息,要将其彻底删除往往只能通过物理销毁载体的方式,理论上虽然可行,实践中却不甚合理。并且普通人常常并不知道自己的设备上储存有哪些信息,进行处置就无从谈起。因此,联邦宪法法院提出的"可控制性"论据,并非着眼于信息的实际可控制性,而是其潜在的或者说抽象的可控制性。①

三、《刑事诉讼法典》第94条以下和第102条以下具有合宪性

本案中,联邦宪法法院还确认了《刑事诉讼法典》第94条以下和第102条以下对于获取处于当事人支配领域内的通信连接数据

① Vgl. Janique Brüning, Der Zugriff auf die im Herrschaftsbereich des Kommunikationsteilnehmers gespeicherten Kommunikationsdaten-Zugleich eine Anmerkung zum Urteil des 2. Senats des Bundesverfassungsgerichts vom 2. März 2006 – 2 BvR 2099/04, ZIS 2006, S. 240.

来说,亦具有合宪性。《刑事诉讼法典》第94条以下和第102条以下是关于保全和搜查的一般规定。从文本上看,适用这些措施只需要满足最低限度的条件,对于涉嫌犯罪的严重程度则没有要求;在适用程序上,《刑事诉讼法典》通常也仅要求命令原则上由法官作出。与之相比,《刑事诉讼法典》第100a条和第100g条对于监听通信、命令第三人提供通信连接数据则设置了较为严格的适用条件,不仅将其限定于特定的犯罪种类,程序上的保障也更为充分。由此可能产生的一个问题是,如果侦查机关意图获取通信信息,但为了规避第100a条和第100g条的适用条件而转而适用第94条和第102条的搜查和保全措施,是否会导致前者保护当事人的目的落空?联邦宪法法院并未对这一问题给予正面回应,而主要从搜查和保全具有公开性这一角度来说明其干预强度不及第100a条和第100g条规定的措施,因此不能要求其适用受到同样的限制。事实上,在过去的判决中,[①]联邦宪法法院第一审判庭已经表明,通信连接数据本身的性质即决定了获取这类信息的措施具有较高的干预强度。此外,获取连接数据往往影响非涉案人员、当事人往往对措施的实施不知情等都是增大干预强度的因素。而在本案中,联邦宪法法院虽然也强调了通信连接数据对于人格保护的重要性,但同时表示,仅此一点并不足以使其获得如此强度的保护,以至于将所有获取这类信息的措施都限定于较为严重的犯罪。

后续影响

由联邦宪法法院第二审判庭于2006年3月2日作出判决的本案在当时受到广泛关注,不仅因为许愿人B女士作为法官的特殊身

① 参见本书中的“电信数据拦截案”。

份,也因不久前其作出的另一份审查庭裁定受到广泛争议。[①] 在该裁定中,联邦宪法法院第二审判庭第三审查庭认为:通信过程结束之后储存于手机中的连接数据,因其能够为推导通信内容提供线索,受到《基本法》第10条的保护;侦查机关依据《刑事诉讼法典》第94条和第102条获取储存于当事人手机中的通信连接数据时,必须满足《刑事诉讼法典》第100g条和第100h条的适用条件,否则会促使侦查机关绕过后者规定的严格的适用条件,通过适用搜查和保全的一般规定达到目的。这一裁定遭到了刑事司法界的普遍批评。电信通信工具的普遍运用使通信信息成为侦查案件的重要证据来源,要求所有获取通信信息的措施都只能针对具有特别意义的犯罪,进而需要满足相应的程序要求,极大地影响了刑事侦查的有效性。

在这样的背景之下,联邦宪法法院第二审判庭在本案中实质上推翻了前述审查庭的裁定,一方面,将被该裁定扩大的电信秘密的保护范围恢复原状,使《基本法》第10条规定的三项基本权利的保护范围在逻辑上得以继续保持一致,其所提出的“可控制性”论据也在此后的裁判中被沿用;另一方面,联邦宪法法院强调《刑事诉讼法典》第94条以下和第102条以下满足比例原则的要求,依据这些规定对通信信息进行搜查和扣押时不需要满足额外的条件,刑事侦查得以重新“解绑”。

---

① Vgl. BVerfG, Beschluss vom 04.02.2005 – 2 BvR 308/04 –, NJW 2005, 1637 ff.

在线搜查案

查云飞

案例名称 在线搜查案（Online-Durchsuchung，BVerfGE 120，274，2008年2月27日）

关 键 词 在线搜查 一般人格权 保障信息技术系统私密性和完整性

案 情

本判决为两案合并审理后所作。

案件一中有两位诉愿人。第一位诉愿人是一位女性职业记者，因工作需要常在网上搜集信息，包括浏览一些被宪法保卫法所禁止的属于敌对势力运营的网站。她也积极参与个人信息保护方面的活动并与其他人共同负责一个名为“停止1984”的网站。该网站主页上经常有右翼势力留言，该记者利用负责人的便利在公私两用的电脑上储存了这些人的相关信息。第二位诉愿人是一位北威州左翼党党员，受该州宪法保卫局长期关注，因工作原因会使用连接互联网的电脑。

案件二中有3位诉愿人。其中一位作为律师为难民提供法律援助，有位难民正好是库尔德工人党（PKK）的积极参与者，也受该州宪法保卫局长期关注。另外2位诉愿人作为第一位的同事，同样在律所工作。3位诉愿人都使用过律所的电脑工作处理私人事务。

上述两案的所有诉愿人对包括《北威州宪法保卫法》第5条第2款第11项在内的一系列条款不满。《北威州宪法保卫法》第5条第2款第11项授权宪法保卫局可以采取两项措施:第一,隐蔽搜查和以其他形式搜查互联网;第二,隐蔽地侵入信息系统(统称为"在线搜查")。他们认为该条款损害了自己被《基本法》保护的基本权,以基本权受损为由向联邦宪法法院提起了立法型宪法诉愿。第三,联邦宪法法院以《北威州宪法保卫法》第5条第2款第11项损害了诉愿人的保障信息技术系统私密性和完整性的基本权为由,判决该法条违反宪法从而宣布其无效。

本案涉及的主要条款包括:

《基本法》第1条第1款规定:

人的尊严不容侵犯。尊重和保护人的尊严是所有国家权力的义务。

《基本法》第2条规定:

(1)每个人都享有自由发展人格的权利,只要不侵犯他人权利,不违反合宪性秩序和道德法则。

(2)人人享有生命权以及身体不受侵犯的权利。人身自由不受侵犯。对权利的限制仅基于法律才得为之。

《基本法》第10条规定:

(1)书信秘密、邮件秘密和电信秘密不可侵犯。

(2)对前款的限制必须以法律为基础。如果该限制是为了保护自由民主基本秩序或联邦和州的存续与安全,法律可规定不告知相对人该限制,并由人民代表所确定的机关及辅助组织的核查代替法律途径。

《基本法》第 13 条第 1 款、第 2 款规定：

(1)住宅不得侵犯。

(2)唯有法院允许，或者在紧急情况下，由其他法定机关允许时，依法定程序之搜查始得进行。

《基本法》第 19 条第 1 款规定：

凡基本权依照基本法规定可以受法律限制的，该法律应当具备一般性，不得仅适用特别事件，该法律还应具体列举条文指出所限制的基本权。

《北威州宪法保卫法》第 5 条第 2 款第 11 项规定：

为了收集信息以作为情报，根据第 7 条，宪法保卫局可以采取以下措施：……11. 对互联网进行秘密监视和其他调查活动，尤其可以秘密潜入通信设备或者进行搜查，以及秘密存储计算机系统中的数据，包括采用技术手段。若这些措施限制了书信、邮件和电信秘密基本权利，或者限制的方式和限制的严重程度相当，则得在满足 G10 规定的前提下才被允许。

裁判要旨

1. 一般人格权(《基本法》第 2 条第 1 款结合第 1 条第 1 款)涵盖了保障信息技术系统私密性和完整性的基本权利。

2. 仅当有确切的证据表明存在可能危及极其重要法益的具体危险时，秘密侵入信息技术系统从而监控其使用和读取其存储介质始得允许。极其重要法益涉及人的身体、生命和自由，还有那些危及国家的基础或者存在、危及人的生存基础的一般性法益。若尚未有足够的可能性表明此种危险即将到来,但只要有确切的证据表明,于个案中存在某些特定的人可能危及极其重要法益的危险时,在线搜查得以允许。

3. 原则上,只有在法院允许时,才能进行秘密的在线搜查。授权进行此类限制公民基本权利的搜查行为的法律,必须同时规定相应的预防措施,以保障公民私人生活的核心领域不受侵犯。

4. 若法律授权国家采取的措施将收集计算机网络运营中的电信内容和相关情况,或者分析以此获得的数据,须结合《基本法》第10条第1款进行考量。

5. 未获得用户同意的情况下,国家在技术预置通道中获悉互联网通信的内容,构成对《基本法》第10条第1款的限制。国家在公共网络上获悉通信内容,或者国家直接参与了公共网络的通信,原则上不会限制该基本权。

裁判理由与论证

2008年2月27日,联邦宪法法院作出了一份针对“在线搜查”的判决。在该判决中,法院不仅鲜明地宣告作为授权条款的《北威州宪法保卫法》第5条第2款第11项不符合宪法从而无效,而且从《基本法》上的一般人格权中推导出了一项新的基本权利,即保障信息技术系统私密性和完整性的基本权。

此前,联邦普通法院(BGH)在2007年就已经对“在线搜查”作出过否定性评价,认为此种以秘密侵入信息系统的方式进行调查或者侦查的行为并没有授权依据,尤其是当时的《刑事诉讼法典》并没有相应的规定。[①]《北威州宪法保卫法》在第5条第2款第11项

① Vgl. BGH, Beschl. v. 31. 1. 2007 – Az. StB 18/06.

弥补了授权依据上的空白，该条授权宪法保卫局可以采取“秘密监视互联网和其他的侦查活动，尤其可以秘密潜入通信设备或者进行搜查，以及秘密存储计算机系统中的数据”的方式，即通过“在线搜查”开展调查活动。由此引发了民众的强烈反对，本案中的几位诉愿人正是在此背景下提起的宪法诉讼。

在本案中，联邦宪法法院审查了《北威州宪法保卫法》第 5 条第 2 款第 11 项的合宪性，最终认为其损害了诉愿人的一般人格权，但并未涉及电信秘密和住宅不得侵犯这两项基本权。

一、是否损害电信秘密不得侵犯基本权

《基本法》第 10 条第 1 款保护公民的电信秘密不受侵犯，若国家被授权获取、分析电信网络中的内容和相关情况，便可能触及电信秘密基本权的保护范围。电信秘密之所以需要特别保护，乃因秘密泄露将严重损害权利人的人格自由开展。中间媒介带来了空间和时间上的跨越，不断发展的新技术越来越脱离权利人的控制，种种不确定性更可能触发这种危险。所以，电信秘密不得侵犯旨在保障所谓“远程的私人领域和人性尊严”①。该基本权的保护范围，是借助无形载体进行远程传递信号的个人通信过程。在时间维度上，电信通信涵盖了信息发送、传递和接收整个过程，如打电话，包括从拨打电话（包括未接通）到结束通话；而对使用互联网而言，只要在网上活动就属于该过程。通信结束后，用户处的数据和信息则不在该条保护范围内，如网上下载的文章、音乐和电影等。

《北威州宪法保卫法》第 5 条第 2 款第 11 项指向的授权措施，允许宪法保卫局侵入公民的信息系统，从而进行全面的调取和分析系统内的数据，似乎必然会涉及电信秘密不受侵犯这一基本权的保

① BVerfGE 85, 386 (396).

护问题。根据《基本法》第19条第1款第2句的要求,任何可能限制基本权的法律,都应当在授权的同时指明限制的可能性,北威州在制定《北威州宪法保卫法》第5条第2款第11项时,已经考虑到了该项授权措施可能会影响电信秘密不受侵犯这一基本权,所以在该条款中已经自觉地履行了《基本法》第19条第1款第2句要求的指明义务,即"若这些措施限制了书信、邮件和电信秘密基本权利,或者限制的方式和限制的严重程度相当,则得在满足G10规定的前提下才被允许"。

问题在于,电信秘密不受侵犯这一基本权的保护范围有着特殊的时间指向性,即该基本权并不保护任何时段的电信内容和相关情况,仅保护公民在"通信过程中"免受国家刺探、秘密获取、拦截其电信秘密。该项基本权主要针对的是国家的监视、监听措施,以防范国家沦为"监控国家";相应地,以防止公民成为被实时监控的客体。本案中,联邦宪法法院也强调了"通信过程中"这一判断基准时标准,由于本案所涉情形并非国家刺探、秘密获取、拦截"通信过程中"的电信秘密,而是秘密潜入公民的信息系统进而搜查其中的数据,即被授权的措施指向的是"通信结束后"的数据,因此《基本法》第10条第1款保护公民的电信秘密不受侵犯这一基本权的保护范围并未涉及,也就无法构成对该基本权的损害。

二、是否损害住宅不得侵犯基本权

《基本法》第13条保护公民的住宅这一基本生存空间不受公权力机关的不当侵犯。这一基本权的保护客体指向"住宅",所谓"住宅",是指私人用来生活且一般不对外开放的物理空间。[1] 与本案相关的问题是,公权力机关侵入公民位于住宅内的信息系统,是否

① Vgl. Gerrit Manssen, Staatsrecht Ⅱ Grundrechte, 2007, Rn. 704.

也可能构成对住宅的侵犯？本案中，联邦宪法法院对此明确予以否定，其理由如下：第一，对信息系统的侵入与信息系统所处物理空间并无直接关联，信息系统既可能位于住宅内也可能位于住宅之外的别处；第二，住宅不得侵犯这一基本权保护的是公民在“住宅”这一物理空间内能够自由开展活动，并不旨在保护位于“住宅”这一物理空间内的信息系统及其内部的数据。不过，联邦宪法法院曾在“大监听案”(Großer Lauschangriff)中认为，对住宅展开的监听措施损害了住宅不得侵犯这一基本权。[①] 然而，对于“在线搜查”这样的措施，因其并未直接指向住宅，若由《基本法》第 13 条提供保护未免过于扩大了该基本权的实质保护范围。因此，完全有别于“大监听案”，本案中联邦宪法法院从一开始就否定了《基本法》第 13 条的关涉性。

三、是否损害一般人格权

《基本法》第 2 条第 1 款结合第 1 条第 1 款共同构成了一般人格权这一基本权的规范基础。一般人格权旨在保护个人形成和发展其人格的自由，但其并非一项外延封闭的基本权，联邦宪法法院通过判例不断为其增添新的内容。

总体上，一般人格权涉及三个基本范围，即个人自决、个人自我保护和个人自我表现。个人自决，即个人作为本体有权决定其人格的形成与发展，如个人的私人领域不受侵害、个人有权了解自己的身世、个人信息自决等；个人自我保护，是指公民有权为自我设置一个相对封闭和独处的空间，这对于个人人格也具有重要的意义，典型的情形包括私人日记不受侵犯、病人的病历档案应受保护、服刑犯有重返社会的权利等；个人自我表现，是指个人应能够自我决定

---

① Vgl. BVerfGE 109, 279 (325 ff.).

其在第三方或者公众面前如何表现自己,因此个人享有名誉权、肖像权、对不利言论或行为有反驳或者反抗的权利、有禁止媒体引用自己言论的权利。本案中,公权力机关秘密侵入信息系统实施在线搜查,可能涉及公民的私人领域保护权和信息自决权,作为已经发展出的一般人格权的权项,其是否已经能够给予足够的保护?

首先,一般人格权涵盖了私人领域的保护,该权项指向公民个人不愿让他人窥探的空间,以避免对其人格的形成和开展造成不利影响,典型情形是对公民私人日记的保护。公民的信息系统是否如同私人日记般具有私人性,以至于可归属于私人领域,联邦宪法法院给予了否定答案。原因在于,公民的信息系统未必完全属于公民个人,其可能出于办公目的在工作场合使用该信息系统,这样的信息系统甚至很多人可以访问和使用,其私人性无从证立。即便是在个人生活领域,如在家使用的信息系统,也未必一定具备私人性,其家庭成员或者其他人也可能自由访问。一般而言,公民的信息系统无法像私人日记般具备私人性,本案因此不涉及私人领域的保护这一一般人格权。

其次,联邦宪法法院通过“人口普查第二案”创设的信息自决权也无法为公民在“在线搜查”情形中提供足够的保护。信息自决权要求国家在“现代数据处理条件下应保护每个人的个人数据免遭无限制收集、储存、使用、转交”。该项一般人格权建立在要求“个人拥有权利”自决的设想上,每个人“原则上有权决定其个人数据的交付与使用”,或者说“原则上自我决定,什么时候以及维持在何种限度内公开个人的生活事务”,另外每个人必须“能够知晓,谁、何时以及何种情况下对其了解什么”[①]。但信息自决权的保护客体

① BVerfGE 65, 1 (42).

并不指向信息系统本身,而是指向系统内的个人信息。

“在线搜查”措施侵入信息系统后获得的数据存量蔚为壮观,包含关于个人生活和工作方面的信件、文本文件、图像文件、音频文件、日记簿等详细信息。针对此种大规模获取数据措施的保护,已经无须再考虑后续的处理情形。与之相较,个人信息自决权仅针对个别数据收集,与“在线搜查”的侵害状况不可等置。而且,“在线搜查”所侵入的信息系统中包含了诸多非个人信息,个人信息自决权并不能扩展至对信息系统的保护。

虽然已发展出的一般人格权并未专门针对公民信息系统提供保护,但联邦宪法法院在本案提出了一项新的一般人格权,即保障信息技术系统私密性和完整性的基本权,以弥补信息时代国家大规模侵入公民信息系统时存在的权利保护漏洞。

涉及的重大理论问题

在信息时代,人类的生活领域已经与各类信息系统深度融合,通过对信息系统中的数据加以分析,便能对个体进行全面的人格画像。面对此种普遍互联所引发的危及公民人格的新的危险类型,以及鉴于已有基本权存在的保护漏洞,联邦宪法法院通过本案将一般人格权的保护范围从个人信息扩大至信息系统,创设了保障信息技术系统私密性和完整性的基本权。

一、新基本权的保护范围

保障信息技术系统私密性和完整性这一基本权的保护范围,包括保护主体和保护客体两方面,保护主体涉及所有公民;保护客体则是权利名称字面上已交代的“信息技术系统私密性和完整性”,但其具体内涵有待澄清。

首先,关于“信息技术系统”,联邦宪法法院并非从技术角度对其予以界定,而是从人格权影响的角度,即侵入后可能会获悉公民个人的大部分生活领域并以此形成人格画像的技术系统。在信息技术系统不断迭代更新的背景下,这样的系统可能涵盖了电脑、手机、平板电脑或者其他的电子设备,这些系统都能储存大量的个人信息。此外,此处并不要求是公民个人专属使用的信息技术系统,只要其在使用即可;至于是否与他人共享,是否在工作场所或者在家使用,并不重要。

其次,所谓“私密性”,是指在非经法律授权或者公民个人同意的前提下,不得泄露信息系统内的信息。所谓“完整性”,是指在信息处理过程中,保持信息不被破坏或修改。“私密性”和“完整性”原本是网络安全领域使用的带有技术性特征的术语,联邦宪法法院将其置于一般人格权之下予以描述,显然不是从技术角度出发,而是旨在防范信息技术系统被秘密侵入或不当干预后引发的人格权保护危险。因此,该项新的基本权的保护客体名为“信息技术系统私密性和完整性”,本质上是保护公民在信息系统中产生的人格权益。

二、对新基本权的限制可能及其合宪性要求

联邦宪法法院指出,该项基本权并非不可限制的基本权。既可以出于预防目的,也可以根据侦查犯罪的需要对其进行限制。限制的规范依据在于《基本法》第2条第2款第3句,即仅能通过法律对该基本权予以限制。同时,联邦宪法法院针对限制该项基本权的公权措施提出了相当严格的合宪性要求,主要涉及限制措施的明确性和合比例性。

1. 不得违反明确性要求

宪法上的明确性要求源自法治国原则,其至少具备两方面功

能:一是旨在确保具备民主正当性的议会能够自己对基本权的限制及其内容进行规定,而非将其拱手让与其他国家机构;二是为了落实同样内生于法治国原则的法的安定性要求,必须让各主体预见法规范的意义以及行为的法律后果,尤其得让公民获悉授权措施可能对其基本权造成的影响,在此基础上才有可能寻求法律救济。本案中,《北威州宪法保卫法》第 5 条第 2 款第 11 项规定:“若这些措施限制了书信、邮件和电信秘密基本权利,或者限制的方式和限制的严重程度相当,则得在满足 G10 规定的前提下才被允许……”可见,北威州的立法机关已经在一定程度上注意了明确性要求,但在联邦宪法法院看来,这样的注意程度仍存在缺陷。

首先,《北威州宪法保卫法》第 5 条第 2 款第 11 项只粗略授权宪法保卫局可以秘密潜入或者搜查公民的信息系统,至于有哪些“秘密潜入”或者“秘密搜查”措施,该条并未明确。与此相关的便是,由于授权措施的不确定性,具体措施可能造成的基本权限制程度也无法确定。《北威州宪法保卫法》第 5 条第 2 款第 11 项提到的 G10,其内容规定极为详细,该法明确列举了各种权利限制措施,才满足了宪法上的明确性要求。与之对比,目前《北威州宪法保卫法》第 5 条第 2 款第 11 项并没有对照 G10 的内容进行具体性的立法。

其次,北威州的立法机关提出,“在线搜查”须在满足 G10 的具体规定前提下才被允许,但《北威州宪法保卫法》并未比对 G10 细化“在线搜查”的具体措施。因此,从以上两方面综合可得知,《北威州宪法保卫法》第 5 条第 2 款第 11 不符合宪法上的明确性要求。

2. 不得违反比例原则

《北威州宪法保卫法》第 5 条第 2 款第 11 项在实质合宪性方面也与比例原则相悖。根据比例原则的判断公式,《北威州宪法保卫法》第5条第2款第11项得满足目的正当、手段合适、必要和均衡这几方面的要求。联邦宪法法院认可了立法者所追求的合法目的,即为有效打击恐怖主义,授权宪法保卫局采取“在线搜查”措施确实能够实现该目的,与之比较,也不存在其他对基本权限制更轻微的措施。因此,在目的正当、手段合适和必要这三方面,《北威州宪法保卫法》第5条第2款第11项无可指摘。

问题在于,《北威州宪法保卫法》第5条第2款第11项可能违反了比例原则中的均衡性子原则,该原则要求衡量实现目的所追求的法益和因此被限制的法益这两者之间是否达至均衡的状态,换言之,是否存在为了追求合法权益而出现手段失衡的情况。于此,联邦宪法法院认为,“在线搜查”将渗透进入公民的信息系统,从而获取系统内的全部数据,以此为基础加以分析,如此对公民的全面、深度的人格画像这一危险性无法避免,由此将严重限制公民的人格塑造和开展。而且,借助互联网加重了此种危险的可能,也给第三方提供了技术上窥探或者控制系统上所存数据的可能,这些危险对于公民而言,是无法察觉的。面对这样的严重限制情形,相应地,立法者只能在特定情形下才可以授权宪法保卫局进行“在线搜查”,即仅当有确切的证据表明存在可能危及极其重要法益的具体危险时,秘密侵入信息技术系统以监控其使用和读取其存储介质,始得允许。何为极其重要的法益,联邦宪法法院将其界定为涉及人的身体、生命、自由以及那些危及国家的基础、存续,或者危及人的生存基础的一般性法益。同时,存在“具体危险”意味着只有当个案中确实出现对前述一般性法益而言的不安状态时才允许采取“在线搜查”措施,在仅凭猜测或者一般经验而无确切证据的情况下,该措施不被允许。换言之,联邦宪法法院并未完全排除对危险的预测,因为危险预测建立在很可能有具体危险的基础上,这符合秩序法上危险教义学的内在要求,但排除一般性的预测,即禁止在仅存在风险的情形下进行"在线搜查"。在此基础上,联邦宪法法院谨慎地允许了一种例外情形,即若尚未有足够的可能性表明此种危险即将到来,只要有确切的证据表明,在个案中某些特定的人可能危及极其重要法益的危险时,"在线搜查"也得以允许。联邦宪法法院在提出实体法上的要求之后,还强调了程序法上的保障,指出应当由一个中立的机关对宪法保卫局已经制定的"在线搜查"措施进行预防性审查。若涉及严重限制公民基本权的情形,鉴于具体个案中法益权衡的专业性和重要性,原则上只得由法院进行权衡,经其允许,宪法保卫局始得采取"在线搜查"措施。对比上述联邦宪法法院提出的实体和程序上的要求,《北威州宪法保卫法》第 5 条第 2 款第 11 项仅简单地规定宪法保卫局"为了收集信息作为情报"即可进行"在线搜查",这样的限制条件形同虚设,与"在线搜查"造成的严重限制公民人格权的不利后果完全不相匹配。因此,《北威州宪法保卫法》第 5 条第 2 款第 11 项规定的内容与追求的目的之间无法达至均衡,从而违反了比例原则。

此外,联邦宪法法院还特别强调了信息时代对公民私人生活的核心领域保护的重要性。若公权力机关可轻易地侵入公民的信息系统以及调取其中的数据,很可能也就侵入了公民私人生活的核心领域,这将严重影响公民自由地表达其内心活动,包括感受、感觉、思考、见解或者个人的经历,而这些对于公民的人格发展至关重要。因此,为符合均衡性原则,立法者应当原则上禁止公权力机关采取"在线搜查"措施,只在个别例外情况下允许。对例外的设置应当严格且明确,如应当尽可能将"在线搜查"措施的目标数据与公民核心领域的数据予以区分,尽可能只获取对于判断危险是否存在的必要数据,而轻易不搜集不必要的数据,尤其是涉及公民私人生活核心领域的数据。当然,在很多情形下,对数据的区分并非易事,但这样的区分要求仍得规定,而且不能交由宪法保卫局自行判断,立法者应当通过设计严格的程序来落实基本权的保护。为此,一个中立的机关以及必要的程序设计应当由立法者在立法时就有所预见。

后续影响

整体而言,联邦宪法法院于2008年作出的“在线搜查案”判决获得了原被告双方共同的认可,被告方北威州对于该判决的结果并不感到惊讶,而且对联邦宪法法院在判决论证中提到的注意事项,表示肯定。学界对于该判决虽然也有些批评意见,如库贝(Kube)教授和步里茨(Britz)教授都认为,该判决所证立的新的基本权与信息自决权之间的界分不甚清晰。[①] 不过,学界对该判决总体上给予了肯定,如霍夫曼-里姆(Hoffmann-Riem)教授认为,该判决所证立的新的基本权是在信息自决权基础上的进一步发展,正如联邦宪法法院所言,该基本权主要针对的是国家采取的预防性调查或者侦查措施,该种措施一旦实行便有严重危及公民人格发展的可能,为此在基本权层面也需要一项预防性的基本权,以防御国家侵入公民信息系统的可能性。[②] 所以,相比信息自决权直接针对个人信息的收集和使用,保障信息技术系统私密性和完整性的基本权预防性地保护公民信息系统中的数据免于被收集,公民可以毫无顾忌地使用

① Vgl. Hanno Kube, Persönlichkeitsrecht, in: Josef Isensee/Paul kirchhof (Hrsg.), Handbuch des Staatsrechts der Bundesrepublik Deutschland, Bd. Ⅶ, 3 Aufl. 2009, § 148, Rn. 70; Gabriele Britz, Vertraulichkeit und Integrität informationstechnischer Systeme, DÖV 2008, S. 411 (413 f.).

② Vgl. Wolfgang Hoffmann-Riem, Der grundrechtliche Schutz der Vertraulichkeit und Integrität eigenutzter informationstechnischer Systeme, JZ 2008, S. 1009 (1015ff.).

信息系统通信从而实现人格的自由形成和发展，新的基本权保护的正是公民对这一有益于人格权益的信息空间的信任。

因此，本判决的意义在于，联邦宪法法院通过提出在安全领域采取“在线搜查”措施的框架条件，一方面，（可能是短暂地）有效防止了德国沦为所谓的“监控国家”；另一方面，证立了保障信息技术系统私密性和完整性这一新的基本权利，在弥补信息时代出现的权利保护漏洞的同时，为公民提供了有效的防御武器，以防止公权力机关为实现调查或者侦查目的滥用技术手段从而危及公民的人格权益。

在 2008 年“在线搜查案”判决作出之前，德国联邦刑事调查局已经在酝酿推动修改《联邦刑事调查局法》，期待新法能够授权其为打击国际恐怖主义而采取“在线搜查”措施，尤其是通过安装所谓的“联邦木马程序”侵入嫌疑对象的信息系统调取并分析数据。“在线搜查案”判决作出后，相应的修法工作被迫暂停，直到 2018 年德国才在新的《联邦刑事调查局法》第 49 条加入了“在线搜查”的授权条款。从条文的内容来看，《联邦刑事调查局法》第 49 条大量吸收了联邦宪法法院“在线搜查案”判决的精神内核，并且落实了判决提出的具体要求。“在线搜查”必须以极其重要法益的保护需要为前提，必须有确切的证据表明存在可能危及这些极其重要法益的具体危险。此外，该条还强调了技术上的侵入限度，只能为完成任务对信息系统作必要的改动，且此改动在任务完成后能够自动复原。在程序上，“在线搜查”措施的申请必须以要式的形式由联邦刑事调查局局长或者由其代理人向法院提出，该项措施的最长期限为 3 个月。若措施将限制公民私人生活的核心领域，则原则上禁止进行“在线搜查”，只得在极其严苛的条件下被例外允许，包括技术上必须保障只提取任务所需的数据，不得提取涉及公民私人生活核心领域的数据,若已经提取则应当立即删除。可见,“在线搜查案”判决作出10年之后,面对更为严峻的反恐形势,立法者还是在《联邦刑事调查局法》中引入了备受争议的“在线搜查”授权条款。不过,从条款内容看,“在线搜查案”判决的所有要点在《联邦刑事调查局法》第49条中都一目了然。于此也说明,联邦宪法法院的判决,一方面否定了对基本权利造成不当侵害的立法行为,另一方面也为将来的立法给出了明确的框架指引。

联邦刑事调查局具有双重职能,其既可能是行政法上的警察机关,也可能属于刑事法上的侦查机关。既然《联邦刑事调查局法》可以授权该局采取具有预防意义的“在线搜查”措施,举轻以明重,刑事领域也考虑引入该措施。2021年10月1日,德国《刑事诉讼法典》第100b条“在线搜查”条款正式生效。该条同样提出得有确切的证据表明存在犯罪嫌疑,而且得在侦查极其严重的犯罪行为时,“在线搜查”措施才被允许。

时至今日,德国在预防和压制意义上都已经存在了“在线搜查”的法律依据,对此的学术检讨和相关的宪法诉讼始终没有停歇。即便面对日益严峻的反恐和有组织犯罪形势,联邦宪法法院作出的“在线搜查案”判决仍具备里程碑意义,其奠定的利益衡量框架和具体利益考量因素,已经被德国后来的实定法吸收。“在线搜查案”判决背后折射出的对人的价值肯定,是在技术丛林中闪耀的人性之光,也是信息时代国家整合的基点所在。

电子邮件案

董　建

案例名称　电子邮件案（Beschlagnahme von E-Mails beim Provider，BVerfGE 124，43，2009 年 6 月 16 日）

关 键 词　电信秘密　信息自决权　比例原则　利益衡量　程序性保障

案　情

因嫌疑人（Beschuldigten）S 和 G 涉嫌欺诈罪和贪污罪（Untreue），检察院对 2 人展开调查，得知在 2004 年 10 月 11 日，嫌疑人 S 和 G 与两家公司签订了投资和管理合同，合同中的项目由宪法诉愿人（以下简称诉愿人）的公司 I 和 E 履行。为了收集 I 和 E 公司及其账户有关的文件、数据载体（Datenträger）等与本案相关的证据，地方法院于 2006 年 2 月 9 日决定搜查诉愿人的公寓。对这一决定，地方法院进行了补充说明："根据德国《刑事诉讼法典》第 100g 条、第 100h 条的规定，允许对可能被扣押的数据载体进行分析利用（Auswertung），特别是文档和电子邮件往来。"

诉愿人过去适用所谓的"因特网消息访问协议"访问其电子邮件。采用此种访问方式意味着，收到的电子邮件不会被传输到本地计算机，即便邮件被接收、访问，仍会被存储在供应商邮件服务器中的安全领域。在此情形下，诉愿人必须连接互联网之后才能访问电子邮件。在搜查过程中,诉愿人向调查人员(Ermittlungspersonen)指明了这一问题,随后建立了网络连接。但诉愿人又以访问存储在服务器中的邮件不属于搜查决定的内容为由,反对调查人员访问其电子邮件。对此,地方法院于2006年3月14日根据德国《刑事诉讼法典》第94条和第98条的规定,以决定的方式下令扣押存储于供应商服务器上的诉愿人电子邮件账户中的数据。随后,诉愿人自2004年年初至2006年3月14日存储于邮件服务器上的2500多封电子邮件被移交给调查机关。

诉愿人认为,只要电子邮件存储在供应商的服务器上,就意味着传输过程尚未完成,所存储的电子邮件受《基本法》第10条的保护。同时,诉愿人认为自己并非被告,即便扣押是合法的,也是不符合比例原则的,扣押行为将会导致自己的业务遭受毁灭性的打击。诉愿人对扣押决定提起申诉。2006年3月22日,地方法院在未作出判决的情况下将其移送至州法院进行裁决。州法院驳回了这一申诉。故诉愿人继续向德国联邦宪法法院提起宪法诉愿,诉称其依据《基本法》第10条第1款、第1条第1款以及第2条第1款享有的基本权利受到侵犯。

本案涉及的主要条款包括:

《基本法》第1条第1款规定:

> 人的尊严不容侵犯。尊重和保护人的尊严是所有国家权力的义务。

《基本法》第2条第1款规定:

> 每个人享有自由发展其人格的权利,只要不侵犯他人的权利,不违反合宪性秩序和道德法则。

《基本法》第 10 条规定：

(1)书信秘密、邮件秘密和电信秘密不可侵犯。

(2)对前款的限制必须以法律为基础。如果该限制是为了保护自由民主基本秩序或联邦和州的存续与安全，法律可规定不告知相对人该限制，并由人民代表所确定的机关及辅助组织的核查代替法律途径。

《刑事诉讼法典》第 94 条规定：

(1)对可能作为侦查证据的、具有重要意义的物品，应当予以保管或者以其他方式保全。

(2)当物品由某人保管且其不愿自愿交出时，应进行扣押。

(3)第 1 款、第 2 款的规定也适用于驾驶执照的没收。

《刑事诉讼法典》第 98 条规定：

(1)扣押只能由法官下令，在危险迫在眉睫的情况下，也可由检察官及其调查人员下令(《法院组织法》第 152 条)。根据第 97 条第 5 款第 2 句，在编辑部、出版社、印刷厂或广播电台场所内实施的扣押，只能由法官发布命令。

(2)如果官员没有法官命令而实施了扣押，且在扣押时既无相关人、又无他的成年亲属在场，或者在相关人不在场时，他的成年亲属明确地对扣押提出异议时，应当在 3 日以内提请法官对扣押进行确认。相关人可在任何时间申请法院裁决。依据第 162 条的规定确定有管辖权的法院。相关人也可向实施扣押的所在地的初级法院递交申请；由该法院向有管辖权的法院移交申请。相关人员应被告知权利。

(3)提起公诉后，检察院或者它的一位辅助官员实施了扣押后,应当在3日之内向法官报告;扣押物品应交法官处置。

(4)如果扣押有必要在联邦国防军的办公楼、不对公众开放的机构或者场所内进行的,应当请求联邦国防军的上级部门进行扣押。提出请求的部门有权参与扣押。如果扣押仅在非联邦国防军军人居住的房间里进行时,不必向其上级部门提出请求。

《刑事诉讼法典》第110条规定:

(1)检察院以及经其授权的辅助侦查人员(《法院组织法》第152条)有权查阅搜查所涉及人员的文件。

(2)除此之外,其他官员只有经文件持有人同意才能查阅已发现的文件。否则,他们应将认为有必要审查的文件装入信封。在持有者在场时以官方印章封缄并送交检察院。

(3)搜查涉案人员的电子存储媒介,亦允许延伸到通过该电子存储媒介得以进入的空间上分离的另一存储媒介,但以非此延伸将存在搜寻的数据丢失之虞为限。对侦查可能有意义的数据,应当予以保存;第98条第2款的规定相应地予以适用。

裁判要旨

1. 存储于供应商服务器上的电子邮件,属于《基本法》第10条第1款的保护范围。

2. 保全和扣押储存于供应商服务器上的电子邮件,构成对通信秘密权的干预。

3. 根据《基本法》第10条第2款的规定,只有法律才可以限制通信秘密权。

4.《刑事诉讼法典》第94条符合授权性法律的宪法要求,具有合宪性。保全和扣押存储于供应商服务器上的电子邮件,应当以

《刑事诉讼法典》第 94 条及以下为依据。

5. 保全和扣押行为仍应遵守比例原则的要求,还应当以符合实质必要性的程序性条款保障电信秘密。

6. 诉愿人所申请审查的搜查决定,符合宪法要求,故驳回其申请。

裁判理由与论证

本案中,诉愿人认为扣押存储于服务器中电子邮件的决定不具备合宪性,故德国联邦宪法法院在裁判中对扣押决定的合宪性展开论证。具体而言,德国联邦宪法法院的分析从此类电子邮件落入何种权利的保护范围、对其进行扣押是否构成干预、干预依据是否合宪以及扣押行为是否符合比例原则这几个角度展开。此外,德国联邦宪法法院指出,对于此类电子邮件的扣押,还“须符合程序性保障的要求以实现对《基本法》第 10 条第 1 款的有效保护”。

一、存储于服务器中的电子邮件属于电信秘密的保护范围

首先应当判断的是,存储于供应商服务器上的电子邮件属于电信秘密还是信息自决权的保护范围。上述二者的宪法依据分别是《基本法》第 10 条第 1 款和第 2 条第 1 款。由于信息自决权引申自人格自由发展的权利,是一项未列举的基本权利类型,故“在通信方面,电信秘密优先于信息自决权而受到特别保护”。换句话说,如果此类电子邮件落入电信秘密的保护范围,则无须再判断其是否属于信息自决权的保护范围。在此情形下,德国联邦宪法法院先对通信自由权的保护范围进行了界定。

“通信秘密保护的是个别接受者通过电信往来的无实体信息传输。电信秘密的作用范围(Reichweite)并不因传输类型和表达形式

而有所差异,这一范围扩展至所有通过现有电信技术进行的信息传输,①这其中便包括互联网通信服务。”就保护的具体内容而言,电信秘密“首要地针对通信内容,②无论通信内容是私人的、商业的、政治的还是其他。同时,电信秘密还保护一种不被获悉的通信状态”。在此情形下,基本权利的保护范围“并不延伸到通信用户控制范围内正在进行的通信过程之外所存储的信息内容和情况”。换句话说,电信秘密仅保护通信过程中储存的信息和通信状态。原因在于,通信用户对通信过程并不具有支配力。较之于面对面交流,在这一过程中通信信息被获取、通信状态被披露的风险更高。

“从这个意义上说,当电子邮件到达收件人处且传输过程结束时,便不再属于电信秘密的保护范围。”扣押决定所指向的是存储于供应商服务器上的电子邮件,此类邮件是否因已到达收件人、传输过程结束而不属于《基本法》第10条第1款的保护范围,是判断其是否属于电信秘密保护范围的关键。对此,德国联邦宪法法院指出,“用户只能通过互联网才能获取的邮箱中具有访问安全的通信内容(以密码保护的通信内容),受到《基本法》第10条第1款的保护”。得出这一结论的依据有二:

第一,“通信秘密的保护要求与通信媒介相关,保护目的在于对抗使用通信媒介时潜在的危险,因为这种媒介相较于面对面的通信方式而言,更容易受到国家干预。存储于供应商服务器上的电子邮件属于供应商的支配范围,而非通信用户。此类邮件并不存储在用户处所的数据载体或用户的终端设备上。用户只有通过互联网连接供应商的服务器,才能在屏幕上进行阅读。当然,用户可以通过使用密码等方式确保访问安全,保护存储在服务器上的电子邮件免

① Vgl. BVerfGE 106, 28 (36); 115, 166 (182 f.).

② Vgl. BVerfGE 100, 313 (3580); 107, 299 (312); 115, 166 (183).

受第三方的不必要访问,但是供应商和调查机构仍然能在任何时候进行访问。通信用户在技术上不可能阻止提供商转交电子邮件的访问权限"。德国联邦宪法法院认为,这种技术条件下的不可控性恰恰是通信秘密具有特殊保护需求的理由,无论电子邮件是暂时地还是永久地储存在供应商的邮件服务器上,均受到《基本法》第10条第1款的保护。毕竟,这两种邮件均不属于通信用户的支配范围。

第二,电信秘密并不因收件人可能知悉存在供应商服务器上电子邮件的内容而将此类邮件排除保护范围。"电信秘密的保护并非在每个案件中都会因收件人知悉通信内容而结束。是否受《基本法》第10条第1款的保护以免受干预,应根据基本权利的保障目的来判断,同时还应当将具体的危险状况纳入考虑范围。"对于存储于供应商服务器中的电子邮件而言,它处于任何通信人员均无法控制的范围之内,供应商将一直参与对服务器上邮件的管理。由于通信人员使用了这种特定的通信媒介,通信内容和状态被干预的危险一直存在,所以即便邮件已到达收件人处且为收件人所知悉,也不能因通信过程结束而认为此类邮件不再属于电信秘密的保护范围。换言之,保护电信秘密是为了排除因使用特定媒介而产生的危险,而并非单纯为了保护从发出到接收这一通信过程中的内容和状态。

在得出存储于服务器上的电子邮件属于《基本法》第10条第1款电信秘密的保护范围这一结论之后,由于电信秘密的优先性,①此类邮件便不属于信息自决权的保护范围。

二、保全和扣押行为构成对通信自由权的干预

在论证存储于服务器上的电子邮件属于电信秘密的保护范围

① Vgl. BVerfGE 100, 313 (358); 107, 299 (312); 110, 33 (53); 113, 348 (364); 115, 166 (188 f.).

后,德国联邦宪法法院对扣押此种邮件的行为是否构成对电信秘密的干预展开分析。对此,德国联邦宪法法院指出,“由于《基本法》第10条第1款的目的在于保护通信的机密性,任何未经当事人同意而知悉、记录和使用这些通信数据的行为,均构成对基本权利的干预。[①] 将电子邮件存放于供应商的服务器中,并不意味着用户同意第三方访问这些数据。即便通信用户或者使用者关系人(Benutzerverhältnis)通常知道自己的信息存在被获取的可能,但也不能因此推定其同意他人获取所存储的信息”。就干预行为的开始节点而言,这种干预在公权力机关发布命令进行获取时便已经构成,而并非始于国家知悉通信内容和记录之时。

三、德国《刑事诉讼法典》第94条及以下具有合宪性

在完成对落入哪一基本权利的保护范围、保全和扣押行为是否构成干预的判断后,对于扣押决定的合宪性审查进入第三个阶段,即审查作出扣押决定所依据的法律是否合宪。原则上,德国《刑事诉讼法典》第94条及以下的规定使保全和扣押存储于供应商服务器上的电子邮件成为可能。作为扣押和保全行为的法律依据,德国联邦宪法法院对德国《刑事诉讼法典》第94条及以下规定的合宪性进行了审查。

1.第94条作为干预电信秘密的法律依据

“德国《刑事诉讼法典》第94条是扣押证据的依据,第94条在不违反宪法的情形下,可以作为干预《基本法》第10条第1款的授

① Vgl. BVerfGE 85, 386 (398).

权依据。”[①]原因在于，根据体系解释，从该法第94条证据扣押的规定、第99条邮件扣押的规定、第100a条电信监察和第100g条调取通信记录的规定，无法推论出立法者在规范概念上认为只能以上述规定干预电信秘密。同时，通过考察立法资料，也不能看出有充分的根据可以认为立法者在制定这些条文时，有针对书信、邮件和电信秘密采取列举式干预规定的想法与安排。故德国《刑事诉讼法典》第八章第94条以下的规定，并非固定地与侦查和扣押的方式一一对应，第94条可以成为干预电信秘密的法律依据。地方法院根据该法第94条和第98条作出搜查决定并无不妥。

2. 第94条及以下规定符合规范清晰性与明确性的要求

当涉及以取得个人资料的形式干预通信秘密时，相应地，干预信息自决权所应遵守的要求转移至对电信秘密的干预条款中。基于此，法律条文应当明确规定限制的要件与范围，且可被公民所理解（erkennbar）。这要求授权条款应对干预通信秘密的理由、目的和界限进行明确的区分和表述。

在此之前，德国联邦宪法法院已在保全和扣押数据载体及其储存之数据时，确认了《刑事诉讼法典》第94条及以下条款具有明确性，[②]这也适用于保全和扣押存储在供应商服务器上的电子邮件。具体而言，“被干预的用户可以充分认识到，保全和扣押存储于服务器上电子邮件的行为可以依《刑事诉讼法典》第94条及以下条款而作出。起初，《刑事诉讼法典》第94条及以下条款所规定的干预权力是针对有体物的，但根据文义解释，第94条也允许将非实体物理

---

① Amelung, in: AK-StPO, 1992, vor § § 99, 100 Rn. 4; Klaus Engels, Die Grenzen des Brief-, Post-und Fernmeldegeheimnisses, 1972, S. 88 f.; Jürgen Welp, Die strafprozessuale Überwachung des Post-und Fernmeldeverkehrs, 1974, S. 47; Wohlers, in: SK-StPO, 2008, § 94 Rn. 2.

② Vgl. BVerfGE 113, 29 (51 f.); 115, 166 (191 ff.).

解为扣押的对象。第94条原则上涵盖了所有可能成为调查证据的重要物品。由于案件中涉及的情况具有多样性,故法律没有必要进行更细致的界定”。另外,德国联邦宪法法院指出,“刑事诉讼保全和扣押的一般规则也满足了明确性层面的要求,即立法者明确区分了对被收集数据的使用目的”。虽然第94条及以下条款所规定的侦查手段具有广泛性,但对使用目的的界定符合明确性的要求。

3. 符合比例原则的要求

德国《刑事诉讼法典》第94条及以下条款作为保全和扣押存储于服务器上电子邮件的法律依据,符合比例原则的要求,特别是狭义比例原则的要求。保全和扣押此类电子邮件的目的,在于有效地进行刑事追诉,打击犯罪以及尽可能地查明真相以保护公共利益。干预行为所追求的目标具有正当性。对于这一干预行为,德国联邦宪法法院进一步指出,“为了达成上述目的,保全和扣押存储于服务器上的电子邮件不仅具有适当性和必要性,且符合狭义比例原则的要求”。德国联邦宪法法院主要针对该法第94条及以下条款是否符合狭义比例原则进行了分析。

狭义比例原则要求对基本权利的限制和限制基本权利所追求的公共利益之间应当存在适当的比例关系。换言之,立法机关需要在一般利益和个人利益之间取得适当的平衡。在狭义比例原则的框架之下,德国联邦宪法法院指出,一方面,必须考虑到通信内容比通信数据更值得保护,同时,因为读取电子邮件可以推导出通信人员的通信行为、社交范围和个人兴趣,若调查未参与刑事犯罪的通信人员的电子邮件,则这一行为对基本权利的干预程度更高,而且,与信赖关系相关的数据,具有特殊的保护需求;另一方面,要考虑国家追诉刑事案件的重要性,现代通信手段加大了刑事侦查的难度,所以衡量应当在现代通信背景下展开。基于此,德国联邦宪法法院作出如下论断:在比例原则之下,并无必要限制读取存储于供应商服务器上的电子邮件,也无必要要求只有在重大意义犯罪的追诉过程中才可以读取此类邮件。除此之外,也不要求只有具备比初始犯罪嫌疑还高的嫌疑程度时,才可以对存储于服务器上的电子邮件进行保全和扣押。作出这一论断的理由在于:首先,如果在所有非重大意义犯罪(最高刑为5年以下监禁的犯罪)中都不允许保全和扣押存储在服务器上的电子邮件,那么任何用户都可以很容易地将能够证明罪行的电子邮件存储于网络服务器中,以避免执法当局对其进行访问,这不符合宪法承认的刑事追诉利益。其次,根据《刑事诉讼法典》第94条和第99条的规定,在对刑事犯罪有初步怀疑之时,就可以对传统通信内容和数据进行保全和扣押。如果对保全和扣押存储于供应商服务器上的电子邮件提出更高要求,那么可能发生提高犯罪刑责的风险。换句话说,较之于适用传统保全和扣押通信秘密方式的罪名,适用特殊要求的扣押和保全服务器上电子邮件行为的罪名,刑责可能被提高。

此前,对于存储于通信媒介上的通信记录的调取,德国联邦宪法法院在进行比例原则审查时指出,有必要将此种通信记录的调取限制在重大犯罪的追诉过程中。换言之,若非追诉重大犯罪,则不可以调取存储于通信媒介上的通信记录。与此不同的是,对存储于供应商服务器上的电子邮件的保全和扣押则无须作出同样限制。原因在于:第一,对于存储于服务器上电子邮件的保全和扣押通常不是秘密进行的,而是公开地进行保全和扣押。第二,对于此类电子邮件的扣押是有选择的,一方面,保全和扣押行为仅针对通信过程以外的电子邮件;另一方面,仅限于以侦查为目的的扣押和保全。第三,被干预人对于存储于服务器中的电子邮件的清单,具有施加影响的可能。第四,公开的保全和扣押措施为当事人接受律师的帮助提供了可能。当事人可以在律师的协助下,反对保全和扣押措施的实施或者反对执行司法命令过程中的越权行为。

最后,在比例原则的框架之下,德国联邦宪法法院指出,《刑事诉讼法典》第94条及以下条款并未违反《基本法》第19条第1款第2句的引用要求。具体而言,该句要求限制基本权利的法律,必须指明引用有关基本权利的具体条款。作出如此判断的理由在于,该句的引用要求并不溯及于《基本法》生效之前的法律,《刑事诉讼法典》便在此列。故这一要求对于《刑事诉讼法典》而言,并不适用。

四、干预行为符合比例原则的要求

除了干预电信秘密的法律依据应当符合明确性和比例原则的要求,基于《刑事诉讼法典》第94条及以下条款作出的具体干预行为也应当符合比例原则。就这一问题而言,德国联邦宪法法院主要提出了两方面的要求。

首先,措施必须与犯罪的严重性(Schwere der Straftat)和涉嫌犯罪的可能性(Stärke des Tatverdachts)成比例。在此情形下,不仅要评估潜在证据对刑事诉讼的重要性,而且要评估有关诉讼程序的物品或数据与可掌握嫌疑的相关程度。换言之,“只有在有具体明确的犯罪指控的情况下,即不仅仅依据模糊的迹象或简单的推测,才可以访问电子邮件”。就存储于供应商服务器上的电子邮件而言,“还必须评估这些邮件对刑事诉讼的重要性以及对案件中犯罪嫌疑的掌握程度”。除此之外,搜查决定还应当将对电信秘密的保护纳入考虑范围,只要具体情况允许、不损害调查目的,那么应当规定将证据列表限制在实际需要的范围内,如可以限制时间或特定的通信内容。“应当尽可能避免获取过多程序无意义的数据。扣押保存的全部数据以及因此产生的全部电子邮件往来,并无必要定期进行。”

其次,在扣押存储于供应商服务器上的电子邮件时,还应当从多个方面考虑比例原则的要求:

第一,“如果可以确定提供商服务器上根本不可能存在任何对程序具有重要意义的邮件时,扣押行为并不适当”。

第二,“只要可以假设邮件服务器上不仅仅存在有重大证据价值的电子邮件,就应当对扣押所有存储在服务器上电子邮件的必要性进行审查”。如果能够通过一种使相关人员负担较轻的方式来保证仅访问有重大证据价值的电子邮件,就没必要持续地访问整个电子邮件数据库。信息的获取必须控制在合理范围内以避免获取与诉讼无关的信息和秘密信息。

第三,“只要能根据电子邮件与诉讼程序的潜在关联性对其进行区分,就应当审查潜在具有重大证据价值的电子邮件与其他邮件的区分可能”。

第四,“根据个案的情况,可以考虑不同的、可组合的材料数据分配可能性从而限制访问”。在最终扣押全部电子邮件之前,必须穷尽这些手段。特别需要注意的是,对存储电子邮件的数据库结构进行评估,如根据主题、时间或任务进行组织或者排序。

第五,如果在个别情况,由于相关刑事指控和技术上无法对电子邮件的采集立即进行分配,必须考虑暂时地扣押较大部分甚至全部电子邮件时,则应根据《刑事诉讼法典》第 110 条进行审查,以确定电子邮件作为证据具有重大价值和可用性。

第六,若必须全面获取数据,则应当在个案中审查获取数据的行为是否符合“禁止过度原则”的各项要求。

第七,根据《基本法》第 1 条第 1 款的规定,该法第 10 条也应当在私人生活的核心领域采取预防措施,保护个人发展。但是个人通信是否能被归入这一核心领域,还取决于其内容是否具有高度的个人相关性以及其对他人领域或者社会利益的影响方式和强度。在通信秘密权的保护范围内,这一核心领域并不包括与具体犯罪行为直接相关的通信内容,如关于即将发生的犯罪计划信息或者已经发生的犯罪行为报告。除此之外,如果高度个人化领域的通信内容被收集,则应当立即删除。

德国联邦宪法法院认为,调查机关对存储于供应商服务器上电子邮件的扣押和保全行为符合比例原则的要求。具体而言,第一,虽然诉愿人在商业活动中并不具有诈骗和贪污的嫌疑,但根据之前的调查结果,诉愿人经由他人授权对赃款进行转入或汇出的行为,与本案有密切的联系。所以调查机关针对申诉人存储于供应商服务器上的电子邮件进行扣押和保全并非恣意和武断的决定。第二,扣押决定中的扣押行为具有临时性,目的是审查并在随后的流程中扣押与证据有关的电子邮件,地区法院在申诉决定(Beschwerdebeschluss)中已经指出,经由审查,不能作为证据的电子邮件将退回给申诉人。在此情形下,搜索过程并未完成。扣押决定也仅具有搜查指导方针(Richtlinie)的性质。第三,获得所有电子邮件的完整副本并不意味着忽视了宪法所规定的限制,这一行为是基于相关人员的利益及调查目的而作出的。原因在于,如果不进行复制,那么很难进行粗略的筛选。取得完整副本后的筛选对邮件所属公司营业场所的完整性将带来较低水平的侵害,营业场所完整性受《基本法》第13条第1款的保护。同时,这尽可能地避免了调查人员在营业场所内长时间逗留。除此之外,法院已经根据合同内容对扣押对象的范围作出了一定的限制。第四,决定对大量分析利用信任关系中的数据以及对绝对受保护的核心私人生活领域的维护,不需要再进行详细说明。调查机关不必只根据法院的命令来遵守这些要求,因为这些限制是比例原则的要求,在适用法律时遵守这些限制不用再进行解释。综上所述,本案中的扣押行为符合比例原则的要求,截至目前,扣押决定并不违反宪法。

五、符合程序性保障的要求

对于实体法上基本权利(materielle Grundrechte)的有效保护,需要程序上的安排符合实质性的要求。这当然适用于《基本法》第10条第1款的规定,对于通信秘密的干预应当符合程序性的要求。被认可的程序性预防保障措施包括告知义务、提供信息/答询义务、删除和标记义务,参与权和(证据使用)禁止(Verwertungsverbote)。德国联邦宪法法院指出,现行刑事诉讼法已经包含了这方面的程序性规定,若此类保护不足以有效保护通信秘密,那么就在宪法基础上提出额外的要求。

第一,根据《基本法》第10条的规定,所涉基本权利主体有权知悉涉及自身的数据调查情况,调查机关有告知义务。虽然该条第1款并未明确规定告知的具体方式,但是这一义务受制于该条第2款法律保留的规定。《基本法》第10条第2款规定:“对前款的限制必须以法律为基础。如果该限制是为了保护自由民主基本秩序或联邦和州的存续与安全,法律可规定不告知相对人该限制,并由人民代表所确定的机关及辅助组织的核查代替法律途径。”对存储于供应商服务器上的电子邮件进行扣押,通常由执法机关事先通知相关人员。如果例外地在其不知情的情况下进行扣押,则必须在有效追求调查目的的前提下尽早通知邮件所有人。《刑事诉讼法典》第35条、第98条第2款第6句对上述情形均作出了规定。另外,该法第33条第4款第1句、第35条、第98条第2款第6句对无须告知的例外情形作出了规定。

第二,根据《刑事诉讼法典》第110条的规定,进行审查的目的是避免过度和永久地收集数据,进而减少对通信秘密的干预程度。

为了维持合比例性的要求,在个别情形下,有必要让数据所有者参与对被扣押数据程序相关性的审查。当然,根据宪法的规定,并非每个案件均需要数据所有者参与被扣押电子邮件的筛选,是否具有参与的必要,一方面应考虑刑事追诉的有效性,另一方面应考虑数据审阅的强度。

第三,就调查机构对电子邮件进行存储、分析利用的行为,该机构需要向受影响的人提供数据采集的信息,以使其防御对基本权利的可能侵害。《刑事诉讼法典》第147条、第385条第3款、第397条第1款第2句、第406e条、第475条以及第491条对此作出了规定。其中,该法第491条明确规定,除非《刑事诉讼法典》对提供或拒绝提供信息有具体规定,那么应向受被收集数据影响的非当事人提供信息。

第四,"数据收集的有限目的通常要求退回或删除所有不需要实现该目的的复制的电子邮件"[①]。依据《刑事诉讼法典》第489条第2款第1句,如果处理数据的程序已经完成,在《刑事诉讼法典》第489条第3款的意义上,也必须删除存储的数据。

第五,"根据宪法,在特定情形下,存在使用之禁止(Verwertungsverbot)"[②]。

第六,从宪法的角度来看,保全和扣押存储于服务器上的电子邮件并不必须履行标识义务。德国联邦宪法法院在之前相关的裁判中,已经对此作出了说明。[③] 行为的合目的性源于刑事诉讼调查程序。同时,在刑事诉讼中也可以定期对数据来源进行追踪。

据此,德国联邦宪法法院认为,"从程序法的角度来看,在访问

---

① BVerfGE 100, 313 (362); 113, 29 (58).

② BVerfGE 113, 29 (61).

③ Vgl. BVerfGE 100, 313 (360 f.).

宪法诉愿人存储于供应商服务器上的电子邮件之前通知诉愿人这一宪法要求应得到满足”。同时,地区法院在其申诉决定中驳回了申诉人及其律师参与审查被扣押电子邮件的要求,这在宪法上是没有异议的。对此,德国联邦宪法法院进一步指出,在任何情况下,都不能从诉愿人的陈述中推断出,为了确保本案的合比例性,宪法上存在将他纳入对被扣押电子邮件程序相关性的审查的必要,原因在于,仅仅基于诉愿人非嫌疑人的身份,对于被扣押的电子邮件,其并不能因此在宪法上获得不可被剥夺的参与审查的权利。

六、结论

对于存储于供应商服务器上电子邮件的保全和扣押,构成了对电信秘密的干预,此项基本权利规定于《基本法》第 10 条第 1 款,故对于此类电子邮件的扣押应当遵守上述规定。同时,《刑事诉讼法典》第 94 条及以下规定具有合宪性。依据该法第 94 条及以下条款作出的扣押决定,符合比例原则和程序性保障的要求,具有合宪性。

涉及的重大理论问题

一、电信秘密保护范围的判断标准

此前,根据德国联邦宪法法院的判决,《基本法》第 10 条对通信自由的保护以信息到达接收人处和通信过程结束为标志,第 10 条的保护范围仅限于通信双方的通信过程,当信息到达接收人处时,便不再属于通信自由的保护范围,而是落入信息自决权的保护范畴中。相较于此前通信过程的判断标准,在本案中,德国联邦宪法法院采取的目的解释方式扩大了《基本法》第 10 条的保护范围,改变了通信自由保护范围的判断方式,该条的保护范围不再通过技术性的手段判断通信过程的始终来界定,而是通过是否存在对信息支配和控制的可能进行判断。具体而言,德国联邦宪法法院指出,传输过程的起始和终结对于第10条保护范围的界定并非具有决定性,只有当通信人员将信息储存至只有其能够控制的区域时,通信人员所处的因通信过程的脆弱性而导致的特殊危险状态才得以解除。就存储于服务器上的电子邮件而言,此类电子邮件并不完全处于其自身的控制范围内,虽然通信过程已经结束,但该类邮件仍属于通信自由的保护范围。本案对于通信自由保护范围的界定不再严格遵守电信技术层面的通信概念,而是将公民基本权利的保护需求作为判断的标准。

作出此种改变的原因在于,在某些情形下,即便通信过程已经结束,但是通信用户对于通信信息仍不具有支配权,信息仍然处于容易被获取和披露的状态。本案中存储于供应商服务器上的电子邮件即属于此种情形。对此,通信秘密的保护范围不能够被僵化于通信过程之中,应当根据权利的功能对该项基本权利的保护范围进行界定。德国联邦宪法法院的判决结果便体现了这一观点。虽然存储于供应商服务器上的电子邮件已经到达接收者处,整个通信过程已经结束,但是即便此类邮件受到接收人设置的密码保护,仍存在被服务器供应商和刑事调查机关获取的可能。相较于其他到达接收人处的信息而言,如信件、口头信息等,此类邮件并不完全处于接收者的支配之下,存在被干预的较大可能。从这个意义上说,存储于服务器上的电子邮件不能因已到达接收者处而被排除出电信秘密的保护范围。

此前,对于存储于供应商服务器上的电子邮件性质的判断,德国学界已经提出了较多的解决方案,解决方案的核心均在于对电子邮件的传输过程进行阶段性的划分。但是,无论如何划分,均无法实现对基本权利的实质性保护。原因在于,这种解决方案要么未对电子邮件的阅读状态进行区分，要么将《基本法》第 10 条的保护范围限缩至邮件到达收件人邮箱之时。在本案中，德国联邦宪法法院以是否处于支配范围为标准，对这一问题作出了论断。不可否认的是，德国联邦宪法法院在本案中对通信自由的保护范围的扩张，使电信秘密呈现更为开放的特点，有利于适应社会实践过程中的各类新情况。

此外，相较于信息自决权，应当首先判断存储于服务器上的电子邮件是否属于通信秘密的保护范围。信息自决权同样是一项宪法上的基本权利，其根据《基本法》第 2 条第 1 款并结合第 1 条第 1 款而产生。关于信息自决权的产生与具体内涵，在此便不再赘述。应当注意的是，该法第 2 条第 1 款与第 1 条第 1 款分别为人格自由发展条款和人格尊严条款，在某些情形下，可以依其推导出宪法上未明确列举的基本权利，信息自决权即为例。但是，在判断具体案件中诉愿人提请审查的对象是否落入某项基本权利的保护范围时，德国联邦宪法法院首先判断的是，其是否落入《基本法》明确列举的基本权利的保护范围中。如果得出的答案是否定的，再考虑是否落入未明确列举的这类基本权利的保护范围中。原因在于，《基本法》第 10 条第 1 款在通信方面包含了一种优先于一般性信息自决权的特别保护。故此，当德国联邦宪法法院认为存储于供应商服务器上的电子邮件属于通信秘密权的保护范围时，便无须再对其是否落入信息自决权的保护范围作出判断。

二、干预电信秘密的规范基础

在本案中，德国联邦宪法法院明确指出，就保全和扣押存储于服务器上的电子邮件而言，《基本法》第 10 条第 2 款规定的干预行为的法律依据是《刑事诉讼法典》第 94 条和第 98 条。根据德国联邦宪法法院的判决，其作出这一论断的原因在于，从该法第 94 条、

第99条、第100a条和第100g等条文的体系地位来看,不能得出立法者在规范概念上认为只能以上述3项条款来干预《基本法》第10条第1款规定的通信自由这一结论。虽然德国联邦宪法法院将此类邮件纳入通信自由的保护范围,但并未以限制通信自由的法律依据——《刑事诉讼法典》第100a条和第100b条——对保全和扣押(存储于服务器上的电子邮件)行为进行限制。在此情形下,根据该法第94条和第98条的干预行为通常不是秘密进行的,这与一般通信自由的干预要求并不相同。同时,这种对数据的扣押和保全应当是可以选择的,扣押对象也应当与特定的调查目的相关,这使当事人有机会对措施的执行提出异议。

对于通信自由保护范围的扩张,往往伴随干预要求的降低,至少在公开扣押方面,刑事追诉使扣押行为具有了目的合法性,无论罪行的严重程度如何,并不影响对通信自由的干预。[①] 具体而言,如果以公开的方式扣押存储在供应商服务器上的电子邮件,应当以《刑事诉讼法典》第94条、第98条为依据,在此情形下,干预行为并没有特别的门槛,无论从罪行的严重性或是涉嫌犯罪的可能性而言,均是如此。[②] 换句话说,即便被起诉的罪行不是重大犯罪,对刑事犯罪仅具有初步性的怀疑,也可以公开地对此类邮件进行扣押和保全。

三、电信秘密与其他宪法价值的冲突与平衡

通信自由与宪法保护的其他价值之间,存在相互冲突的可能。《基本法》第10条第2款要求,只有在特定情形下,法律才可以对此

① Vgl. Wolfgang Durner, Beschlagnahme von E-Mails auf dem Mailserver des Providers, JA 2010, S. 240.

② Vgl. Oliver Klein, Offen und (deshalb) einfach-Zur Sicherstellung und Beschlagnahme von E-mails beim Provider, NJW 2009, S. 2996 (2998).

项基本权利进行限制。在本案中,不仅存在通信用户一方的利益,对于可能对通信自由构成干预的刑事调查机关而言,其同样背负查明案件真相、进行有效刑事追诉的责任,进而保证公共利益的实现。德国联邦宪法法院认为,在平衡二者间的关系时,应当考虑被扣押电子邮件与刑事案件的关联意义、犯罪的严重性和犯罪嫌疑的大小、扣押范围是否存在进一步缩小的必要和可能以及是否存在损害更轻的手段等。扣押行为虽然是对《刑事诉讼法典》的适用,但是也应当符合比例原则的要求。

同时,通信自由作为一项基本权利,要求保全和扣押行为应当符合法律上的程序性规定,基本权利人具有相应的程序性权利。但在某些情形下,刑事调查机关对于程序性义务的履行可能导致调查目的无法实现、第三人权利受损等后果。根据《基本法》第 10 条第 2 款的规定,只有根据法律,扣押机关才可以不履行对通信自由的程序性义务,如通知、标记义务等。对于可以限制通信自由的例外情形,《刑事诉讼法典》第八章作出了详细的规定,刑事调查机关仅可依该法的相关规定在程序性问题上对通信自由作出限制。虽然通信自由确实包括了对处于通信人员支配范围之外信息的保护,但在涉及危及调查目的等情形时,法律不应再优先保证通信自由的实现。在本案中,诉愿人非嫌疑人的身份并不产生宪法上不可被剥夺的程序性权利。对于上述程序性要求,《刑事诉讼法典》已经作出了较为具体和充分的规定。

后续影响

就德国联邦宪法法院在本案中对通信自由保护范围的界定方式而言,德国学界还存在较大的争议。持赞同观点的学者认为,这对于通信自由是一种适当的发展,德国联邦宪法法院解决了一个极具争议性的问题。[①] 反对者认为,这种判断方式扩张了通信自由的保护范围,将导致保护范围的超负荷。[②] 虽然德国联邦宪法法院将存储于服务器上的电子邮件纳入了《基本法》第 10 条电信秘密的保护范围,但是德国联邦宪法法院并未选择将德国《刑事诉讼法典》第 100a 条、第 100b 条确定为限制扣押保全此类邮件的法律依据,而是以《刑事诉讼法典》第 94 条、第 98 条为依据。对于存储于服务器上的电子邮件而言,虽然其被德国联邦宪法法院归入通信自由权的保护范围,但在刑事诉讼程序上,适用的却是限制信息自决权的规范性依据。应当指出的是,这使德国联邦宪法法院对该类电子邮件属于何种基本权利保护范围所作的区分意义并不显著。

近年来,我国学者对"八二宪法"第 40 条规定的通信自由和通信秘密权有较高程度的关注,学界曾针对通话记录、通信记录是否属于第 40 条的保护范围进行了较为热烈的讨论。[③] 在这一过程中,有学者参考德国联邦宪法法院的观点,指出应当根据信息的存储位置对通信自由和通信秘密的保护范围进行界定:"目前通信秘密的保护并不以通信结束为标志,而是以该秘密的存储地点为准。因此,如果法院从电信公司调取通话记录、交警部门从互联网服务商调取通信记录,它们仍然受通信秘密的保护。反之,法院和交警部门如果从当事人的设备上调取通话记录或通信记录,则不属于通信

---

① Vgl. Oliver Klein, Offen und (deshalb) einfach-Zur Sicherstellung und Beschlagnahme von E-mails beim Provider, NJW 2009, S. 2996 (2999).

② Vgl. Krüger, Die Anmerkung zu BVerfG Beschlagnahme von E-Mails auf Server des Mailprovides, MMR 2009, S. 680 (682).

③ 参见杜强强:《法院调取通话记录不属于宪法上的通信检查》,载《法学》2019 年第 12 期;王锴:《调取查阅通话(讯)记录中的基本权利保护》,载《政治与法律》2020 年第 8 期。

秘密,而是隐私权或者个人信息自决权的问题。”①

应当注意的是,本案中德国联邦宪法法院对于通信自由保护范围的判断并非孤立的问题,其与干预通信自由的法律依据、程序性的保护要求密切相关。具体而言,将储存于服务器上的电子邮件纳入通信自由的保护范围,是德国联邦宪法法院针对此类争议的整体性解决方案,是对德国《刑事诉讼法典》中限制干预的要求、调查机关降低程序性要求门槛等问题综合考量的结果。② 所以,对于本案中通信自由保护范围判断方式的借鉴,一方面,应当在整体性视角下展开,关注这一观点与干预行为的规范依据、程序性要求之间的密切关联;另一方面,还应当充分考虑到本案的巨大争议性,综合反对意见,辩证地看待德国联邦宪法法院的论证思路和结论。不可否认的是,对信息是否具有支配权的判断方式、存储于供应商服务器上的信息究竟属于何种基本权利的保护范围,仍有进一步讨论的空间和必要。

---

① 王锴:《调取查阅通话(讯)记录中的基本权利保护》,载《政治与法律》2020 年第 8 期。

② Vgl. Oliver Klein, Offen und (deshalb) einfach-Zur Sicherstellung und Beschlagnahme von E-mails beim Provider, NJW 2009, S. 2996 (2997).

电信数据留存案

阮 爽

案例名称 电信数据留存案（Vorratsdatenspeicherung, BVerfGE 125, 260, 2010 年 3 月 2 日）

关 键 词 电信数据留存 通信秘密权 个人信息保护

案 情

迫于反恐压力，欧盟于 2006 年 3 月 15 日颁布了《电信数据留存指令》(2006/24/EG)。根据该指令要求，成员国须在规定时间内将指令内容转化为国内法，为此德国于 2007 年 12 月 21 日颁布了《电信监控与其他秘密调查措施新规定以及转化指令 2006/24/EG 法》(2008 年 1 月 1 日生效)，通过该法为《电信法》增加了第 113a 条、第 113b 条，并修改了《刑事诉讼法典》第 100g 条。根据转化法，所有公共电信服务提供者须将在服务提供过程中产生的用户通信数据进行留存，期限最少为 6 个月，最长为 2 年，以备日后特定刑事犯罪的侦查所用。这一措施引起了广泛的争议，以社会组织“数据留存研究小组”为首，[①]包括其他各行各业共计约 34, 000 人于 2007

① “数据留存研究小组”(Der Arbeitskreis Vorratsdatenspeicherung)是成立于 2005 年 12 月的联邦社团，由维权人士、个人保护人士和互联网使用者及其他相关非个人组织组成，致力于反对和抗议国家的过度监控行为，特别是对公民电信数据及其他行为数据的记录措施。

年 12 月 31 日向联邦宪法法院提起了宪法诉愿,认为电信数据留存相关法律规范损害了自己的通信秘密权(《基本法》第 10 条第 1 款)、职业自由权(《基本法》第 12 条第 1 款)、财产权(《基本法》第 14 条第 1 款)、言论自由权(《基本法》第 5 条第 1 款)和平等权(《基本法》第 3 条第 1 款),要求联邦宪法法院判决该法律规范因违宪而无效。

本案涉及的主要条款包括:

《基本法》第 1 条第 1 款规定:

人的尊严不容侵犯。尊重和保护人的尊严是所有国家权力的义务。

《基本法》第 2 条第 1 款规定:

每个人享有自由发展其人格的权利,只要不侵害他人的权利,不违反宪性秩序和道德法则。

《基本法》第 10 条第 1 款规定:

书信秘密、邮件秘密和电信秘密不可侵犯。

《基本法》第 12 条第 1 款规定:

所有德国人均有自由选择职业、工作岗位和培训场所的权利。从事职业可通过法律或依据法律予以规定。

裁判要旨

1. 2006 年 3 月 15 日欧盟指令 2006/24/EG 所规定的,通过私人电信服务提供商对电信通信数据进行事前无理由的留存行为,并非绝对违反《基本法》第10条,因此该指令可能具有的优先地位在此无须进行判断。

2. 根据比例原则的要求,对这一类型数据留存进行法律规定时必须要充分考虑到它对基本权的严重限制。针对数据安全、数据使用、透明原则以及权利保护问题必须予以有效、严格且明确的规范。

3. 根据《基本法》第73条第1款第7项的规定,作为与留存义务不可分离的要求之一,立法者有义务保障数据安全并且对以何种目的使用数据进行明确界定。与此相应,设立调取数据规定之管辖及对透明原则和权利保护规定之管辖须依照专业领域管辖权进行归属。

4. 对于数据安全须制定明确且具有约束力的极高的安全标准。为此,法律无论如何都要确保安全标准的设置以专业讨论的发展水平为导向,不断吸纳新知与新观点,不囿于一般性的经济视角作出的单独衡量。

5. 留存数据的调取和直接使用仅当以保护极其重大权益为目的时,方符合比例原则。在刑侦领域,留存数据的调取和使用须以侦查已有确定事实证明的严重犯罪嫌疑为前提条件。对于危险预防和情报工作职务的履行,仅在有确切线索证明存在威胁到自然人身体、生命或自由的具体危险的情况,威胁到联邦或州的生存或安全的具体危险,或存在极端危险情况,方允许调取和使用留存数据。

6. 电信服务提供商对于互联网协议地址问询予以答复,这类对留存数据的间接使用仍然被允许,且目的仍不限于涉及特定犯罪行为或特定权益的刑事侦查、危险预防和情报工作职务履行。调查违反秩序行为仅在法定的重大情形下允许进行问询。

裁判理由与论证

为保证电信服务的正常提供和其他商业目的，电信服务提供商可以在合同约定范围内留存和使用电信用户的基本数据、通信数据以及定位数据等。与此不同，经国内法转化的电信数据留存则属于国家采取的安全措施，要求电信服务提供商留存法律明确列举的特定数据，以备法定公权力机关日后在法定情形下进行调取和使用。这一措施的执行者虽然是电信服务提供商，但其履行的是国家强制性要求，并无自主判断的余地，因此该措施的性质归属于国家行为，须置于宪法视角下接受法律保留、比例原则等要求的检验。联邦宪法法院的裁判聚焦于电信数据留存措施是否限制了用户的通信秘密权，以及该限制形式和实质意义上的合宪性。本案中，联邦宪法法院对该措施的合宪性并未进行绝对否定，且详尽列举了一个可能合宪的留存措施所应遵循的具体要求，现行法所设置的留存措施因远未达到这些要求而被认定为违宪。

一、通信秘密权还是信息自决权

通过1983年的“人口普查第二案”，[①]德国联邦宪法法院根据《基本法》第2条第1款结合第1条第1款确立了公民的信息自决权，并通过一系列的宪法判决巩固和发展了这一权利的内涵。电信数据亦可能包含个人信息，若这类数据被强制储存，可能限制用户的信息自决权，本案的首要问题是判断适用通信秘密权还是信息自决权。

《基本法》第10条第1款所保护的通信秘密权意在保护个人通信过程的秘密性，即个人之间借助电信通信方式对信息进行的无形

① BVerfGE 65，1.

传输免受公权力的知晓。受保护的不仅仅是通信的具体内容,还包括涉及通信过程的相关情况,特别是谁、何时、与谁、以何种方式、何种频率进行或者尝试进行电信通信。公权力对受保护数据进行的任何获取、记录、评估及使用行为都是对公民通信秘密权的限制。相较于《基本法》第2条第1款结合第1条第1款,即一般性的对个人信息的保护条款,第10条提供的是一种保护通信秘密性免受公权力干涉的特殊保障。由于电信数据留存措施涉及的是电信通信过程中的相关数据,因此对本案的判断应适用通信秘密权。但联邦宪法法院仍强调,因可能涉及对个人信息的处理,电信数据留存措施仍须接受由个人信息自决权发展而来的个人信息保护要求的检验。

二、留存措施对通信秘密权的限制是否符合比例原则

通信秘密权是公民的重大基本权利之一,但基本权利的保障当然并非绝对,为维护国家安全、公共安全等利益,允许立法者制定安全措施对公民个人自由作出一定程度的限制。限制措施是否符合宪法取决于它对基本权利的限制程度与实现立法目的之间的平衡状态,一个失衡的、作出过度限制的安全措施将不被宪法所允许。对不同利益间平衡状态的判断并非简单的价值判断,而是一个将抽象价值置于具体情况中的详细论证过程,需要考虑的因素包括受限制基本权利的性质和重要程度、安全措施的限制程度、措施制订的形式、具体目的、措施的适当性、必要性和均衡性等。

1. 留存措施对通信秘密权的限制程度

留存措施对通信秘密权的限制体现在几个方面。首先,根据修订后的《电信法》,电信服务提供商,包括电话服务提供商、电子邮件服务提供商、互联网接入服务提供商,须留存用户的:(1)固定电话、移动电话或其他方式进行或尝试进行的通话起始日期、时间;

(2)所用设备的识别信息、互联网地址;(3)用户电子邮件、各类型短信息发送和接收的起始日期和时间、所用设备的识别信息、互联网地址;(4)互联网使用的起始日期、时间等数据。以上数据的留存时间为6个月。上述通信数据能够清晰准确地反映用户电信通信和互联网使用的时间、地点、方式、频率,属于《基本法》第10条第1款保护的通信过程的相关情况。尽管上述数据并不直接透露通信内容本身,但该类信息的保护对维护通信过程的秘密性同样具有关键作用,因此对上述数据的储存限制了用户的通信秘密权。

其次,《电信法》规定上述留存数据可为侦查刑事犯罪、预防危及公共安全的危险或履行联邦和州宪法保卫机关、联邦情报机构和军事反间谍机构法定任务之目的,应有权机关的要求进行转交。虽然这一规定未包含使用这些数据的直接授权,但因明确留存数据允许为哪些目的而使用,故而也构成了对通信秘密权的限制。

最后,根据《刑事诉讼法典》的新规定,侦查机关有权在法定条件下调取和使用留存数据,法定条件包括须为侦查特定严重犯罪(特别是第100a条列举的)、未遂犯罪、通过另一犯罪行为而进行准备的犯罪或以电信方式实施的犯罪之必要(以其他方式已无法有效进行侦查),且须有确定事实证明上述犯罪行为确已发生。这一规定授权侦查机关对留存数据进行调取和使用,毫无疑问属于公权力对通信秘密权的直接限制。

电信数据留存措施对通信秘密权的限制无论从深度还是广度而言都前所未有。电信通信和网络服务如今得到广泛普及,并渗透至公民生活和工作的方方面面,对于电信通信数据进行长达6个月的留存意味着全体公民6个月内的所有通信行为都被记录下来。尽管单独的、零星的通信数据对公民行为的反映尚显粗略,但如果将所有通信数据进行长期分析,公民的职业团体、所属机构、兴趣社团、社会交往、政治倾向、个人偏好或嗜好方面的细节将一览无遗。随着这类信息的不断积累,公民的通信习惯甚至其他个人行为将轻而易举地得到重现,对通信秘密性的保护将名存实亡。电信数据留存措施比过去的信息类安全措施更为严厉,尤其体现在这一措施的事前性和无事由性之上,即在留存阶段尚未发生任何犯罪行为或现实危险的情况下,数据收集就已开始进行。在某种意义上,这一措施将全体公民视为潜在的犯罪嫌疑人而对其电信数据进行留存以备未来之用,而在留存阶段还未有证据证明有任何不轨的公民却承受着通信行为甚至日常生活被国家监视的威胁感,并承担着其个人通信数据可能被泄露或滥用的巨大风险。

早在1984年"战略监控案"的判决[①]中,联邦宪法法院就强调过通信秘密权的重大意义。只有公民私人之间的通信在不受公共权力监视的情况下,个人消息、想法和观点才能自由地进行交换,这种自由交流是公民人格自由发展的重要基础,对通信秘密权进行保护是维护思想自由和行动自由的人之尊严的应有之义。[②] 鉴于此,对通信秘密权的限制必须慎之又慎,实施电信数据留存措施须具备充分的理由,并辅之以与其影响程度相当的严格的法律限制。

2. 形式意义上的合宪性检验——法律保留原则

《基本法》第10条第2款第1句明确规定,通信秘密权只能依法律进行限制。电信留存措施的制定,形式上受到法律保留原则的约束,这意味着该措施必须通过明确具体的法律条文进行规定,且符合联邦层级的专属立法职权范围。

在联邦宪法法院看来,在上述方面,留存措施规定都符合基本

① Vgl. BVerfGE 67,157.

② Vgl. BVerfGE 67,157 (171).

要求。首先,无论是《电信法》还是《刑事诉讼法典》中的条文,都属法律层级的直接规定,符合《基本法》第 10 条第 2 款的要求。其次,联邦对电信的专属立法权仅限于技术层面对电信基础设施的设置,以及借助电信设备进行的数据传送,并不包括传送内容本身或相关数据使用事项,也不包括刑侦和危险预防中的电信监控。但法院认为,《电信法》中的留存措施涉及个人信息保护问题,两者的规范相互交织,这种情况下由于缺少明确的立法职权分工,联邦层面必须与州共同制定,故而具有立法职权。该立法职权也包括了对留存数据在必要情况下交予有权机关使用措施的制定,但措施目的须具有针对性且具体明确。在法院看来,涉案规定从形式上符合法律保留原则和法律明确性要求。

3. 实质意义上的合宪性检验——比例原则

(1)目的正当

自联邦宪法法院作出"人口普查第二案"的判决后,为不确定的目的或尚未确定的目的对个人信息进行备案式储存被严格禁止,电信数据留存措施尚不属于该类措施。对通信秘密权的保护并不禁止所有对通信数据的事前储存措施,本案争议措施的立法目的是提高刑事侦查、危险预防的效率和履行情报工作职责,这些目的均为正当,原则上允许为该目的而对通信秘密权进行限制,联邦宪法法院的往昔判决对此都予以过肯定。

(2)适当性

适当性并不要求留存措施在个案中百分之百实现理想目标,只要对于目标的实现有促进作用即可。鉴于电信通信方式对准备和实施犯罪具有越来越重要的作用,对所有的通信数据的事先储存必然能够在一定程度上于具体案件发生后提高其侦破的可能性,在这一点上法院并无异议。

(3)必要性

必要性要求为实现立法目的,措施的实施实为必要,且很难找到其他同样能达到目的但更为温和的方法。因此,是否存在同样有效但对基本权限制程度更低的替代措施,是探讨争议措施是否符合必要性要求的关键。在各界对留存措施的广泛讨论中,一种名为"速冻程序"(Quick-Freezing-Verfahren)的替代措施颇受关注,[①]即在特定的具体嫌疑或危险出现后立即储存相关人的特定通信信息(喻为"速冻"),有权机关在法官批准后进行使用。赞同者认为,以"速冻程序"来替代事前的无理由储存措施仍能提高侦查效率,且显然对公民基本权利更为友好。而联邦宪法法院认为,从促进目的达成的角度考虑,"速冻程序"储存和可支配的通信数据范围被极大限缩,其有效性必然相应减弱,尽管"速冻程序"更为温和,但并非事前留存措施的最佳替代措施。

(4)均衡性(狭义比例原则)

通过联邦宪法法院判决的持续发展,狭义比例原则要求一项限制措施实现立法目的带来的利益要与其给公民基本权利带来的限制程度之间保持平衡状态。[②] 即使一项措施目的合法,有助于目的实现且为必要,但若因此过度限制公民的基本权利则仍不符合比例原则的要求。

通信秘密权之于公民的自我发展和人性尊严的重大意义不言而喻,但国家与公众的安全也同样重要,两者在《基本法》中同属于极高位阶的权益,对两者进行保护都是国家的核心任务之一。[③] 电

---

① 该措施由自由民主党提出,正式提出于2010年11月9日由其发布的报告——《自由民主党议会党团为提高互联网上打击犯罪所列举的要点》。

② Vgl. BVerfGE 90, 145 (173); 92, 277 (327); 100, 313 (375 f.); 109, 279 (349 ff.); 115, 320 (345 f.).

③ Vgl. BVerfGE 120, 274 (319); 49, 24 (56 f.).

信数据留存措施对促进高效的刑事侦查和危险预防的意义亦不可忽视,特别是考虑到在现代社会,和其他传统交流方式相比,电信通信方式跨越了时间和空间上的阻碍,将交流过程彻底隐匿于公众视线之外,这必然蕴含了新的威胁。传统犯罪借助电信通信方式能够更隐蔽地进行准备和实施,一些新型犯罪更是直接运用信息技术进行,电信数据留存措施对所有通信痕迹进行备案式留存,在未来犯罪事实或危险出现后通过分析已储存的通信信息,能够有效寻找到分散在人群中的相关人员并进行调查,因此这一措施对于提高犯罪侦查和危险预防的效率具有重要作用,有助于维护国家和公共安全。

联邦宪法法院肯定了留存措施对立法目的的促进作用,要衡量的是这一措施对公民基本权利相应的限制是否过度。尽管联邦宪法法院着重强调了留存措施是对通信秘密权的重大限制,但亦明确表示,就其本身性质而言,这一措施并非绝对违宪。原因在于以下几个方面:首先,电信数据留存虽然是国家行为,但这一措施是通过向电信服务提供商施加义务的方式得以实现的,相关数据并未储存在国家手中,而是在电信服务提供商处,国家仅在符合法定条件时向电信服务提供商调取留存数据并使用。这一设置阻却了国家对留存数据的直接获取和使用,并保证了该措施并不属于历来严格禁止的无确定目的的个人信息储存行为。其次,留存措施内容毕竟不包括通信内容,既未损害通信秘密权之本质,也未伤及人性尊严之核心内容。从具体设置上看,留存时间也被限制在 6 个月内,这给个人通信数据的不断积累设定了时间上限。尽管电信数据留存行为属于严重的权利限制,但自身仍受到上述种种限制。最后,鉴于电信通信技术的特性,通信过程的进行并不暴露于公众之中,也不会形成社会性共同记忆,不会像其他领域那样,过去发生的事件可能基于偶然的记录而得到重现。通信数据要么被删除而永远丢失,要么被留存以供使用,因此立法者可以在考虑国家职权履行并进行利益衡量后决定在多大范围内删除或者储存该类数据。

综合上述理由,电信数据留存措施就其自身性质而言并不必然违宪,需要进一步探讨的是其具体设置,特别是数据安全、数据使用范围、透明原则的遵守和权利保护的设置是否符合宪法要求,措施实施条件的严格程度是否能够与其对基本权利限制的严重程度相匹配。

4. 合宪性电信数据留存措施的具体要求

(1)数据安全标准

鉴于留存数据的规模范围之广、敏感程度之高、面临被泄露和被滥用的风险之大,对这部分数据的保护应适用高于一般级别的安全标准。由于储存执行主体是追逐私利的服务提供商,缺少对此投入的积极性,因此留存措施的法律设置必须对数据安全的高标准作出明确规定,包括对留存数据的保存、向有权机关的传输,以及储存期届满后的有效删除。

作为高标准的示例,联邦宪法法院列举了一些庭审中的专家意见,如留存数据与其他数据物理分离储存、作为储存介质的计算机不得联网、获取留存数据通道须加密且密钥分离保存、获取密钥通道须附加认证程序、获取数据操作者不得少于两人、获取和删除操作须有记录可查等。除了技术向的设置,电信服务提供商对个人数据泄露情况应负有报告义务并承担无过错责任,以促使服务提供商重视安全义务的履行。

总之,宪法虽未对数据安全措施作出过于细节性的要求,但要保证的是,在不同情况下数据保护的安全标准一定要符合法定主体自身的性质以及相应的技术发展水平。立法者须保证留存措施的数据保护标准不得由电信服务商自行掌握,而要制定明确具体的法律规范加以约束,并通过监督机关和独立的个人信息保护官监督相关规定的执行,若有违反义务的行为须承担相应责任。

(2)留存数据调取和使用条件

对数据调取和使用条件的考量必须要考虑留存行为本身已构成一种严重的权利限制。根据联邦宪法法院以往的判决,储存行为自身对权利限制越大,调取和使用条件也必须相应越严格,才符合均衡性的要求,立法者要从使用事由、目的、范围等方面通过有针对性的明确规定对调取和使用条件进行严格限制。鉴于留存数据对个人私人生活的反映之准确,调取和使用条件的严格程度应不低于电信监控措施的法定条件,即留存数据只能为保护格外重大的权益,如对极其严重的犯罪侦查或重大危险预防时方能调取和使用。

具体而言,在刑事侦查领域,调取和使用条件须设置为以调查有确定事实证明的严重犯罪嫌疑为目的,哪些犯罪属于严重犯罪须明确列举,不得以一般条款概括之。在危险预防领域,为预防哪些犯罪造成的危险也同样应设有较高的门槛,原则上应仅以为预防个人生命、身体或自由的危险,联邦或州的存续与安全危险,或为防御某种普遍危险为目的,且该危险不能仅依据一般经验进行推断,须有确切线索证明存在具体的现实危险,即有确切事实证明某一确定的个人在某个可预见的时间会对上述权益造成损害。此外,情报工作领域在有专门法律授权的情况下也可以调取和使用留存数据,条件设置应同样遵守上述原则。

尽管数据储存阶段已有明确的范围界定,但数据使用阶段的规定仍然要对可调取和使用的数据种类及范围作出具体列举,并针对不同调取要求进行层次区分,如以时间段、通信网的服务区域、通信方式等作为精准化标准。而在一些特殊情况下,如为保护特定职业中的信任关系,或者为保护如社会工作领域中的困难救助工作者等负有保密义务的人群和咨询人本身,相关数据应被排除在调取范围之外。在调取和使用程序方面,应保证有权机关获得数据后不得拖延,须立即对数据进行分析并在达到使用目的后删除。此外,有权机关依照法定条件获得数据后的行为依然要遵守目的约束原则,如转交其他机关等改变原使用目的的行为需要明确的法条授权。

(3)透明原则

电信数据留存措施致使电信用户感觉始终处于无形的监视之中,且无从知晓哪些机关是否以及何时或如何使用自己被留存的数据,即无法掌控国家机关对于自己私人生活情况的了解程度,因此透明原则是留存措施的合宪性要求之一。立法者必须保证透明原则得到有效遵守方能抵御措施带来的无形的威胁感。此外,透明原则得到保障,用户才能在此基础上维护自己的权益。在留存措施的设置中,立法者应明确规定原则上调取和使用行为须立即通知当事人,若当事人知晓将导致调查目的失败则可以不予告知,但这类情况应作为例外,限制在个案确有必要时,并经法官批准,且在例外情况消除后立即通知当事人。

(4)有效的权利保护

一个可能符合宪法要求的留存措施,还要能够提供有效的权利保护以及相应的惩罚手段。联邦宪法法院认为,对于一项严重的基本权限制措施,设置一个独立机关进行事前审查是有力的权利保护措施之一。在留存措施中,尤其是在留存数据被秘密调取和使用的情形中,应由法官在事前进行审查并决定是否准予实施。法官保留制度的设置能够有效预防有权机关滥用权力,立法者应专门对这一预防措施作出明确具体的规定,对法官的审查内容、标准和依据提出严格的要求,法官须对照调取数据的种类和其调取条件谨慎审查,最终决定必须附有充分论证。有效的权利保护还包括通畅的事后救济途径,当事人对于调取和使用行为提出异议和诉诸法院的权利应当得到保障。此外,对违法行为要规定相应的惩罚措施,若权力滥用不必付出任何代价,则对通信秘密权的保护将有名无实。

虽然电信数据留存措施并不绝对违宪,但鉴于其严重的权利限制程度,其具体设置必须符合严格的宪法要求。综合上述要求来看,联邦宪法法院认为《电信法》和《刑事诉讼法典》的相关规定在数据安全、数据使用目的界定、透明原则的遵守以及权利保护等方面虽有涉及,但并没有达到相应标准,因此该措施因未能满足比例原则中的均衡性要求而违反了宪法。

三、是否侵害了电信服务提供商的职业自由权

电信数据留存措施是国家行为,但由电信服务提供商具体执行,诉愿人认为这些私人企业为履行法定义务可能要投入更多的技术和资金,特别是如果法定标准格外严格,则可能因为这些额外负担过于沉重而影响电信服务提供商的正常经营活动,侵害其职业自由权。

对此联邦宪法法院认为,留存义务规定确实有规制电信服务经营活动的倾向,通过施加储存和转交的义务,限制了电信服务商的职业自由,但这一义务的设置目的合法正当,为达到这一目的留存义务也具有适当性和必要性。在审视均衡性要求时,联邦宪法法院认为,服务商作为电信市场的参与者,无论其规模大小,在涉及数据收集、存储和加工方面本来就必然有所投入,即使不存在强制留存义务,服务商也要为服务的正常提供或其他商业目的储存用户的通信数据,并对这些数据依照法定安全标准进行保护,因此强制留存义务并不会带来超过合理范围的额外负担。综上,电信数据留存措施并未侵害电信服务提供商的职业自由权。

四、小结

在宪法诉愿人提出的众多质疑中,联邦宪法法院重点对电信数据留存措施是否侵害了电信用户的通信秘密权和电信服务提供商的职业自由权作出了判断。留存措施作为一项安全举措,旨在提高犯罪侦查、危险预防等国家任务的履行效率,从范围和时间上看,也并非对公民的全面监视。但鉴于通信数据在公民生活中的地位和作用,这一措施已严重限制了公民的通信秘密权,即使作为一项具有合法目的且必要的安全措施,其设置也必须依照极其严苛的要求进行,否则将违反宪法要求。在法院看来,《电信法》和《刑事诉讼法典》中的相关规定在众多方面没有达到相应的标准,违反了比例原则,因而违宪。对于电信服务提供商的职业自由权,留存措施虽有限制作用,但影响有限,并未超过合理范围。最终法院判定《电信法》第113a条和第113b条以及《刑事诉讼法典》第100g条第1款第1句的规定因侵害了公民的通信秘密权而无效,已根据该法规而储存的通信数据应立即删除且不得转交给其他机关。

涉及的重大理论问题

自"9·11"事件后,面对日益猖獗的恐怖主义活动,各国纷纷制定了新安全战略,其明显变化趋势之一,是将工作重心从过去的事后打击转为事前防御。由于信息技术已深度渗透个人生活的各个方面,这一战略的实现需要以海量个人信息的收集和分析为基础,因此新型安全措施大多表现为授权国家机关大量收集、分析和使用个人信息,即使在收集时尚未有具体的犯罪和现实的危险出现。电信数据留存措施就是在这一背景下作出的众多调整之一。安全策略的调整也许确有必要,但这一趋势也对德国长久以来坚守的法治国原则提出了挑战，民众在愿意为安全付出一定自由代价的同时也极为警惕监控国家的形成。在“电信数据留存案”之前已有涉及个人信息收集和使用的“扫描式追缉案”[①]、“在线搜查案”[②]、“机动车牌照自动识别案”[③]等判决，自由与安全两者博弈之激烈可见一斑。

早在“人口普查第二案”中联邦宪法法院即表明，根据法治国原则，对个人信息自决权进行的限制必须符合明确性要求，即原则上公民从相关规定中要能够清楚知晓自己的哪些信息被收集并用于什么具体目的，[④]目的明确原则由此成为法治国原则在个人信息保护法中的具体要求之一，严格禁止对个人信息进行无明确目的或无法确定目的的备案式收集行为。在“扫描式追缉案”中，联邦宪法法院强调预防性的搜索措施仅在确定事实出现表明有具体危险后，为保护重大权益才能实施，一般的危险防御情况下不得使用。[⑤]对于在线搜查措施（一种秘密侵入搜查对象计算机系统进行搜查的措施），法院同样禁止在未出现具体嫌疑人可能造成现实危险的情况下使用。[⑥] 在之后的“机动车牌照自动识别案”中，联邦宪法法院对这种在公共场所通过监控设备自动收集机动车牌照信息以作对比的安全措施也作出了严格限制，在没有任何具体事由的情况下不得实施，具体事由包括具体的危险情况、合法权益受到威胁或侵害的风险增加等，其也不得作为一项常规措施进行全面实施。从这一系列判决中可以看到，面对安全形势的改变，联邦宪法法院并未对个人信息类安全措施降低实施门槛，反而提出了种种限制，如明确

① BVerfGE 115, 320.
② BVerfGE 120, 274.
③ BVerfGE 120, 378.
④ Vgl. BVerfGE 65, 1 (44).
⑤ Vgl. BVerfGE 115, 320 (360).
⑥ Vgl. BVerfGE 120, 274 (326).

的收集和使用目的,这里的目的必须是法定的、有明确具体事由的目的,概括性的目的不符合这一要求;事前的预防型信息收集措施必须以得到证实的具体危险出现或可确定的犯罪嫌疑出现为前提条件等。

以转化欧盟指令为契机实施的电信数据留存措施引起轩然大波,不仅是因为它是新型安全策略之一,更是因为它可能导致一种以对个人数据进行无事由、无具体危险、无具体嫌疑人的备案式储存模式作为预防手段的趋势。例如在该案之后,在民航领域,德国为转化欧盟相应指令制定的《航空乘客数据法》(Fluggastdatengesetz)将所有乘客个人信息进行记录、留存和对比分析,以备未来可能发生的犯罪侦查时和为国家机关履行其他任务时使用。这显然也是一种事前无事由的备案式储存措施,如果这种模式的安全措施不再成为例外,而成为各个领域的常规措施,则意味着公民在各个领域的行为将都被记录下来,一个遍布全社会的监控网络就会形成。

联邦宪法法院在“扫描式追缉案”判决中曾表示,宪法并不禁止立法者在面对新的危机形势时于警察法领域对传统法治国原则进行继续发展,立法者可以根据不断变化的现实情况对自由与安全间的平衡进行调整,但绝不允许将所有砝码推至其中任意一方。① 联邦宪法法院在“电信数据留存案”中依然秉持了这一态度。在判决中,联邦宪法法院关注到了信息社会安全形势以及危险形式的新变化,确认立法者可以在利益衡量后采取应对措施,并充分肯定了电信数据留存措施对于刑事侦查和危险预防的积极作用。但同时,联邦宪法法院也着重强调留存措施是基于电信通信方式的特殊性

① Vgl. BVerfGE 115, 320 (360).

而采取的，因此必须作为一种例外仅限于该领域实施，立法者不得将对这一措施的肯定理解为对同类措施广泛实施于其他领域的许可。假如立法者在刑侦或危险预防领域授权有权机关备案式全面收集公民信息，那么这种预防措施无论设置严格与否都将是绝对违反宪法的。公民的自由行动不得被全面记录属于德国宪法的核心精神之一，这一精神在欧盟一体化和全球化的过程中也不得动摇。电信领域的留存措施必须被视为新安全形势下的例外措施，立法者不得以此为例在其他领域制定备案式留存规定。鉴于不同领域中已实施的个人数据收集措施，立法者在未来立法过程中应格外谨慎，留给其他领域同类措施的实施可能性已微乎其微。

联邦宪法法院对电信数据留存措施的合宪性判断依然是在严格遵守法治国原则下进行的。电信数据留存措施的特点在于其实施分为两个阶段。在储存阶段，执行主体是电信服务提供商而非公权力机关；有权机关只有在法定事由出现的情况下才能进行调取和使用。因此，从总体上判断，这一措施本身并不违反法治国原则的具体要求，它既非一种无目的性的普遍储存，亦非对公民所有行为的监控，但它必须作为例外并在受到严格限制的情况下实施。无论是在储存还是调取和使用阶段，所涉及的不仅是对公民通信秘密权的限制，还涉及对公民个人信息的种种后续处理，因此此前一系列判决中对个人信息进行处理的条件和标准必须得到遵守。法院用了近乎 1/3 的篇幅对一个可能合宪的电信数据留存措施应如何设置作出了详细论述，将法治国原则在使用条件、数据安全、透明原则和权利保护方面落实为可操作的具体要求。通过这一判决，联邦宪法法院在新安全形势下再一次维护并发展了法治国原则，为未来立法提供了重要指引。

后续影响

不仅在德国,电信数据留存指令在整个欧盟都引起了广泛的讨论,成员国在履行转化义务的同时纷纷提出了该指令是否符合《欧盟基本权利宪章》和《欧洲人权公约》相关权利的质疑。

2012年,爱尔兰高等法院和奥地利宪法法院分别通过不同程序向欧盟法院提出了申请,要求对留存指令是否违反《欧盟基本权利宪章》作出判断。2014年4月8日,欧盟法院作出判决,认定留存措施由于未被限制在绝对必要的范围内,不符合比例原则要求,侵害了《欧盟基本权利宪章》第7条尊重隐私和家庭生活、第8条保护个人信息的规定,留存指令因而无效,成员国不再负有转化义务。[①] 尽管如此,有些成员国仍然通过国内立法的方式重新实施了电信数据留存措施。德国在2015年重新制定并通过了电信数据留存措施2.0版本,尽管新版本对联邦宪法法院的要求有所回应,但仍然引发了新一轮的批评。2016年12月,欧盟法院在瑞典电信服务提供商和英国公民分别诉本国电信数据留存规定的争议中,再次作出了判决,认为对公民电信通信数据实施普遍的、无任何差别的储存措施违反欧盟《数据保护指令》(2002/58/EG)的规定,成员国不得再制定这类留存措施。[②] 自此,围绕电信数据留存措施长达10年的讨论终于告一段落,未来无论是成员国还是欧盟层面,这种覆盖全体公民的电信数据备案式留存措施都不再具有合法性。

在欧盟法院的两次相关判决中,德国联邦宪法法院判决的论述观点起到了举足轻重的参考作用。在结构上,欧盟法院也采用了比例原则作为评判标准,否定了涉案指令的合法性,并在借鉴联邦宪

① Vgl. EuGH, Urteil in Rechtssachen C-293/12 und C-594/12 v. 08. 04. 2014.

② Vgl. EuGH, Urteil in Rechtssachen C-203/15 und C-698/15 v. 21. 12. 2016.

法法院论述的基础上进一步指出，即使进行电信数据留存，也必须对储存条件作出更详细的区分和限缩。例如，仅在法定条件下对某一类人群、某一时段、某一地域范围内进行电信数据留存，即将其限制在绝对必要的范围内才有可能符合《欧盟基本权利宪章》的要求。这一思路与联邦宪法法院相似，即这类措施是否合法，极大程度上依赖于如何具体设置，是否能够受到严格有效的限制。

总体而言，面对越发严峻的安全形势，德国联邦宪法法院并没有将天平一味地向安全一方倾斜，依然以法治国原则为准绳对备案式信息类安全措施作出了冷静客观的评价，并坚决而及时地制止了可能随之而来的备案式留存措施普遍实施的趋势，无愧于“基本权守护者”之称。无论在本国还是欧盟层面，联邦宪法法院的这一判决都会对未来相关立法持续产生重要的指引作用。

《联邦刑事调查局法》案

查云飞

案例名称 《联邦刑事调查局法》案（BKA-Gesetz，BVerfGE 141，220，2016 年 4 月 20 日）

关 键 词 秘密监控 私人生活核心领域 危险预防 数据利用目的约束 目的变更

案 情

鉴于日益严峻的反恐形势，德国于 2006 年修订了《基本法》并在该法第 73 条第 1 款之下增加了第 9a 项内容。《基本法》第 73 条第 1 款第 9a 项授予了联邦议会新的专属立法权，即关于联邦刑事调查局在防御国际恐怖主义时可管辖三种类型案件的相关立法事项。这三类案件分别是：(1) 跨州的案件；(2) 各州警察机关本无管辖权的案件；(3) 由州最高行政机关移转管辖的案件。在此基础上，联邦议会于 2008 年修订了《联邦刑事调查局法》，授权联邦刑事调查局为打击恐怖主义可以采取诸多预防性的调查措施以及相关的数据利用措施，这些措施都与信息技术以及公民数据的处理有关，而且德国可根据其签署的国际合作协议将这些数据与国外机关共享。

2008 年《联邦刑事调查局法》的修订引发了民众大量的担忧，并有不少公民提起了宪法诉讼。本判决为两案合并审理后所作：所涉"案件一"中,提起宪法诉讼的主体是多位律师与记者、一名医生和一名心理学硕士,他们中的大多数人都活跃在人权事业领域;所涉"案件二"中,提起宪法诉讼的主体是曾经的和时任的联邦议会议员,他们平时的职业为律师或者医生,同样活跃于人权事业领域,并未以议员身份而是作为公民提起诉讼。

这两起宪法诉讼针对的正是2008年《联邦刑事调查局法》中规定的诸多调查措施和数据利用的授权条款,调查措施包括该法第20c条(盘问和回答义务)、第20g条第1款至第3款(数据收集的特别方式)、第20h条(在住宅内外使用技术手段的特别规定)、第20j条(扫描式追缉)、第20k条(隐蔽侵入信息技术系统)、第20l条(电信监控)、第20m条第1款和第3款(收集电信数据)、第20u条(对作证豁免人员的保护)、第20w条(通知义务),数据利用方面包括该法第20v条第4款第2句和第5款(法院管辖、标识、使用和删除)、第14条第1款第1句第1项和第3项以及第2句(国际合作)、第14条第7款(国际合作)。

联邦宪法法院受理了两起诉讼,将其合并审理,最后判决原告部分胜诉。

本案涉及的主要条款包括:

《基本法》第1条第1款规定:

人的尊严不容侵犯。尊重和保护人的尊严是所有国家权力的义务。

《基本法》第2条规定:

(1)每个人享有自由发展其人格的权利,只要不侵犯他人的权利,不违反合宪性秩序和道德法则。

(2)人人享有生命权以及身体不受侵犯的权利。人身自由不受侵犯。对权利的限制仅基于法律才得为之。

《基本法》第10条规定:

(1)书信秘密、邮件秘密和电信秘密不可侵犯。

(2)对前款的限制必须以法律为基础。如果该限制是为了保护自由民主基本秩序或联邦和州的存续与安全,法律可规定不告知相对人该限制,并由人民代表所确定的机关及辅助组织的核查代替法律途径。

《基本法》第13条第1款和第2款规定:

(1)住宅不得侵犯。

(2)唯有法院允许,或者在紧急情况下,由其他法定机关允许时,依法定程序之搜查始得进行。

裁判要旨

1. 出于预防国际反恐危险的目的,通过《联邦刑事调查局法》授权联邦刑事调查局采取一系列秘密监控措施(住宅监控、在线搜查、电信监控、电信数据收集、使用特别的数据收集方式进行的住宅外的监控),这一立法行为原则上并不损害基本权。

2. 但这些职权的构造需要符合比例原则。严重影响私人生活核心领域的职权应当以保护或者加强极其重要的法益为限,应当以这些法益受到的危险足够具体、能够被预见为前提,仅在严格限定的条件下才能扩展适用至责任人以外的第三人。而且特别需要为保护私人生活的核心领域以及对职业秘密保护者设计专门的规则,得在透明性、个人的权利保护、监督、对收集数据的删除义务方面作出规定。

3. 使用和传输国家收集的数据应当遵守目的约束和目的变更原则。目的约束的范围由每项收集数据的职权决定;数据收集的目的首先与每一项调查程序本身有关。在与数据收集有主要关联的程序以外,立法者可以在原有数据处理目的框架内作出关于数据利用的规定(进一步利用)。得满足一定条件,即由同样的行政机关在完成同样的任务和保护同样的法益时,进一步利用数据才被允许。通过住宅监控或者秘密侵入信息技术系统收集的数据,对其进一步的利用也应当满足数据收集时所要求的对危险状况的主要规定。

4. 立法者可以规定与数据收集时的目的不同的数据利用(目的变更)。对此提出的在比例原则方面的要求应相当于重新收集数据的规定。进一步利用数据得旨在保护相当的法益或者旨在发现犯罪,采取的手段应当与想要实现的目的保持平衡。对于在数据收集时要求的具体危险状况,此时原则上不作要求;但一般也要求存在一个具体的调查动机。对于通过住宅监控和在线搜查收集的数据,仅在满足数据收集时对危险状况的主要要求时,才能变更目的加以利用。

5. 向国外的国家机关传输数据应当遵守目的变更和目的约束这两项宪法上的一般原则。是否属于数据的进一步利用应当尊重其他法秩序的判断。向国外传输数据应当符合同等保护要求,即数据接收国家应当具备足够的数据保护方面的法治水平。

裁判理由与论证

2008 年联邦议会修订《联邦刑事调查局法》的动机相当明确,即充分利用 2006 年《基本法》新增的第 73 条第 1 款第 9a 项所授予的立法权,将本来由各州警察机关对国际反恐案件的管辖权转移至联邦刑事调查局。联邦宪法法院在判决中认可了联邦刑事调查局对这些案件的管辖权,但在转移管辖权的同时,新法授权联邦刑事调查局可以采取一系列调查措施以及相关的数据利用措施,包括在住宅内外的监控、对电信通信的监控、在线搜查等。联邦宪法法院强调,每一项授权措施都要在限制基本权的同时满足合宪性证立的要求,尤其是明确性要求和比例原则。所涉及的基本权包括电信秘密不得侵犯(《基本法》第10条第1款)、保障住宅不得侵犯(《基本法》第13条第1款)、信息自决权(《基本法》第2条第1款结合第1条第1款)、保障信息系统私密性与完整性的权利(《基本法》第2条第1款结合第1条第1款)等。

本案涉及的《联邦刑事调查局法》条文达10余条,按授权措施的性质不同,可分为调查措施和数据利用两类授权条款。在调查措施部分,联邦宪法法院对该法第20h条(在住宅内外使用技术手段的特别规定)作出了评价。该法第20h条第1款规定,出于预防关乎国家的存续或者安全,个人的身体、生命或安全或者对于公共利益具有重要价值的物的紧急危险之目的,在别无他法或者他法相当难以实施的前提下,联邦刑事调查局可以在住宅内外秘密使用技术手段进行监控,包括对住宅内外的对话进行监听或者录音。该法第20h条第1款第c项规定,对住宅的监控可针对居住者的接触和陪伴人员。联邦宪法法院认为,对住宅采取监控措施将限制公民的私人生活的核心领域,应只允许针对缔造危险的直接行为人采取这样的限制措施,不能针对其他人员,否则在限制住宅基本权不得侵犯这一点上就违反了比例原则。

除此之外,针对缔造危险的直接行为人进行的住宅监控和在线搜查(隐蔽侵入信息技术系统)措施,因其都会限制公民私人生活的核心领域,所以这些措施只得在例外情形下被允许,必须满足实体和程序两方面的要求。在实体方面,得有确切的证据表明存在可能危及极其重要法益的具体危险;在程序方面,得有一个中立的机关进行预防性审查,由其判断措施是否以及多大程度上涉及私人生活核心领域。

除对该法第 20h 条进行了批评以外,联邦宪法法院还对第 20c 条(盘问和回答义务)、第 20j 条(扫描式追缉)、第 20k 条(隐蔽侵入信息技术系统)、第 20l 条(电信监控)等授权条款作了类似的合宪性评价,尤其以比例原则为标尺提出了实体和程序方面的要求。实体方面特别注意保护侵入公民私人生活领域的限度,程序方面也必须由中立的机构——如法院——进行审查,注意措施的透明性、可监督性和可救济性。联邦宪法法院还强调了各种监控调查措施被同时使用后所具有的特别危险性,为此立法者也应当有所预防。

在数据利用部分,首先《联邦刑事调查局法》授权联邦刑事调查局在采取调查措施时可以收集数据,但联邦宪法法院认为该法第 20g 条第 1 款至第 3 款授权联邦刑事调查局在监控中进行数据收集的规定不符合明确性要求。该条款对利用无线电装置或者情报人员等进行隐秘调查给予了"一揽子"授权,条文仅要求作出这些措施时能够满足预防恐怖主义犯罪的必要性即可。如此简单的条件设置,在联邦宪法法院眼中显然不满足明确性要求,其认为这些授权措施仅得在满足出现危险时才可作出。这样的危险要么源自某一具体和可预见的可能涉及刑事犯罪的事件,要么源自某人的行为,该行为大概率将构成刑事犯罪行为。

其次,该法授权了联邦刑事调查局可以将收集到的数据传输给国内或者国外的机关,此时便会涉及数据的利用问题。联邦宪法法院提出,对于这些调查中收集的数据,虽然联邦刑事调查局可以进行传输,但得确保对数据的传输符合目的约束和目的变更的要求。

原则上,对数据的每一种处理,都应当符合对其收集时确定的目的,而数据收集的目的取决于调查程序本身。在调查程序之外的数据利用,得符合目的约束的要求,即由同样的行政机关在完成同样的任务和保护同样的法益时,进一步利用数据才被允许。此外,若需要在收集数据时的目的之外对其进行利用,则需要立法者专门规定,在此得特别注意在限制基本权(如保障信息系统私密性和完整性的权利)时得符合比例原则,要求此时对数据的例外性利用得旨在保护相当的法益或者旨在发现犯罪,采取的手段应当与想要实现的目的保持平衡。无论是在数据收集目的范围内还是超出原有目的利用,若涉及与私人核心生活领域有关的基本权,如保障住宅不得侵犯或者信息系统私密性和完整性的权利,得满足更严格的要求。例如,通过住宅监控或者秘密侵入信息技术系统收集的数据,对其的进一步利用也应当满足数据收集时要求的对危险状况的主要规定。又如,对于通过住宅监控和在线搜查收集的数据,仅在满足数据收集时对危险状况的主要要求时,才能变更目的加以利用。若涉及向国外的国家机关传输数据的情形,目的约束和目的变更要求同样应得以遵守,可根据被传输国家的法律加以判断,但此时得注意同等保护要求,即只有在接受国家具备足够的数据保护方面的法治水平时,其法秩序才被尊重,否则不适用数据接收国的法律。

涉及的重大理论问题

“9·11”事件之后,德国全方位加强了对恐怖主义犯罪的打击力度,从此在自由与安全的天平两端,立法者往往选择在安全这一端“加码”。联邦宪法法院在本判决中试图纠正立法者,要求其在自由与安全两方面不偏不倚,以寻求更为符合中道的解决方案。

一、警察法上的危险防止与前瞻预防

联邦宪法法院在判决中反复强调，立法者通过修法授权联邦刑事调查局采取一系列秘密监控措施，应当以一些重要的法益受到足够具体的、能够被预见的危险为前提，而且仅在严格限定的条件下才能扩展适用至非责任人以外的第三人。由此可发现，在联邦宪法法院眼中，联邦刑事调查局针对国际恐怖主义采取的预防性措施并非刑事侦查措施，而属于警察行政法意义上的危险预防措施。作为一般法上——尤其是秩序行政法上——最为核心的范畴，危险教义学的构建对基本权的尊重和保护具有重要意义。

关于危险教义学可回溯至 1882 年由德国历史上首个行政法院——普鲁士高等行政法院作出的经典判决——“十字架山案”。法院认为，《普鲁士一般邦法》第 10 条第 2 款第 17 句无法作为柏林地区警察局下达因不得阻碍十字架山上纪念碑景观的建筑物限高命令的法律依据，该条已经将警察权限定于危险防止范围之内，超出该范围——诸如本案中从景观美学角度的考量——逾越了警察任务。自此以后，以保护公共安全和秩序为己任的危险防止型警察行政法在德国逐渐根深蒂固，尤其反映于 1931 年《普鲁士警察行政法》的第 14 条第 1 款，该法第一次以一般条款的形式规定了“警察机关应当在现行法框架下根据合义务的裁量采取措施，以阻止对公众和个人的危险，该危险对公共安全或公共秩序带来威胁”。该法也成为第二次世界大战后联邦德国各州警察法的立法范本。

面对有可能损害国家安全、社会秩序或者公民的人身及财产法益之不安状况，警察是否应当介入、该运用何种权力介入、应对哪些对象采取措施以及该措施应遵守哪些法定要求，便涉及秩序行政领域的危险防止教义学构造。危险教义学强调，秩序行政机关采取干预措施应当以对公共安全或者公共秩序造成“危险”以及存在适格的"责任人"为前提。首先,危险是指在人为不进行干预的发展状态下可以预见的极大可能发生的对公共安全或公共秩序造成损害的一种具体事态,得符合明确性和可预见性两大特征。[①] 其次,类比刑法和侵权法,秩序行政法构建了自己的"责任人"体系,对公共安全和公共秩序造成危险的人被称作"责任人"。秩序行政法上至少包括行为责任人、状态责任人、非责任人。行为责任人乃是其行为直接引发危险的主体;若危险源自主体所有或有权占有的物或者动物,则该主体为状态责任人;如果前两者都无法构成,在例外情况下并且在严格限定的条件下,其他主体也可能为了危险防止的需要成为秩序行政的相对人,即非责任人。[②]

然而,面对越来越多的危险和暴力违法犯罪,尤其是有组织犯罪和恐怖主义,如果直到危险出现之后警察机关才介入,未免为时已晚。只有从早期就对这些潜在的危险源或犯罪有所行动才可保护法益免遭损害,所以新秩序行政法的关键词是前瞻预防。介入的前置化使秩序行政的任务突破了传统的两大领域——危险防止和犯罪侦查,在危险萌生时行政机关就承担了预防任务。[③] 根据治安危险和犯罪的区分,预防任务可细分为未来危险防止之预备和未来犯罪之抗制。[④] 本案便涉及对未来犯罪之抗制情形,立法者授权联邦刑事调查局采取一系列秘密监控措施,即允许该机关为应对未来可能出现的犯罪可能,采取预防性的调查措施。

---

① Vgl. Friedrich Schoch, Polizei-und Ordnungsrecht, in: Friedrich Schoch (Hrsg.), Besonderes Verwaltungsrecht, 15. Aufl. 2013, Rn. 133.

② Vgl. Friedrich Schoch, Polizei-und Ordnungsrecht, in: Friedrich Schoch (Hrsg.), Besonderes Verwaltungsrecht, 15. Aufl. 2013, Rn. 167.

③ Vgl. BVerfGE 120, 274 (329).

④ Vgl. Bodo Pieroth/Bernhard Schlink/Michael Kniesel, Polizei-und Ordnungsrecht, 9. Aufl., Beck 2016, S. 82.

首先,联邦宪法法院对立法者修法授权的行为予以一般性肯定,满足法律保留的要求即可,“立法者通过《联邦刑事调查局法》来授权联邦刑事调查局采取一系列秘密监控措施(住宅监控、在线搜查、电信监控、电信数据收集、使用特别的数据收集方式进行的住宅外的监控),这一立法行为原则上并不损害基本权”。其次,联邦宪法法院将修法授权的行为定性为危险预防行为。根据危险教义学,《联邦刑事调查局法》规定的一系列秘密监控措施只有在出现足够具体的、能够被预见的危险时,才能被适用。至于何种情况下属于出现了足够具体的、能够被预见的危险,立法者应当区分不同的措施,以保护或者加强公民极其重要的法益为限,进行详细规定。极其重要的法益涉及人的身体、生命和自由,还有那些危及国家的基础或者存续,危及人的生存基础的一般性法益。即使尚未有足够的可能性表明此种危险即将到来,只要有确切的证据表明,于个案中存在某些特定的人可能危及极其重要法益的危险时,秘密监控措施也得以允许。而且,鉴于危险防止或者预防措施原则上仅针对行为责任人或者状态责任人,所以只得在严格限定的条件下才能扩展适用至非责任人。

二、私人生活核心领域的保护

联邦宪法法院并非在本判决中第一次强调对私人生活核心领域的保护。对私人生活核心领域的保护属于一般人格权(《基本法》第 2 条第 1 款结合第 1 条第 1 款)最重要的保护内容。一般人格权旨在保护个人形成和发展其人格的自由,但其并非一项外延封闭的基本权,如联邦宪法法院分别通过“人口普查第二案”和“在线搜查案”发展出了信息自决权和保障信息技术系统私密性和完整性的基本权。

联邦宪法法院对一般人格权的保护,一般采取所谓的领域保护学说,区分私密(Initim)、隐私(Privat)和一般秘密(Geheim)三个层次领域。① 在不同的领域,相对人分别有不同的人格权保护期待,立法者也可以通过价值衡量一定程度地限制公民的一般人格权,在具体案件中司法裁判也可根据情景作出理性判断。在涉及国家秘密监控措施的判决中,法院都曾强调过私人生活核心领域保护的重要性,因为此时已经不属于隐私和一般秘密领域,已经渗透至公民的私密领域。究其内涵,何种情况下会触及私人生活核心领域的保护,一方面,与措施的内容有关,即是否具备高度人格属性;另一方面,与措施的种类和强度有关,即是否会对公民在此的人格利益造成不当限制。

“在线搜查案”中,联邦宪法法院就曾特别强调信息时代对公民私人生活核心领域保护的重要性。若公权力机关可轻易地侵入公民的信息系统以及调取其中的数据,很可能也就侵入了公民私人生活的核心领域,这将严重影响公民自由地表达其内心活动,包括感受、感觉、思考、见解或者个人的经历,而这些对于公民的人格发展至关重要。因此,为符合均衡性原则,立法者应当原则上禁止公权力机关采取“在线搜查”措施,只在个别例外情况下允许。对例外的设置应当严格且明确,如应当尽可能将“在线搜查”措施的目标数据与公民私人生活核心领域的数据予以区分,尽可能只获取对于判断危险是否存在的必要数据,而轻易不收集不必要的数据,尤其是涉及公民私人生活核心领域的数据。

在以往的判决中,联邦宪法法院注重对公民私人生活核心领域保护重要性的强调,但并未进一步明确对其限制的判断标准。本案中,联邦宪法法院试图指明立法者何时需要落实具体的保护义务。

---

① Vgl. Heinrich Trute, Verfassungsrechtliche Grundlage, in: Alexander Roßnagel (Hrsg.), Handbuch Datenschutzrecht, Nomos 2018, S. 10.

联邦宪法法院指出，只有当监控措施将“典型地”收集私人核心生活领域的数据时，立法者才有必要专门作出限制规定，否则不需要在此承担具体的立法任务。由此产生的问题便是：何时属于“典型地”收集私人核心生活领域的数据？法院并没有给出进一步的答案。因此，对于这一不确定的法律概念仍存在很大的解释空间。但从本案判决的论证来看，联邦宪法法院在此的解释较为宽泛，面对信息时代技术不断侵入公民人格领域的不安现状，联邦宪法法院更多站在了保护自由这一端。例如，在公共场合进行的监控措施是否会触及私人生活核心领域的保护问题，在本案之前，联邦宪法法院只将该问题限缩在对住宅内的监控情形中。《联邦刑事调查局法》第 20g 条授权联邦刑事调查局可以在住宅外实行技术监控，联邦宪法法院在本案中认为该种措施也可能在“典型地”收集私人核心生活领域的数据，所以也会涉及私人生活核心领域的保护。

三、数据利用目的约束原则和目的变更

本案中，联邦宪法法院强调，使用和传输国家收集的数据应当遵守目的约束和目的变更。数据使用和传输都属于数据收集后的进一步利用问题，数据利用方面的目的约束原则和目的变更都源于“人口普查第二案”。

1982 年德国联邦议会颁布《人口普查法》，试图开展全国人口普查工作。此次普查将很大程度借助自动化数据处理技术，这使全德上下掀起大规模抗议，公众担心如此广泛的个人信息将被汇集于公权力机关和少数企业。借助“人口普查第二案”，联邦宪法法院从宪法的高度提出了个人信息保护的框架，以《基本法》第 2 条第 1 款和第 1 条第 1 款共同保护的一般人格权为依据，强调了个人对此的特别保护需求。在此背景下联邦宪法法院发展了具有宪法位阶的“信息自决权”，即“现代数据处理条件下应保护每个人的个人数

据免遭无限制收集、储存、使用、转交”[①]。这建立在要求“个人拥有权利”自决的设想上,每个人“原则上有权决定其个人数据的交付与使用”,或者说“原则上自我决定,什么时候以及维持在何种限度内公开个人的生活事务”,另外每个人必须“能够知晓,谁、何时以及何种情况下对其了解什么”[②]。具备宪法位阶的个人信息自决权也获得了其他法治国子原则的加强保护,尤其是法律保留和比例原则。公权力收集或者处理公民个人信息都是对信息自决权的限制,按法律保留原则必须有法律依据,而且得受到明确的目的约束,并尽量节约收集或处理个人信息。

所谓目的约束原则,是指国家在数据收集时就得确定收集和利用的目的,并原则上始终受该目的约束。至于立法者应当如何确定每一项授权措施涉及的目的范围,则与具体的职权有关,尤其是与相应的调查程序本身有关。目的约束原则发挥了极佳的控制国家处理数据行为的功能,确保了相关人对个人信息的控制权。由于在风险预防时代不得不将“危险”前置对待,此时应当允许目的扩大至面向未来可能发生的危险并且容许针对非责任人,但绝不允许无目的地收集个人信息。数据收集之后的各处理阶段也得按照该目的进行。因此,联邦宪法法院提出,立法者可以在原有数据处理目的框架内作出关于数据利用的规定,这样的目的框架已经决定了数据利用得满足一定条件,即由同样的行政机关在完成同样的任务和保护同样的法益时,进一步利用数据才被允许。在涉及通过住宅监控或者秘密侵入信息技术系统所收集的数据时,对其的利用也应当满足数据收集时所要求的对危险状况的主要规定。

所谓目的变更,是指在目的约束原则的基础上,例外允许变更

① Vgl. BVerfGE 65, 1 (42).

② Vgl. BVerfGE 65, 1 (42).

数据利用的目的,使之偏离既定的目的。偏离的原因或基于法定事由,或再次获得相关人同意。发生目的变更时,立法者同样得注意比例原则的要求,以保持偏离目的与被限制基本权之间的平衡,从而符合目的正当、手段合适、必要和均衡这几方面的要求。为此,对数据的变更利用同样得为了保护相当的法益或者旨在发现犯罪,采取的手段应当与想要实现的目的保持平衡。

后续影响

"《联邦刑事调查局法》案"作为德国宪法诉讼史上的一个标杆性案件,不仅延续了联邦宪法法院在过往判决——如"人口普查第二案""在线搜查案""航空安全法案"——中的一贯思路,而且被誉为是一个方向指导性的案件。即在经历"9·11"事件之后,德国长期偏向安全的立法实践被加以指正,自由与安全之间重新获得了平衡。

本判决立场鲜明,对于10余条立法作出了合宪性评价,其中诸多条文与信息自决权、保障信息系统私密性与完整性的权利、保障住宅不得侵犯、电信秘密不得侵犯这些基本权的保护要求不相符合,对其的限制未满足明确性要求和比例原则。该判决再次强调了私人生活核心领域保护的重要性,在国家日益倚重信息技术侵入私人生活核心领域的背景下,立法者仅以概括授权的方式作出的规定无法满足合宪性要求,而应当针对每一项秘密监控措施分别规定,而且得提出严格的限制条件,包括实体和程序两方面。这也符合秩序行政法上危险教义学的要求,这些技术措施得在满足特定的条件时才能被实施:实体方面得有确切的证据表明存在可能危及极其重要法益的具体危险;程序方面得设置一个中立机构进行预防性审查。由于这些技术措施适用的广泛性,往往会涉及行为或者状态责任人之外的非责任人,只得在例外且严格限定的条件下这些措施才能对其扩展适用。在信息时代,所有的秘密监控措施都会涉及数据的收集和利用问题,联邦宪法法院对国家处理数据的行为进一步予以强调,即遵守目的约束原则和在目的变更时得符合特定的条件。所以,本案清晰地提出了数字时代规范公权措施的双阶思路,即分别审查调查措施和数据处理行为,使诸如数字化的秘密监控措施能够被全方位规范。

本案判决作出时,并非所有法官都秉持一致的观点,其中艾歇贝格尔(Eichberger)和施卢克比尔(Schluckebier)两位法官对判决中的观点投出了反对票。例如,本案讨论了住宅外监控措施是否会限制公民的私人生活核心领域的问题,艾歇贝格尔法官提出了质疑,其认为措施的确有可能触及公民的私人生活核心领域,但还不构成"典型地"收集私人核心生活领域的数据行为。施卢克比尔法官直接认为,在住宅外的谈话与私人核心生活领域无关,并不值得给予特别保护。此外,在本案判决作出后,总体受到了实务界和学界的肯定,当然也有不同的声音。例如,时任联邦刑事调查局局长和分管安全事务的内政部部长都只是勉强接受了该判决,并且希望能够在判决作出后经过进一步完善立法,从而保留其中的大部分内容。这样的愿望,只有在落实本案判决提出的要求之后,才能实现。联邦议会在之后修订《联邦刑事调查局法》时,根据本判决的指引,重新设计了条文,所以从现行《联邦刑事调查局法》的条文内容看,"《联邦刑事调查局法》案"对之后的修法发挥了直接的指示功能。